학교폭력과 법

한국법교육센터 법교육총서 시리즈 **4**

학교폭력과 법

김봉식 · 곽한영

학교폭력을 남의 일처럼 생각하시는 분들이 많습니다. 많은 교사들은 설마 내 제자들이 학교폭력의 당사자일까라고 생각합니다. 대부분의 학부모들도 내 아이가 학교폭력의 피해자일 리가 없고 가해자일리는 더더욱 없다고 확신합니다. 하지만 과연 그럴까요?

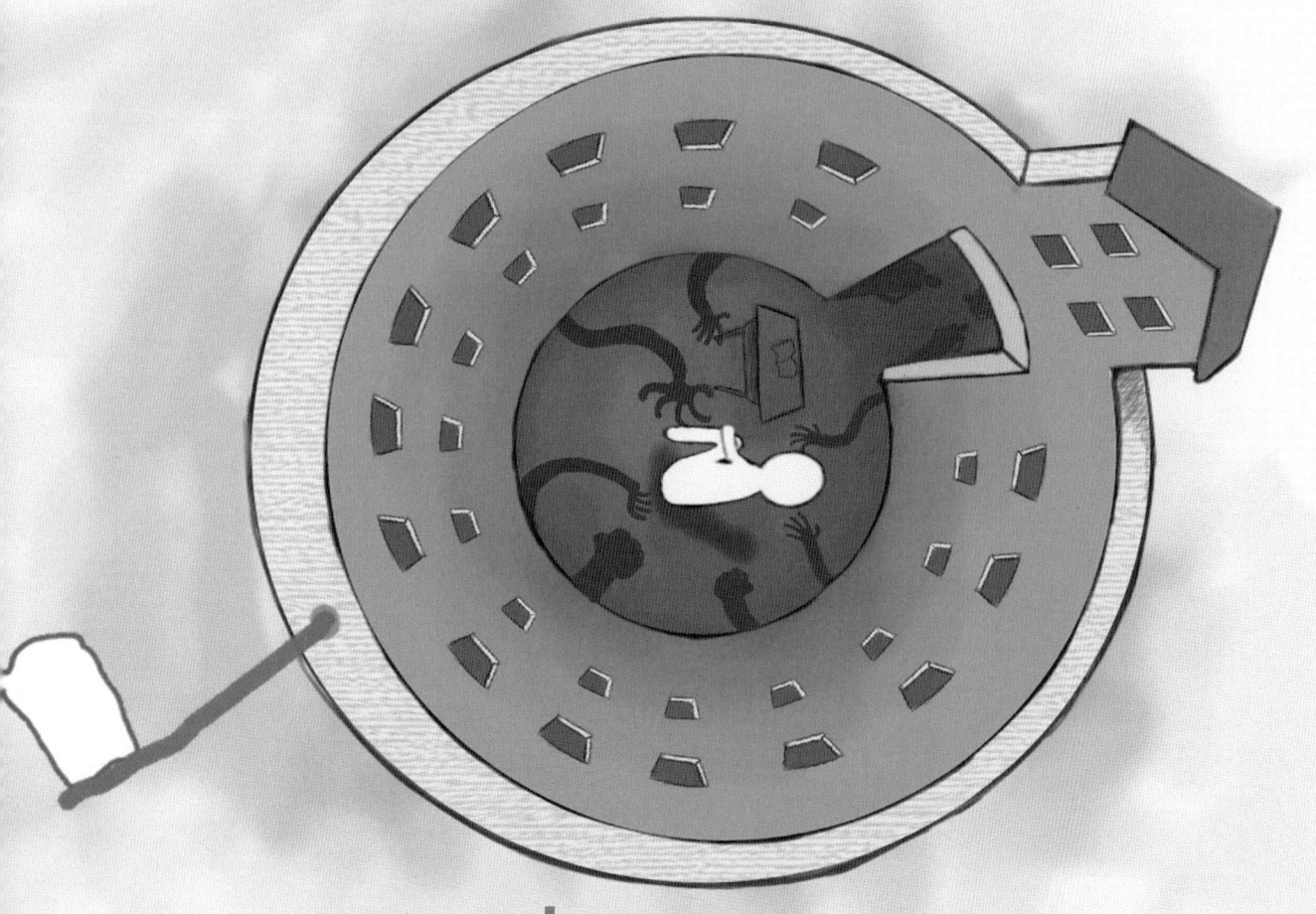

KSI 한국학술정보(주)

법교육 총서 시리즈는 자녀 안심하고 학교보내기운동 국민재단 오주언
이사장님이 출연해주신 학술기금을 바탕으로 발간되고 있습니다.

법교육은 건전한 법의식 함양을 통해 자신의 권리를 분명히 인식하고 사회에 적극적으로 참여할 수 있는 시민을 길러내는 민주시민교육의 핵심적 영역입니다. 법관련 전문가를 길러내는 것을 목표로 하는 법학교육과 달리 청소년 및 일반 시민의 법의식 함양을 목표로 한다는 점에서 차이가 있습니다. 전통적인 의미에서의 법교육은 어느 나라에나 있었지만, 민주시민교육으로서 법교육은 1950년대 초반 미국에서 처음 시작되어 크게 확산되었으며 현재 일본, 대만, 영국, 독일, 프랑스 등 각국에서 활발하게 이루어지고 있습니다.

우리나라에서도 학계에서 법교육에 대한 논의가 산발적으로 이루어져오다가 7차 교육과정에 '법과 사회' 교과가 독립되고 한국법교육학회가 설립되는 한편, 법무부에서 강력한 의지를 가지고 법교육 사업을 펼치면서 법교육이 확산되는 과정에 있습니다. 법교육 관련 학술연구와 프로그램 개발 등을 목표로 2006년 1월 자녀안심하고 학교보내기 운동 국민재단 산하에 설립된 한국법교육센터에서는 이러한 법교육 연구의 내실을 다지고 이론적 기반을 제공하기 위해 국내외 법교육 관련 학술 서적과 연구 성과를 묶어 '법교육 총서 시리즈'로 발간하고 있습니다. 본 시리즈가 법교육에 관심을 가지고 있는 연구자 및 현장 교육자분들께 보탬이 되길 기대하며 아울러 법교육 관련 연구성과나 번역물을 출간하실 계획이 있는 분들은 한국법교육센터로 연락주시기 바랍니다.

서 문

학교폭력은 이제 누구나 공감하는 심각한 사회문제로 대두되고 있으며 이를 해결하기 위한 노력도 다각도로 이루어지고 있습니다. 그러나 이러한 노력에도 불구하고 학교폭력 문제는 그 심각성이 날로 더해가고 있습니다.

학교폭력 문제에 대한 접근은 시간적으로는 사전 예방, 문제가 발생했을 시의 대처, 이후 피해자와 가해자에 대한 치료와 처분 등의 세 단계로 나누어 볼 수 있을 것입니다. 또한 공간적으로는 학교를 중심으로 학생 자신, 교사, 학부모가 가장 중요한 당사자라고 할 수 있습니다. 학교폭력 문제의 심각성을 바르게 인식하고 이에 적절하게 대처하기 위해서는 우리 사회의 대표 규범이라 할 수 있는 법에 대한 인식을 통해 이러한 시간적, 공간적 차원의 문제들을 다루는 것이 가장 효과적인 방법이 될 수 있을 것입니다.

한국법교육센터에서는 법교육을 통해 학교폭력문제의 해결을 위한 새로운 교육적 대안을 제시하고자 법무부 법문화진흥팀과 함께 이화여대 김왕식 교수님을 중심으로 연구팀을 구성하였습니다. 연구팀에서는 학생, 교사, 학부모를 대상으로 한 여섯 개의 강의안을 개발하고 이를 효과적으로 강의하기 위해 동영상 및 각종 자료를 포함한 파워포인트 자료를 만들었습니다. 본서에서 다루어진 내용 중 1,2,3차시 강의안이 학생을 대상으로 한 것이며 4차시가 교사용, 5,6차시가 학부모용 강의안 입니다. 본문 중의 ppt 번호는 그 강의안에 포함된 내용의 번호입니다.

독자들이 내용에 쉽게 접근하실 수 있도록 실제 강의를 그대로 옮겨놓은 듯한 구어체로 본문이 작성되어 있으므로 본서의 내용을 마치 강의를 듣듯이 읽어나가시면 학교폭력 문제에 대한 법적 이해를 얻으실 수 있을 것입니다. 또한 학교 현장에서 학생, 교사, 학부모들을 대상으로 강의를 하고자 하시는 분들은 법무부 법교육 홈페이지(www.lawedu.or.kr)를 통해 파일을 받으실 수 있습니다. 또한 저희 법교육센터(www.lawedu.or.kr, 02-3453-5226)에 요청하실 경우 학교폭력 예방 강의를 위한 강사를 파견해드리는 것도 가능합니다. 특히 초중등학교의 경우 매 학기 한번씩 실시하도록 되어 있는 학교폭력 예방 교육에서 본 강의안들을 활용하시면 효과적일 것입니다.

　강의안이 개발되고 나서 약 6개월간 서울에서 제주도에 이르는 다양한 지역에서 다양한 분들을 대상으로 이 강의안을 이용하여 '학교폭력과 법'이라는 강의를 진행해본 결과 추상적으로만 느껴지던 학교폭력 문제에 대해 보다 생생한 느낌과 정확한 정보를 얻을 수 있어 많은 도움을 얻었다는 말씀을 들을 수 있었습니다. 모쪼록 이 책을 통해 더 많은 사람들이 학교폭력문제에 대한 경각심을 일깨우고 바르게 대처할 수 있는 계기를 얻을 수 있었으면 합니다.

저자 일동

목 차

[1차시 강의안]

학교폭력에 대해 알아봅시다

1. 내겐 너무 무서운 '폭력'
2. 학교폭력에 대해 알아봅시다.
3. 학교폭력과 나 – 나는 가해자인가? 피해자인가?
4. 나가는 말

〈학교폭력 1차시 강의안〉

1. 내겐 너무 무서운 '폭력'

"넌 내게 반했어"

◀ PPT 1

◎ 동영상 내용 – 노래 가사
  넌 내게 반했어~ 화려한 조명 속에 빛나고 있는
  넌 내게 반했어~ 웃지 말고 대답해봐,
  넌 내게 반했어~ 뜨거운 토요일 밤의 열기 속에
  넌 내게 반했어 솔직하게 말을 해봐!

이 노래 어떤가요? 너무 신나는 노브레인의 '넌 내게 반했어'라는 노래를 짧게 들어봤습니다. 이 노래는 사람들이 듣기에 기분 좋은 멜로디를 가지고 있지만 그뿐만 아니라 이 노래의 제목인 "넌 내게 반했어"라는 가사가 꽤 인상적입니다. 반한다는 건 이성 간에만 성립되는 것은 아닙니다. 모든 사람들은 각자의 능력과 매력이 있고 그래서 내가 가지지 못한 모습들을 하나씩은 모두 가지고 있습니다. 그것을 발견하고 인정하는 것이 바로 사람에게 반하는 것이라 말할 수 있을 것입니다. 사회는 나 혼자 살아가는 공간이 아닌 여러 명의 사람들이 함께 생각하고 공동체를 이루며 살아가는 곳입니다. 따라서 서로 간에 불신이 생긴다거나 다툼이 일어나면 그 조직이나 사회는 제대로 존재할 수가 없습니다. 그래서 우리는 서로서로 기분 좋게 반하면서 존중하며 살아가야 바람직한 사회를 만들 수 있습니다.

자, 우리 옆 사람들에게 말해볼까요? "넌 내게 반했어!"

그런데 우리는 서로에게 반하지 못한 상황을 주변에서 자주 발견할 수 있습니다. 서로 간의 차이를 인정한다면 이런 다툼은 예방할 수 있을 텐데요. 서로의 차이를 극복하지 못한 사건들로 인하여 신체적·정신적인 고통을 호소하는 학생들이 많아졌습니다. 다음 PPT를 보도록 합시다.

PPT 2 ▶

PPT 3 ▶

어떻게 이런 일이?

◎ 동영상 내용
학교폭력에 관한 뉴스 모음이다. 흉기뿐만 아니라 다양한 범죄의 모습을 보여주고 있는 학교폭력의 심각성을 보여주고 있는 뉴스보도 영상이다.

학교폭력의 심각성을 보도하는 뉴스들과 폭력으

로 상처받은 학생들의 모습을 보았습니다. 최근 학교폭력은 학생들 간의 단순한 다툼이 아닌 성인폭력과 같은 범죄의 모습으로 나타나고 있습니다. 한 개인의 신체와 정신을 황폐화시키는 이러한 학교폭력과 그에 따른 피해사진을 접한 후 여러분들은 어떠한 생각을 하고 있는지 궁금합니다. 지금 여러분들의 학교에서도 이런 학교폭력이라 여겨지는 일들을 보거나 듣고 있을지도 모르겠습니다. 하지만 과연 그 심각성에 대해 얼마만큼 느끼고 있는지요? 그래서 지금부터 학교폭력에 대해 자세히 알아보고 나와는 상관없다고 생각되었던 학교폭력과 어떠한 관계가 있을지 알아보도록 하겠습니다.

2. 학교폭력에 대해 알아봅시다.

우리는 학교폭력을 생각할 때 단순히 때리고 맞는 상황을 떠올리게 됩니다. 하지만 학교폭력은 그 개념이 굉장히 다양해서 우리가 학교폭력에 대해 정확히 모른다면 나도 모르게 학교폭력의 가해학생이 될 수도 있고 피해학생이 될 수도 있습니다. 그래서 지금부터는 학교폭력에 관하여 기존에 알고 있던 지식을 확인하고 점검하는 시간을 가져보도록 하겠습니다.

1) 학교폭력의 장소 - [활동지 1]

어떤 장소에서 일어나는 것을 학교폭력이라 할 수 있을까요? 모두들 잘 알고 있을 거라 생각하지만 간단한 테스트 한 번 해보겠습니다. 다음 [활동지 1]을 보면 네 가지 상황이 제시되어 있습니다. 과연 이 중에서 학교폭력이라 생각되는 것은 무엇이며 학교와 관련이 없는 폭력 상황이라 생각되는 것은 무엇인지 체크해 보도록 합시다.

PPT 4 ▶

학교폭력의 장소

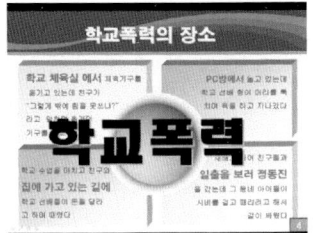

● 학교 체육실에서 체육 기구를 옮기고 있는데 옆에 있던 친구가 그렇게밖에 힘을 못 쓰냐며 비웃고 옮기고 있는 기구를 발로 찼다
(정답은 0: 학교폭력 상황입니다.)
: 학교폭력의 대부분은 교실 내에서 이루어지게 됩니다. 또한 학교 내에서의 인적이 드문 학교 옥상, 담벼락 그리고 체육실 등에서 발생하기 쉽습니다.

● PC방에서 놀고 있는데 학교 선배 형이 머리를 툭 치며 욕을 하고 지나갔다
(정답은 0: 학교폭력 상황입니다).
: 최근 PC방에서도 학교폭력의 장소가 되어 가고 있습니다. PC방은 학생들의 출입이 빈번하여 학생들끼리 또는 학생과 일반인간의 충돌이 잦을 수 있는 공간입니다. 이 상황은 장소가 학교가 아닌 PC방이어도 가해자와 피해자 모두 학생이기 때문에 학교폭력이라 하겠습니다.

● 학교 수업을 마치고 친구와 집에 가고 있는 길에 학교 선배들이 돈을 달라고 하며 때렸다
(정답은 0: 학교폭력 상황입니다).
: 학교 선배들이 돈을 달라며 때리기는 했지만 학교에서 집으로 귀가하던 도중 학교 외부에서 일

어난 일이기 때문에 학교폭력인지 애매한 상황일 수도 있습니다. 하지만 이 상황에서 역시 학교가 아닌 집에 가는 길이기는 하지만 가해자와 피해자 모두가 학생이므로 학교폭력이라 말할 수 있습니다.

- 새해가 되어 친구들과 일출을 보러 정동진을 갔는데 그 동네 중학생들이 시비를 걸고 때리려고 해서 같이 싸웠다
  (정답은 O: 학교폭력 상황입니다).
: 학교와 전혀 상관없는 정동진이라 할지라도 학생 간의 싸움은 학교폭력입니다.

학교폭력의 79%가 학교 내에서 일어나며 약 21%의 학교폭력 사건이 그 외의 장소에서 발생한다고 합니다. 대부분의 학교폭력 사건이 학교 내에서 이루어지고 있어 벗어나기 어렵다는 점을 생각해보면 학교폭력의 피해자는 일회적인 범죄 피해보다 더 큰 신체적·정신적 고통을 겪게 될 가능성이 높습니다.

2) 학교폭력의 유형

◀ PPT 5

그렇다면 다른 사람에게 고통을 주는 행동에는 어떠한 것들이 있을까요? 일반적으로 생각할 수 있는 것이 신체적인 폭력입니다. 하지만 신체적 폭력은 폭력행위의 일부일 뿐입니다. 근래의 학교폭력은 친구들과의 의견이 달라 다투는 정도를 넘어 사람에게 해를 가하고 더 이상 삶을 지속할 수 없을 정도의 고통을 주는 범죄로써 행해지고 있는 것이 사실입니다. 얼마 전 4만 원을 빌리고 갚지 않았다는 이유로 여중생에게 벌레를 먹이고 가슴

'온라인 왕따' 미 10대 자살

과 등에 담뱃불로 지지는 사건도 있었습니다. 이것은 우리 형법에서 규정하고 있는 폭력행위로 인한 상해죄에 해당되는 범죄인 것입니다.

사이버 공간에서도 학교폭력이?

◎ 동영상 내용

　미국에서 사이버 공간 내 집단 따돌림, 일명 "왕따"를 견디다 못한 14살짜리 소년이 스스로 목숨을 끊었습니다. 이 소년을 괴롭혔던 것은 사이버 공간에서의 이방인도 음란물도 아닌, 같은 학교 동료들의 욕설과 모욕적인 표현들이었습니다. 통계에 따르면 미국의 10대 중 무려 77%가 인터넷상의 따돌림을 경험했다고 응답했습니다.

　이뿐만 아니라 학교폭력은 사이버 공간에서도 이루어지고 있습니다. 이 뉴스는 미국에서 집단 따돌림을 당한 학생이 자살한 사건을 보도하고 있는데요. 피해학생은 다른 학생들에게 직접적인 폭행을 당한 것이 아니라 사이버 공간에서 친구들의 욕설과 모욕 등의 학교폭력 피해를 겪었습니다. 최근 우리나라도 인터넷 카페 또는 클럽 등을 개설하여 한 학생을 집중적으로 욕을 하거나 험담하여 사이버상에서도 왕따를 만드는 것을 자주 볼 수 있습니다. 인터넷상에서 왕따를 만드는 학생들은 아무 생각 없이 하는 행동이지만 그것이 피해학생에게 괴로움과 상처를 줄 수 있다는 것을 알아야 하며 그러한 사이버상의 따돌림도 학교폭력이라는 것을 알아야 할 것입니다. 특히, 메신저상에서 자신의 대화명을 특정 개인을 비난하기 위한 수단으로 사용하는 경우가 있는데 대화명은 나와 메신저 친구가 된 모든 사람들이 볼 수 있는 것이기 때문에 인신공격을 통한 폭력행위라고 할 수 있을 것입니다.

학교폭력 확실히 알기! -[활동지 2]

◀ PPT 6

학교폭력의 유형은 앞에서 알아본 것처럼 점점 다양화되어 가고 있습니다. 하지만 정작 가해학생들은 자신들이 가해행위를 하고 있는지조차 모르는 경우가 많습니다. 그 이유는 학교폭력이 단순히 신체적 폭력 등이라 생각하기 때문입니다.

이제까지 우리는 학교폭력의 장소와 유형에 대해 알아보았습니다. 지금까지의 모든 지식을 종합하여 여러분들이 가지고 있는 학교폭력에 관한 지식이 얼마나 정확한지 간단한 퀴즈를 통해 알아보도록 하겠습니다. 퀴즈를 풀면서 학교폭력에 대한 올바른 개념을 아는 것은 물론 나는 다른 친구들에게 폭력을 행사한 적은 없었는지 자신의 행동을 돌아보았으면 좋겠습니다.

• 나는 남을 괴롭힌 적은 없다. 하지만 항상 재미있는 행동을 함으로써 친구들에게 웃음을 주려고 한다. 그래서 나는 A라는 친구 가방에 몰래 살아 있는 개구리를 넣었다. A는 가방 속에서 뛰쳐나오는 개구리를 보고 놀라면서 울었다.
(정답은 0: 학교폭력 상황입니다).
: 이러한 유형이 여러분들이 학교폭력이라 생각 안 하고 간과하는 행동입니다. 단순히 재미를 위해서, 그리고 자신의 행동으로 인해 많은 친구들이 웃었기 때문에 별 생각을 하지 않는 것입니다. 하지만 A라는 친구는 자신도 모르게 가방 속에 들어가 있던 개구리로 인해 불쾌감과 놀람을 경

험하며 급기야 울어버린 것이지요. 학교폭력은 항상 피해자의 입장에서 생각해야 합니다. 나는 아무런 나쁜 의도를 가지지 않았더라도 그 피해자가 마음의 상처, 그리고 신체적인 상해를 입었다면 그것은 가해자의 의도를 불문하고 학교폭력이라 할 수 있겠습니다.

● 우리 반에 냄새가 난다는 이유로 은근히 따돌림을 당하는 친구가 있다. 친구들은 그 아이를 피할 뿐 다른 행동은 하지 않지만 그 아이는 자신이 따돌림을 당하고 있다는 사실을 알고 있는 듯하다. 쉬는 시간에 몇몇 친구들이 그 아이에게 "이리 좀 와봐~"라고 하며 윙크를 했다.
(정답은 0: 학교폭력 상황입니다).

: 이 경우는 100% 학교폭력이라고 말할 수 있는 상황은 아닙니다. 하지만 집단 따돌림을 당하는 있는 학생이 몇몇 친구들에게 불려가면서 그들이 윙크를 했다면 그 윙크는 피해학생에게 위협이 되었을 수도 있습니다. 이때 그 윙크라는 행위는 학교폭력의 가해행위가 되는 것입니다. 우리는 일반적으로 윙크를 애정표현의 하나라고 생각하지만 이러한 경우 학교폭력의 한 유형이 될 수 있다는 사실을 알아야 할 것입니다.

● 나는 우리 반의 A를 너무 싫어한다. A가 하는 말, 행동 모두가 싫어서 메신저 대화명을 '제발 꺼져A'라고 바꿔버렸다.
(정답은 0: 학교폭력 상황입니다).

: 학교폭력은 피해학생에게 직접적으로 폭력을 행사하는 것도 포함되지만 신체적 폭력보다 더 많이 이루어지는 것이 인신공격, 욕설 등입니다.

위 사례와 같은 경우 메신저의 대화명을 바꾸는 것이 아무런 문제되지 않는다고 생각할 수 있지만 많은 사람에게 A를 비난하는 것이므로 이것 또한 학교폭력이라 할 수 있을 것입니다.

● 우리 반 B는 매일 교실로 찾아오는 동아리 선배들에게 아무 말도 못하고 계속 맞는다. 그런 모습을 우리 반 아이들이 다 보고 있지만 선배 형들이 너무 무서워 도와주지도 못하고 있다. 그런데 내 친구 C가 보다 못해 B를 도와주려고 해서 "C야. 너 그러다 B보다 더 맞어. 그냥 가만히 있어. 그게 니 신상에 좋아"라고 말하면서 C를 말렸다.

(정답은 0: 학교폭력 상황입니다).

: 이 사례에서는 누가 학교폭력의 가해학생일까요? 분명하게 드러나는 학교폭력 가해학생들은 B를 찾아와 매일 때리는 동아리 선배 형들입니다. 하지만 또 다른 학교폭력 가해학생이 있습니다. B를 도와주지 말라고 C를 설득했던 바로 내가 학교폭력의 가해자가 됩니다. 폭력 상황에 처한 피해학생을 도와주려던 C를 말리는 행동은 피해자에게 또 다른 학교폭력이 됨을 알아야 합니다. 지금까지 알아본 학교폭력을 정리하면 다음과 같습니다.

학교폭력 완전 정복!

◀ PPT 7

다음 표에서 알 수 있는 폭력의 유형들 중 우리가 종종 폭력이라 생각하지 않고 하는 행동들이 많습니다. 하지만 자신의 행동을 나만의 기준으로 보고 판단하면 안 됩니다. 장난으로 한 행동이더라도 피해자가 수치감, 모욕감 또는 분노를 느꼈다면 그것은 학교폭력입니다. 결국 학교폭력은 그 상황이 중요합니다. 피해자가 위협이라 느끼는 모든 행동은 모두 학교폭력이 될 수 있습니다. 따라서 학교폭력의 상황이라는 판단은 가해자 입장이 아닌 피해자 입장에서 생각되어야 합니다. 우리가 장난이라 생각하는 언행 또는 신체적으로 해를 가하지 않는 따돌림도 학교폭력임에도 불구하고 가해자가 폭력행위를 가하고 있다는 생각을 하기 어려운 것이 큰 문제입니다. 자신의 말과 행동이 다른 사람에게 상처를 주지 않을지 생각하는 사려 깊은 여러분들이 되기를 바라며 친구들과 생활하는 학교생활에서는 역지사지의 정신이 필요할 것입니다.

폭력의 유형

	직접적인 괴롭힘	간접적인 괴롭힘
신체적 폭력	• 구타 및 폭행, 돌 던지기, 침 뱉기	• 다른 사람에게 누군가를 해치도록 시키기
언어적 폭력	• 언어적 모욕, 별명 부르기 • 험담하기	• 누군가를 모욕하도록 다른 사람을 설득하기 • 나쁜소문을 퍼뜨리기
비언어적 폭력	• 위협적인 행동-윙크 • 음란스러운 눈빛과 몸짓-훑어보기 • 행동을 사진이나 동영상으로 찍어 수치심을 가지게 하는 것 • 카페나 클럽에 협박하는 글을 올리는 것	• 소지품을 버리거나 감추기 • 고의적인 따돌림 • 친구를 도우려는 행위를 막는 것

3) 학교폭력의 실태 및 심각성

지금부터는 우리 주변에서 얼마나 자주 학교폭력이 발생하고 있으며 학교폭력을 근절해야 하는 이유를 알아보도록 하겠습니다.

학교폭력의 실태(피해기간)

◀ PPT 8

그림 1 학교폭력의 실태(피해기간)

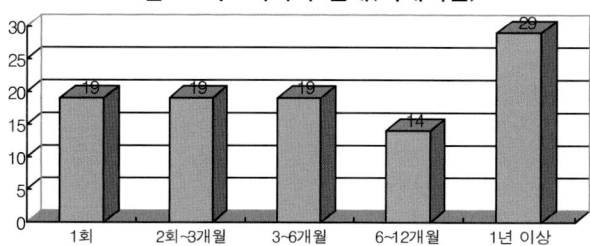

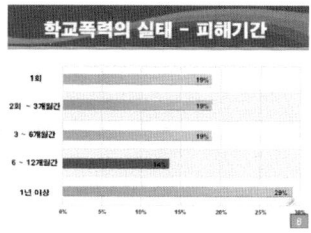

　　이러한 학교폭력이 심각한 이유는 인간의 존엄
성을 해치는 수준의 행위라는 점도 있지만 학교폭
력의 피해가 오래 지속된다는 점입니다. 위 그래프
를 보면 학교폭력은 1회 혹은 단기간에 그치는 경
우도 있지만 많은 경우 한 명의 학생에게 장기간
에 걸쳐 지속되고 있다는 것을 알 수 있을 것입니
다. 한 번의 폭력행위도 오랜 시간 동안 피해학생
의 상처로 남게 되는데 오랫동안 여러 번에 걸쳐
이루어지는 학교폭력은 심지어 한 사람의 삶을 포
기할 정도의 고통을 줍니다. 그런데 가해자들은 대
부분 자신의 가해행동을 부인하거나 그저 장난으
로밖에 생각을 하지 않습니다. 자신들의 행동에 문
제가 있음을 아무도 가르쳐 주지 않고 또한 그들
도 그것이 문제라고 생각하지 않기 때문입니다.

　　오히려 가해학생들은 자신들의 폭력을 정당화하
려는 경향을 보이기도 합니다. 이러한 정당화는 가
해학생들 주변에 있는 친구들에 의해 더 강화가
됩니다. 즉, 그 친구들이 그러한 학교폭력 행위를
말리지 않고 그것을 용인함으로써 더더욱 심해지
는 것입니다. 특히 이런 문제는 여학생의 학교폭력
상황에서 더욱 큰 문제가 됩니다.

PPT 9 ▶

학교폭력 – 여학생과 남학생의 차이

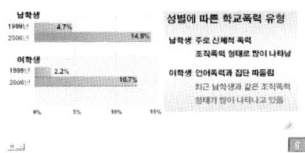

　　다음 화면을 보면 학교폭력 가해학생들의 수는 남학생과 여학생 모두 빠른 속도로 증가했으나 특히 여학생들의 학교폭력 증가 추세가 두드러지는 모습입니다. 1999년 여학생의 가해자율은 2.2%였는데 2006년에는 10.7%로 무려 5배나 늘었습니다. 이러한 학교폭력은 성별에 따라 유형이 조금 다른 것으로 나타납니다. 남학생들은 구타 및 폭행 등 밖으로 드러나는 폭력행위를 한다면 여학생들은 상대를 해주지 않거나 나쁜 소문을 퍼뜨리는 등 드러나지 않는 행위들을 폭력행사보다 더 많이 사용하고 있습니다. 통계에 의하면 여학생들은 이러한 행위가 학교폭력이라 생각하지 않는다고 하는 응답이 많습니다. 하지만 그런 행위도 엄연한 학교폭력임을 명심해야 할 것입니다. 최근 여학생들의 학교폭력이 남학생과 같은 조직폭력 형태로 많이 나타난다고 합니다. 여학생들 사이에서 벌어지는 폭력은 집단으로 행사되며 평균 4명 정도의 학생들이 한 명의 학생을 가해하는 모습으로 나타나고 있습니다.

　　그런데 이러한 학교폭력이 피해학생의 신체적·정신적 고통을 주는 것에서 끝나는 것이 아니라 또 다른 결과로 학교폭력의 피해학생들이 또 다른 학생을 가해하는 경우가 발생하는 것입니다. 다음 화면을 보도록 합시다.

PPT 10 ▶

끊을 수 없는 학교폭력의 고리

　　우리나라 학교폭력 피해학생의 수는 55만 명입니다. 그들 중 약 56%가 자신이 당한 폭력을 그대로 다른 사람에게 행사하고 있다는 사실이 밝혀졌습니다. 즉, 한 명의 가해학생의 폭력행사로 인해 1차적인 피해학생이 생기고 그 피해학생이 다른 학생들에게 그 폭력행위를 고스란히 물려주는 것입니다. 뿐만 아니라 피해학생들 중 약 47%가 학교폭력의 가해자로 변한다는 결과는 학교폭력을 근절해야만 하는 중요한 이유를 보여주고 있습니다. 아직 내가 학교폭력의 피해자가 아니라고 안심할 수 없습니다. 내 주변에서 일어나고 있는 학교폭력이 계속되는 한 언젠가 나도 학교폭력의 피해자가 될 수 있음을 알아야 할 것입니다.

3. 학교폭력과 나 – 나는 가해자인가? 피해자인가?

대부분의 학생들은 학교폭력과 나와는 상관이 없다고 느낄지도 모릅니다. 내 주변에는 뉴스에서 보이는 학교폭력 상황이 발생하고 있지 않다고 생각할지도 모릅니다. 하지만 학교폭력이 다양하게 이루어지고 있는 현실을 감안하면 나도 인식하지 못한 채 학교폭력의 가해자로써 누군가에게 상처를 주고 있을지 모릅니다. 지금부터 볼 내용을 통해 과연 나는 학교폭력과 얼마만큼 관련이 있는지, 나도 모르게 다른 학생에게 폭력을 행사하고 있지는 않은지 한번 점검해 보는 시간을 가지도록 합시다.

1) 가해자

PPT 11 ▶

가) 모르는 새 빠져버린 학교폭력

일진회에 가입하거나 혹은 학교 내의 조직을 만들어 짱이 되는 학생들은 한순간에 그런 위치에 올라가지 않습니다. 그런 조직을 가입하고 또 조직활동을 함으로써 조금씩 자신의 서열을 높여 가는 것입니다. 그런데 이러한 조직의 가입이 자신의 자발적 의도로 가입하는 경우도 있지만 대부분의 경우 친구들과 어울리다 자연스레 조직 활동에 개입하고 나아가 개인 혹은 집단으로 폭력을 행사하게 됩니다. 이렇게 학생들은 일진회 등 학교폭력조직에 가담하게 되는 일정한 경로를 보여주고 있습니다. 다음 화면을 보며 어떻게 학교폭력의 가해자가 되어 가는지를 살펴보도록 합시다.

PPT 12 ▶

학교폭력 가담 경로

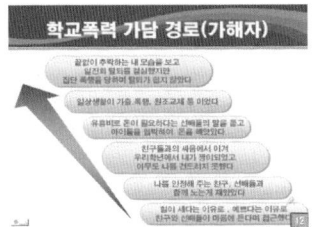

일진회라는 조직은 여러분들도 다 알다시피 금품갈취를 위한 폭력, 위협, 협박 등을 일삼는 학교폭력조직입니다. 일진회 특성은 자신이 가입하고 싶다고 해서 가입되는 경우는 거의 없으며 주변 친구들이나 선배들의 권유에 가입되는 것이 특징입니다. 그래서 가입 권유인지도 모르고 친구들과 어울리다가 일진회에 가입이 되고 그 후 어쩔 수 없이 학교 내에서 학생들에게 폭력을 행사하거나 괴롭히는 범죄행위에 가담할 수밖에 없게 되어 버립니다. 이러한 경로로 만들어지는 학교폭력 조직과 가해학생들의 더 큰 문제는 성인폭력조직과 연계가 되고 있는 상황 때문입니다. 2005년 교육부 조사에 따르면 일진회 중 70%가 성인폭력조직과 연결이 되어 학교폭력의 유형과 정도가 점점 더 심해지고 있다고 합니다. 더 큰 문제는 일진회에 가담했던 가해학생들이 나중에 탈퇴를 하여 새로운 삶을 살아보려 해도 이러한 조직과의 연계로 인해 범죄자가 되어 버리는 경우가 많다는 것입니다. 이렇게 일진회에 가입하여 활동을 하던 학생들 중에는 뒤늦게 후회하는 학생들이 많습니다.

힘이 세다는 이유로 또는 예쁘다는 이유로 친구, 선배들이 마음에 든다며 접근했다.

↓

나를 인정해 주는 친구, 선배들과 함께 노는 게 재밌었다.

↓

친구들과의 싸움에서 이겨 우리 학년에서 내가 짱이 되었고 아무도 나를 건드리지 못했다.

↓

유흥비로 돈이 필요하다는 선배들의 말을 듣고 아이들을 협박하여 돈을 빼앗았다.

↓

일상생활이 가출, 폭행, 원조교제 등이었다.

↓

끝없이 추락하는 내 모습을 보고 일진회 탈퇴를 결심했지만 집단폭행을 당하며 탈퇴가 쉽지 않았다.

학교폭력 가담 사례

◀ PPT 13

학교폭력의 가해자로 일진회에서 활동했었던 한 학생의 사례를 보도록 합시다. 이 학생도 앞에서 살펴본 학교폭력에 가담 순서대로 학교폭력의 가해자가 되어갔던 모습을 보여줍니다. 이 학생은 그

후 많은 노력으로 일진회에서 탈퇴하게 됩니다.

> "입학식을 하고 며칠 지나니 일진회 소속 초등학교 선배가 저를 불렀어요. 선배들이 '맞짱'을 뜨라고 했는데, 저보다 키가 10cm 정도 큰 애를 넘어뜨리니까 캡틴을 시켜주더군요."
> 초등학교 6학년 때부터 중학교 2학년 때까지 '일진회'에 들어 있던 정혜영(14·가명) 양은 중학교 입학 직후 가졌던 신고식을 이렇게 회상했다. 정 양은 끝없이 추락하는 자신의 모습에 회의를 느끼고 지난해 여름 일진회 탈퇴를 선언하고 학교를 그만뒀다. 정 양은 "탈퇴할 때 선배와 친구들에게 집단린치를 당했지만, 함께 지내던 일진회 친구들과 관계를 끊는 것이 쉽지는 않았다."고 울먹였다

　학교폭력은 피해자뿐 아니라 가해자에게도 고통을 안겨 줍니다. 뒤늦게 학교폭력의 가해행위를 후회하고 일진회를 탈퇴하려고 해도 그것이 쉽지 않기 때문에 삶을 자신의 의지대로 살아가기가 힘들어집니다. 여러분들은 먼저 일진회와 같은 학교폭력 조직에 가입하지 않도록 예방과 주의를 해야 하며 자신을 소중히 여기도록 해야 할 것입니다. 가해학생들은 그들의 폭력행위가 자신들에게는 아무런 피해가 없다고 생각하지만 학교폭력은 피해자에게 고통을 안겨주는 동시에 자신들도 상처를 입는다는 것을 알아야 할 것입니다. 다음 동영상을 보면서 가해자들이 학교폭력에서 벗어나야 하는 이유를 느낄 수 있었으면 좋겠습니다.

학교짱의 최후

◀ PPT 14

◎ 동영상 내용:
　중학생인 혁진이는 선배 형들로부터 일진회 가입을 권유받고 조직 활동을 하던 중 싸움을 하다가 상대학생을 죽음에 이르게 한다. 혁진이를 지켜주겠다던 일진회 선배들은 온 데 간 데 없고 결국 혁진이는 13년형을 선고받고 교도소에 수감되어 살아가고 있다. 혁진이 어머니도 고통 속에 하루하루를 보내고 있다.

선배 형들의 권유에 의해 일진회를 가입했던 혁진이의 삶을 보았습니다. 다른 사람들이 건드리지 못하는 막강한 파워를 가진 일진회의 삶을 살아가던 혁진이는 싸움이 일상이 되어 버렸고 그러던 와중에 혁진이에게 폭력의 피해를 당한 학생이 숨지는 사고가 일어났습니다. 결국 13년형이라는 선고를 받고 소년교도소에 복역하고 있는 혁진이는 후회와 반성을 해보지만 이미 그 후회는 너무 늦어버린 것 같습니다. 이 영상을 통해 또한 가해자 부모의 심정을 느낄 수 있었습니다. 피해학생, 피해학생의 부모님뿐만 아니라 학교폭력의 고통을 받는 사람은 가해학생과 그의 부모님입니다. 학교폭력은 가해자, 피해자 모두에게 상처만 남기는 일이라는 것을 이 사례를 통해 분명히 알았으면 좋겠습니다.

나) 우발적 가해자

① 학교폭력 피해의 분노로 발생한 폭력

몇몇 사건에서 오랫동안 친구들 사이에서 학교폭력으로 시달리던 학생들이 분노와 복수심으로 자신을 괴롭힌 가해학생에게 폭력 등을 행사하는 일이 종종 벌어지고 있습니다. 다음 사례를 한 번 보도록 합시다.

PPT 15 ▶

살인 부른 학교폭력

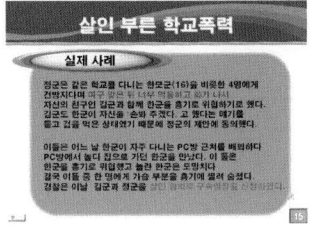

> 정 군은 같은 학교를 다니는 한 모 군(16)을 비롯한 4명에게 건방지다며 마구 맞은 뒤 너무 억울하고 화가 나서 자신의 친구인 김 군과 함께 한 군을 흉기로 위협하기로 했다. 김 군도 한 군이 자신을 "손봐 주겠다"고 했다는 얘기를 듣고 겁을 먹은 상태였기 때문에 정 군의 제안에 동의했다.
> 이들은 어느 날 한 군이 자주 다니는 PC방 근처를 배회하다 PC방에서 놀다 집으로 가던 한 군을 만났다. 이 둘은 한 군을 흉기로 위협했고 놀란 한 군은 도망치다 결국 이들 중 한 명에게 가슴 부분을 흉기에 찔려 숨졌다. 경찰은 이날 김 군과 정 군을 살인혐의로 구속영장을 신청하였다.

위 사례는 학교폭력을 당한 피해학생 둘이 자신들을 위협하고 폭행한 가해학생을 살해한 사건이었습니다. 하지만 결국 학교폭력의 피해 당사자였던 두 명의 학생이 살인혐의로 구속되었습니다. 물론 학교폭력을 행한 가해학생의 행동은 잘못이 지적되어야 하고 반성해야 하지만 순간적인 분노를 참지 못한 학교폭력의 피해학생들은 도리어 학교폭력의 가해자로 법의 심판을 받게 되었습니다. 이 사례를 통해 우발적으로 혹은 학교폭력의 피해 당사자라는 이유로 가해학생에게 폭력을 가하는 것은 법적으로 용인될 수 없음을 기억해야 합니다. 이렇게 폭력에 폭력으로 대처하는 것은 피해자 자신에게 다시 한 번 상처를 주는 일이라는 것을 알아야 할 것입니다.

② 정의의 사도는 폭력을 행사해도 될까?

◀ PPT 16

정의의 사도는 폭력을 행사해도 될까?

또한 여러 영화나 드라마를 통해서 여러분들이 오해하고 있는 것이 하나가 있습니다. 바로 정의의 사도가 정의를 지키기 위해 나쁜 악당들을 때리는 것이지요. 얼핏 생각하면 정의를 지키기 위해 행사하는 폭력은 정당한 것으로 잘못 생각할 수 있습니다. 하지만 폭력은 그 어떠한 목적으로도 인정될 수 없습니다. 모든 행위의 폭력은 '폭력'일 뿐 더이상의 것은 아니며 문제가 발생했을 때 서로 간의 이해와 조정으로 해결해야 합니다. 조정으로도 분쟁이 해결되지 않는다면 반드시 법적 절차를 통해 해결해야 할 것입니다. 법은 모든 사회 구성원들의 합의로 만들어진 것이고 그에 따른 해결과 판단은 모두가 인정할 수 있는 정당한 방법임을 기억해야 할 것입니다.

③ 동아리가 폭력서클로

영화 '폭력서클'

영화 '폭력서클'에서는 축구로 인해 친해진 친구들끼리 만든 '타이거'라는 모임을 중심으로 이야기

가 전개됩니다. '타이거'의 회장이 좋아하는 또래의 여자아이가 나타나면서 다른 학교아이들과 싸우게 되는 내용입니다. 이 영화의 중요내용은 친목 도모를 위해 만들었던 축구모임이 폭력서클로 변해가는 모습입니다.

이러한 예는 현실에도 많이 발생합니다. 친구들과 모임을 갖거나 혹은 학교 동아리 활동을 하면서 학교폭력의 가해자가 되는 경우입니다. 단순히 친구들끼리 같은 취미활동을 하며 만나다가 어떤 사건을 계기로 다른 사람들에게 폭력행위를 하는 경우입니다. 그런데 문제는 이러한 폭력이 일회적으로 끝나는 경우가 드물다는 것입니다. 한 번 집단 간의 싸움이 나면 친목 도모를 위한 모임의 목적이 변질되어 자신도 모르게 학교폭력의 가해자가 되어버리는 경우가 있습니다. 그리고 여러분들은 여러 명이 같이 가해행위를 하면 그 책임이 나누어질 것이라 잘못 생각할 수도 있을 것입니다. 하지만 우리 법은 집단으로 폭력행위를 할 때 개인 간의 폭력보다도 더 엄중하게 처벌하고 있습니다.

PPT 18 ▶

폭력행위등처벌에관한법률
제2조(폭행등)
① 상습적으로 다음 각 오의 죄를 범한 자는 다음의 구분에 따라 처벌한다.
 1. 폭행, 협박, 주거침입·퇴거불응 또는 재물손괴의 죄를 범한 자는 1년 이상의 유기징역
 2. 존속폭행, 체포·감금, 존속협박 또는 강요의 죄를 범한 자는 2년 이상의 유기징역
 3. 상해·존속상해, 존속체포·존속감금 또는 공갈의 죄를 범한 자는 3년 이상의 유기징역
② 2인 이상이 공동하여 제1항 각 오에 열거된 죄를 범한 때에는 각 형법 본 조에 정한 형의 2분의 1까지 가중한다.

제4조(단체등의 구성·활동)

① 이 법에 규정된 범죄를 목적으로 한 단체 또는 집단을 구성하거나 그러한 단체 또는 집단에 가입하거나 그 구성원으로 활동한 자는 다음의 구별에 의하여 처벌한다.
 1. 수괴는 사형, 무기 또는 10년 이상의 징역에 처한다.
 2. 간부는 무기 또는 7년 이상의 징역에 처한다.
 3. 그 외의 자는 2년 이상의 유기징역에 처한다.
② 제1항의 단체 또는 집단을 구성하거나 그러한 단체 또는 집단에 가입한 자가 단체 또는 집단의 위력을 과시하거나 단체 또는 집단의 존속·유지를 위하여 다음 각 호의 1의 행위를 한 때에는 그 죄에 대한 형의 장기 및 단기의 2분의 1까지 가중한다.

우리 법은 '폭력행위등처벌에관한법률'을 제정하여 상습적이고 집단적인 폭력을 강화하여 규제하려 합니다. 일반적인 형법에서의 처벌은 기간의 상한이 정해져 있는 반면 '폭력행위등처벌에관한법률'은 '○년 이상'이라는 표현을 사용함으로써 더욱 무거운 처벌을 하고 있는 것입니다. 또한 폭력을 위한 집단을 구성하거나 가입만 하더라도 처벌될 수 있는 규정을 두고 있습니다. 즉, 조직이나 집단을 만드는 것 자체가 큰 범죄라는 것입니다. '폭력행위등처벌에관한법률'은 형법에 대한 특별법으로 어떠한 행위가 형법에서도 처벌가능하고 '폭력행위등처벌에관한법률'에서도 처벌이 가능하다면 '폭력행위등처벌에관한법률'이 우선하여 적용됩니다. 집단적이고 상습적인 폭행이 더욱더 큰 책임이 뒤따른다는 것을 알아야 할 것입니다.

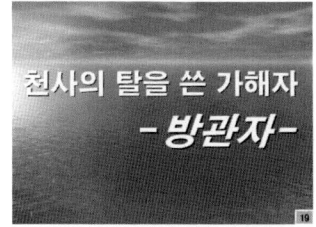

PPT 19 ▶

다) 천사의 탈을 쓴 가해자, 그 이름 방관자

천사의 탈을 쓴 가해자, 방관자

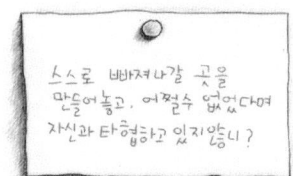

PPT 20 ▶

우리가 이제까지 학교폭력과 관련된 영상들을 보면서 무언가 특이한 점을 발견할 수 있었습니다. 학교폭력이 일어나고 있는 상황들은 가해자와 피해자만 있는 상황이 아니라 그 주변에 그러한 폭력 상황을 목격하는 친구들이 분명 있다는 것입니다. 내가 만약 그러한 폭력 상황을 눈앞에서 보고 있다고 상상해 봅시다. 나는 어떤 생각이 들고 또 어떻게 대처할 수 있을까요?[활동지 3]

왜 학교폭력을 보고만 있을까?

PPT 21 ▶

- 보복에 대한 두려움
- 가해학생의 관심이 자신에게로 쏠릴 것에 대한 경계심
- 고자질을 하면 안 된다는 생각
- 가해학생이 피해학생을 괴롭히는 것에 대해 무감각함
- 어른들이 피해학생을 도와줄 수 없다고 생각함

지금 바로 여러분이 느끼는 두려움과 여러 가지 생각으로 인해 학교폭력은 우리 눈앞에서 계속 일어나고 있는 것입니다. 하지만 대부분의 학생들이 그러하듯 자신도 같이 따돌림을 당할까 봐, 혹은 보복을 당할까 봐 두려워 학교폭력 상황을 방관하면 피해자는 가해자에게 폭력을 당하는 것뿐만 아니라 방관하는 학생들로 인해 또다시 고립되는 이중의 학교폭력을 경험하게 됩니다. 여러분들은 직

접적으로 학교폭력의 피해학생을 때리지 않았고
욕하지 않았다는 그 이유 하나만으로 학교폭력이
나와는 관련이 없다고 생각할 수 있는데 그것은
잘못된 생각입니다. 그 상황을 바라보고만 있어도
학교폭력의 가해자라는 것을 알아야 합니다.

특히, 인신공격적인 별명을 만들어 부르는 경우
대부분의 학생들은 가해학생들에게 환호와 지지를
보냄으로써 가해학생들이 잘못을 저지르고 있다는
생각을 못하도록 하고 있습니다. 가해학생이 처음
행사한 폭력 즉, 별명부르기에 대해 다른 학생들이
아무런 제지를 하지 않는 경우 그 가해학생은 죄
책감을 느끼지 못하며 폭력적 행위를 반복할 여지
가 많습니다. 따라서 가해학생들의 익살, 재치, 야
유는 학급 내에서는 즐거움을 줄 수 있고 가해학
생은 박수를 받고 명성을 얻을 수 있지만 피해학
생에게는 모욕감과 스트레스를 남긴다는 사실을
알아야 합니다.

방관하는 학생들(사례)

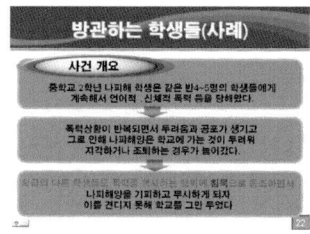

▶ PPT 22

> **사건개요**: 중학교 2학년 나피해 학생은 같은 반 4~5
> 명의 학생들에게 계속해서 언어적·신체적 폭력 등을
> 당해왔다. 그러한 폭력상황이 반복되면서 두려움과 공
> 포가 생기고 그로 인해 나피해 양은 학교에 가는 것이
> 두려워 지각하거나 조퇴하는 경우가 늘어갔다. 학교에
> 나와서도 여러 가지 이유를 대며 양호실에 가 있는 등
> 학교 수업을 거의 받지 않았다. <u>학급의 다른 학생들도
> 폭력을 행사하는 행위에 침묵으로 동조하면서</u> 나피해
> 양을 기피하고 무시하게 되자 이를 견디지 못해 학교를
> 그만두었다.

위 사례는 전형적인 학교폭력의 상황을 보여주
고 있습니다. 나피해 양이 학교에 나오지 않게 된

1차적 이유는 물론 가해학생들의 폭행이 원인이었습니다. 학급의 다른 학생들의 도움이 있었다면 결과는 달라질 수 있었을 것입니다. 하지만 나머지 학급 친구들은 '침묵' 또는 그 상황을 '모르는 척'을 함으로써 4~5명의 가해학생의 행동을 지지하고 격려하는 역할을 한 것입니다. 여러분들은 이런 상황을 겪어 본 적이 있나요? 만약 이런 상황을 그냥 지나쳤었던 경험이 있다면 여러분 역시 학교폭력의 가해자 중 한 사람이었다는 것을 기억해야 합니다. 피해자와 가해자 간의 문제가 작은 불씨라면 학급 내 친구들은 그 불씨를 크게 만들어 무서운 불덩이로 만들어 버릴 수도 있고 또한 그 작은 불씨를 꺼버릴 수 있는 힘을 가진 사람들이기도 합니다. 따라서 학교폭력의 고리를 끊는 힘과 책임은 가해자·피해자뿐만 아니라 나머지 학생들에게도 있는 것입니다.

PPT 23 ▶

2) 피해자

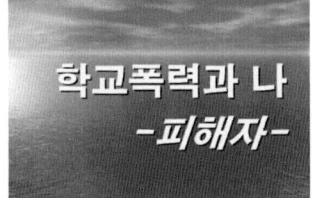

학교폭력의 피해자들이 처음부터 피해자일 리는 없을 것입니다. 어느 날 일어난 조그마한 학급 내 친구 간의 갈등 혹은 **단지 적절하지 않은 시간에 적절하지 않은 장소에 있었다는 이유**만으로 목표가 될 수도 있습니다.

집단 따돌림 가해 이유

◀ PPT 24

잘난 척해서	29.4%
친구가 하니까 따라서	11.7%
아무 이유 없이	11.7%
냄새가 나거나 더러워서	10.6%
친구들과 어울리지 못하는 성격이어서	7.0%
뚱뚱하거나 못생긴 외모 때문에	6.5%

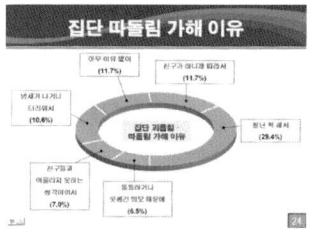

　　여러분들이 생각하기에 집단 괴롭힘을 당하는 이유가 무엇이라 생각하나요? 한번 맞추어 볼까요? 위 표는 학교폭력의 가해학생들을 대상으로 설문 조사를 한 결과입니다. 가해학생들에게 왜 집단 따돌림을 하는지 물었는데 제일 큰 이유가 잘난 척 하기 때문이라고 합니다. 어떤 학생이 잘난 척을 한다는 기준은 오로지 자신의 기준으로 판단하는 것이기 때문에 그러한 이유가 피해학생을 비난하고 험담하면서 집단적으로 따돌리는 합당한 이유가 되지 않을 것입니다. 하지만 피해학생들도 자신의 행동을 점검해보고 나의 언행과 행동이 다른 친구들의 기분을 상하게 하고 있지는 않은지 생각해 보아야 할 필요가 있습니다. 다른 친구들과의 원만한 관계를 위해서 다른 친구들과의 자주 대화를 하는 것도 좋은 방법일 것입니다. 그런데 이러한 집단 괴롭힘이 문제가 되는 것은 뚜렷한 이유 없이 학교폭력에 가담하는 경우입니다. 즉, 피해학생들은 아무 이유 없이 학교폭력에 시달리는 경우가 약 24% 정도가 되며 가해학생들은 친구가 하니까 따라서, 아무 이유 없이 가해행위를 하고 있음이 밝혀졌습니다. 이렇게 이유 없는 가해행위는 피해자에게 굉장한 고통을 주고 있으며 이러한 행

동들이 더 큰 폭력상황을 불러올 수 있습니다.

그런데 집단 따돌림을 비롯한 학교폭력 피해자들이 가출, 또 다른 비행 그리고 극단적인 선택을 하는 이유는 이런 피해의 고통뿐만 아니라 학교폭력의 벗어날 수 없다는 비관적인 생각을 하기 때문입니다. 왜 학교폭력의 피해에서 벗어날 수 없다고 생각할까요? 다음 그림을 보면서 알아보도록 합시다. 일반적으로 학교폭력은 다음과 같은 경로를 거치게 됩니다.

PPT 25 ▶

학교폭력의 경로

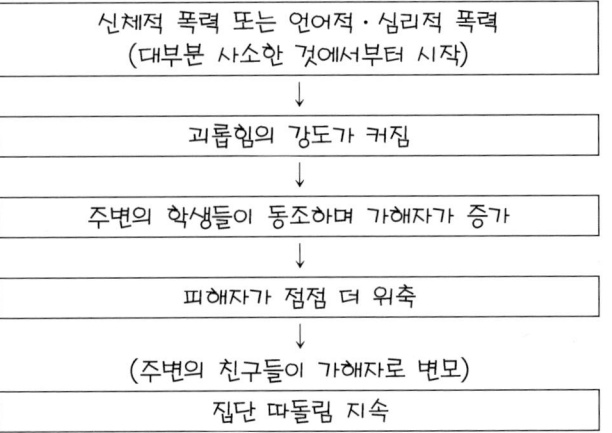

신체적 폭력 또는 언어적·심리적 폭력 (대부분 사소한 것에서부터 시작)
↓
괴롭힘의 강도가 커짐
↓
주변의 학생들이 동조하며 가해자가 증가
↓
피해자가 점점 더 위축
↓
(주변의 친구들이 가해자로 변모)
집단 따돌림 지속

학교폭력이 발생한 후 주변 학생들이 동조하면서 가해자가 증가되고 있는 것이 학교폭력의 특징입니다. 바꾸어 말하면 학교폭력을 끊을 수 있는 열쇠는 주변 학생들이 가지고 있다는 것입니다. 학교폭력 상황 발생 시 주변 학생들이 피해자를 도와주고 그러한 폭력 행위를 방관하지 않겠다는 의지만 보여주어도 피해자는 쉽게 학교폭력 상황에서 벗어날 수 있는 것입니다. 그렇다면 학교폭력의 사슬을 끊고 피해자를 돕기 위해 우리가 해야 할 일은 무엇이 있을까요?[활동지 4]

우리들의 역할

◀ PPT 25

- 선생님 또는 부모님에게 도움을 구하기
- 피해자가 그 상황을 벗어날 수 있도록 도와주기
- 폭력이나 남을 괴롭히는 행동은 정당화할 수 없다는 것을 단호하게 보여주기

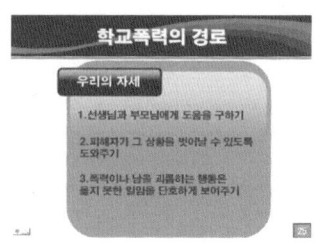

우리들은 그러한 폭력행위가 절대 용납될 수 없음을 가해학생에게 보여주어야 합니다. 가해학생은 피해자의 약함을 빌미로 계속 괴롭히고 또한 자신의 행동을 제약할 사람이 없음을 알고 계속 폭력행위를 하는 것이니까요. 따라서 우리들이 "그 아이를 좀 내버려 둬", "지금 당장 그만두지 않으면 선생님께 말하겠어"라고 분명하게 가해학생에게 말한다면 학교폭력을 줄일 수 있을 뿐 아니라 예방까지도 할 수 있을 것입니다. 학교는 작은 사회입니다. 학교 내에서 벌어지는 범죄를 지나친다면 우리는 안전하지 않을 것이고 또 나에게 그 위험이 오지 않을 것이라 장담하지 못하겠죠? 우리 스스로가 이러한 행동을 하지 않고 예방할 수 있도록 해야 할 것입니다.

4. 나가는 말

어느 곳에서나 갈등은 있기 마련입니다. 하지만 다른 갈등과는 다르게 학교폭력은 가해학생, 피해학생 둘만의 화해로써 해결되는 문제가 아니며 학교폭력 상황을 보고 있는 여러분들의 힘이 크다는 것을 알게 되었을 것입니다. 학교폭력을 숨기는 것은 해결책이 되지 않습니다. 학교폭력 상황을 외부

에 알리고 도움을 요청하는 것만이 가해학생들의 폭력 행동을 막을 수 있습니다. 그러한 도움의 요청은 학교폭력 피해학생뿐만 아니라 여러분들의 몫입니다. 학교폭력을 없애기 위해 우리에게는 각각의 역할이 있고 그것을 적극적으로 행할 때 비로소 학교폭력은 우리 주변에서 사라질 수 있을 것입니다.

PPT 26 ▶

아프냐, 나도 아프다

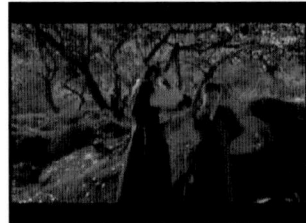

아프냐, 나도 아프다

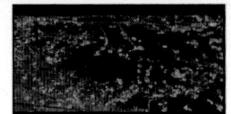

학교폭력은 피해자 뿐만 아니라 가해자에게도
상처와 아픔만을 남깁니다.

> ◎ 동영상 내용
> 드라마 「다모」에서 황보윤 종사관이 다친 채옥이에게 말을 건네는 장면입니다. "아프냐, 나도 아프다."

'다모'라는 드라마에서 황보윤 종사관이 채옥이에게 이런 말을 하죠. "아프냐, 나도 아프다." 학교폭력은 피해를 당하는 학생도 아프지만 가해학생도 아프게 하는 것임을 알아야 할 것입니다. 지금은 당장 다른 학생을 때려도 아무런 일이 벌어지는 것 같지 않지만 가해를 함으로써 얻는 것은 상처와 아픔뿐이라는 것을 알아야 할 것입니다.

지금까지 학교폭력의 개념과 그 실상에 대해 자세히 알아보았습니다. 다음 시간에는 우리가 학교폭력의 피해자가 되지 않도록 하는 예방법을 알아보고, 학교폭력이 왜 근절되어야 하는지 느껴보는 시간을 마련하도록 하겠습니다. 그리고 학교폭력 근절을 위한 여러 지원기관을 알아봄으로써 내가 학교폭력 피해자일 때 혹은 학교폭력 피해를 당하고 있는 친구를 도와주고 싶을 때 어떻게 도움을 요청해야 하는지 알아보도록 하겠습니다.

[활동지 1]

여러분들이 생각하는 학교폭력은 학교에서 발생하는 폭력이라 생각할 것입니다. 그렇다면 다음 제시되는 3가지 상황 중에서 학교폭력이라 생각되는 상황에 체크 해보도록 합시다.

상황 1 학교 체육실에서 체육 기구를 옮기고 있는데 옆에 있던 친구가 그렇게밖에 힘을 못 쓰냐며 비웃고 옮기고 있는 기구를 발로 찼다.	
상황 2 PC방에서 놀고 있는데 학교 선배 형이 머리를 툭 치며 욕을 하고 지나갔다.	
상황 3 학교 수업을 마치고 친구와 집에 가고 있는데 동네 불량배들이 돈을 달라고 하며 때렸다.	
상황 4 새해가 되어 친구들과 일출을 보러 정동진을 갔는데 그 동네 아이들이 시비를 걸고 때리려고 해서 같이 싸웠다.	

[활동지 2]

학교폭력에 대해 얼마나 알고 있는지 확인해 보도록 합시다. 나도 모르게 학교폭력의 가해자가 되어 있을 수도 있습니다. 다음의 상황 중 어떤 것이 학교폭력에 해당된다고 생각하는지 체크해 봅시다.

상황 1 나는 남을 괴롭힌 적은 없다. 하지만 항상 재미있는 행동을 함으로써 친구들에게 웃음을 주려고 한다. 그래서 나는 A라는 친구 가방에 몰래 살아 있는 개구리를 넣었다. A는 가방 속에서 뛰쳐나오는 개구리를 보고 놀라면서 울었다.	
상황 2 우리 반에 냄새가 난다는 이유로 은근히 따돌림을 당하는 친구가 있다. 하지만 다른 친구들은 그 아이를 피할 뿐 다른 행동은 하지 않지만 그 아이는 따돌림을 당하고 있다는 사실을 알고 있는 듯하다. 쉬는 시간에 몇몇 친구들이 그 아이에게 "이리 좀 와봐~" 라고 하며 윙크를 했다.	

상황 3 나는 우리 반의 A를 너무 싫어한다. A가 하는 말, 행동 모두가 싫어서 메신저 대화명을 '제발꺼져A'라고 바꿔버렸다.	
상황 4 우리 반 B는 매일 교실로 찾아오는 동아리 선배들에게 아무 말도 못하고 계속 맞는다. 그런 모습을 우리 반 아이들이 다 보고 있지만 선배 형들이 너무 무서워 도와주지도 못하고 있다. 그런데 내 친구 C가 보다 못해 B를 도와주려고 해서 "C야, 너 그러다 B보다 더 맞어, 그냥 가만히 있어, 그게 니 신상에 좋아"라고 말하면서 C를 말렸다.	

[활동지 3]

내 눈앞에서 친구가 맞고 있다면 나는 어떻게 할 수 있을까요? 만약 아무런 행동도 취하지 못한다면 나는 왜 그럴 수밖에 없을까요? 여러분들의 생각을 자유롭게 적어보세요.

[활동지 4]

학교폭력의 피해학생을 위해 우리가 할 수 있는 행동으로는 무엇이 있을까요?

[참고자료 1]

―기르던 개 폭행한 美 30대에 '징역 3년형'―

산디에이고 카운티 지방법원의 하워드 쇼어 판사는 엔리케 조지 에르난데스(39)에게 동물학대 혐의를 적용해 징역 3년형에 처한다고 판시했다. 검찰은 지난해 8월 에르난데스가 기르던 개를 폭행하고는 즐겁다고 웃는 등 학대하고 있다는 이웃 주민들의 신고를 받고 현장을 확인해 에르난데스를 기소했었다.

동물보호센터 직원과 수사관들이 현장을 확인한 결과 에르난데스는 핏불 테리어종인 '오지'를 최소한 10차례 이상 폭행했으며, 이 결과 '오지'는 온 몸에 내부출혈이 있었고 한쪽 다리와 갈비뼈가 부러진 채 머리 앞부분은 담뱃불로 지져진 상태였다.

[참고자료 2]
5대폭력 근절 대책 관계장관 회의 자료 (교육부)

학교폭력예방 및 근절 대책

Ⅰ. 현 황

☐ 학교폭력 **가해학생은 감소하는** 추세이나, 학교폭력 **피해를 호소하는 학생은 오히려 증가하고** 있으며, **협박, 집단괴롭힘 등의** 정신적 괴롭힘을 주는 피해 유형이 늘어나고 있음.

○ 학교폭력으로 징계받은 학생수

구분	연도	초		중		고		계
		남	여	남	여	남	여	
총계	'03	145	52	3,109	1,814	1,662	987	7,769
	'04	251	57	2,908	1,806	1,663	803	7,488
	'05	133	51	2,652	1,593	1,553	622	6,604
	'06	130	48	2,430	1,507	1,365	787	6,267

출처: 시도교육청 통계자료

○ 학교폭력 피해 유형 현황 (단위: %)

구 분	신체적 폭행 피해	협박피해	금품피해	집단괴롭힘
'03년도	2.97	1.11	3.49	0.92
'04년도	2.51	3.08	4.22	0.63
'05년도	2.60	3.58	5.00	2.99
'06년도	2.86	4.26	5.23	3.21

출처: 시도교육청 실태(표본)조사 결과

☐ 신체적 폭행, 협박, 집단 따돌림은 **같은 학교 선배 또는 동급생에게 주로 당하고 있으며**, 금품갈취는 **학교 밖 모르는 다른 학생에** 의해 피해를 당하고 있음.

○ 학교폭력 가해를 한 대상 ('06) (단위: %)

분 야	같은 학교 동급생	같은 학교 선배	다른 학교 학생	기타 (성인 등)
신체적 폭행 · 협박	24.56	29.54	26.80	19.10
집단괴롭힘	50.36	15.23	16.25	18.16
금품 갈취	17.56	19.58	38.69	24.17

☐ 학교폭력 피해 장소가 교사의 감독권을 벗어난 **등 · 하굣길, 학원주변, 오락실 · PC방 등으로 확산되고** 있음

○ 학교폭력 피해장소 (단위: %)

분야	년 도	교 내	등 · 하굣길	학원(주변)	오락실 PC방	놀이터, 공원 등	기타
신체적 폭력 또는 협박	'03	30.98	20.37	14.50	13.60	20.60	조사 안함
	'04	26.78	17.47	12.06	10.91	12.55	20.23
	'05	21.40	23.80	13.56	12.49	15.36	13.39
	'06	20.45	26.48	15.26	11.26	14.23	12.32
금품 갈취	'03	6.09	23.39	18.35	22.83	22.42	조사 안함
	'04	14.66	20.32	14.01	15.99	13.70	21.31
	'05	13.30	26.50	14.36	13.44	15.36	17.04
	'06	10.01	23.25	17.35	19.20	16.35	13.84

출처: 시도교육청 실태(표본)조사 결과

❑ **초등학생과 여학생의** 학교폭력 가해비율이 **계속적으로 증가하고 있음**.

　○ 초등학생 가해비율의 증가: 8.5%('01) → 11.2%('02) → 17.8%('06)

　○ 여학생 가해비율의 증가: 7.0%('99) → 31.8%('06)

　　　※ 자료출처: 학교폭력실태조사보고서(청소년폭력예방재단, 2006)

❑ 일부 **음란·폭력성 영상물을** 모방한 충격적인 **학교폭력 사안과 학교폭력의 다양한 피해 보도로 사회적 충격을 주고 있음**

　○ 안산 Y중 여학생 **집단폭행사건이** UCC(User Created Contents) **동영상 웹사이트에** 탑재되어 사회적으로 충격을 주었음('06. 12. 21.)

　○ 서울 Y초등학생이 집단폭행 당한 후 **가출한 사건으로** 초등학생들의 학교폭력의 심각성을 일깨워 줌('06. 11. 11.)

　○ 대전 M중 피해학생의 경우 학교폭력 외상 후 스트레스 증상이 '**어머니 폭행 사건**'으로 번져 학교폭력 후유증의 심각성을 보도함('07. 1. 16.)

[참고자료 3]

불량서클 70% 성인폭력 조직과 연계 <교육부 학교폭력조직 보고서>

전국 '10대 후반 폭력패거리' 현황
(단위: 명)

지역	명
서울	350
경기	452
인천	10
대전	150
충남	110
충북	15
부산	274
대구	55
경북	315
경남	278
광주	15
전남	160
전북	231
울산	72
강원	100
제주	0
기타	115

자료: 형사정책연구원

학교폭력은 갈수록 조직화·지능화되는 등 성인조직폭력 못지않은 양상을 보이고 있다. 교내 불량서클 등에 가입한 학생들은 지역별 연계조직으로 영역을 확장하고 성인조폭들의 말투나 행동을 모방한다. 이런 탓에 피해학생들은 보복이 무서워 신고를 꺼리고, 학교폭력이 성인조직폭력으로 자연스레 이어지는 부작용을 낳고 있다.

2005년 교육부 조사에 따르면 학교 불량서클 가운데 다른 학교나 상급 학교, 성인폭력조직과 연계되는 경우가 70.6%에 달하는 것으로 나타났다. 같은 해 학교폭력 자진신고 기간에 성인폭력조직 7개 파에서 활동 중이던 고교생 90명이 적발됐다.

2005년 말 검찰에 적발된 서남부 최대 폭력조직 '이글스파'는 1978년 모 상고 학생 12명이 만든 폭력서클이 모태가 된 것으로, 인근 중고교생들을 신입 조직원으로 수혈해 급성장했다. 지난 1월에도 전남 광양에서 조직 가입을 거부한 중학교 졸업반 학생을 감금해 폭행한 폭력조직 행동대원들이 구속됐다.

이처럼 성인폭력조직은 기존의 세력과 활동 기반을 유지하기 위해 새 조직원을 찾고 있다. 형사정책연구원의 '조직폭력 서식환경 연구' 보고서에 따르면 폭력조직 행동대원은 주로 10대 후반~20대 초반 청소년들로 이뤄지며, 이들은 불량서클 등을 중심으로 '폭력패거리'를 형성해 성인폭력조직과 연결된다.

이 보고서에서 전국 234개 경찰서 중 112개 서의 담당자가 관할구역 내에 폭력조직으로 발전하거나 폭력조직에 공급될 수 있는 폭력패거리가 있다고 응답했고, 이들은 경기 452명, 서울 350명, 경북 315명 등 모두 2587명에 달했다. 보고서는 "이 폭력패거리들은 성인조직폭력의 한 축을 이루는 동시에 학교폭력의 심각한 근원을 이루는 문제"라고 지적했다.

한국청소년개발원이 '학교폭력 대책을 위한 지역사회 네트워크의 실천적 운영에 관한 연구'에서 서울 서초구 중고생 854명을 설문조사한 결과, 피해학생을 돕지 못한 이유에 대해 "같은 피해를 당할까 두려워서(31.9%)"라는 응답이 가장 많았다.

[참고자료 4]
용돈 뜯으려 원조교제 강요까지……조폭 뺨쳐
성폭력 동원 협박·노동착취……갈수록 흉포화
초등학생 피해율이 중학생 앞질러 '충격'

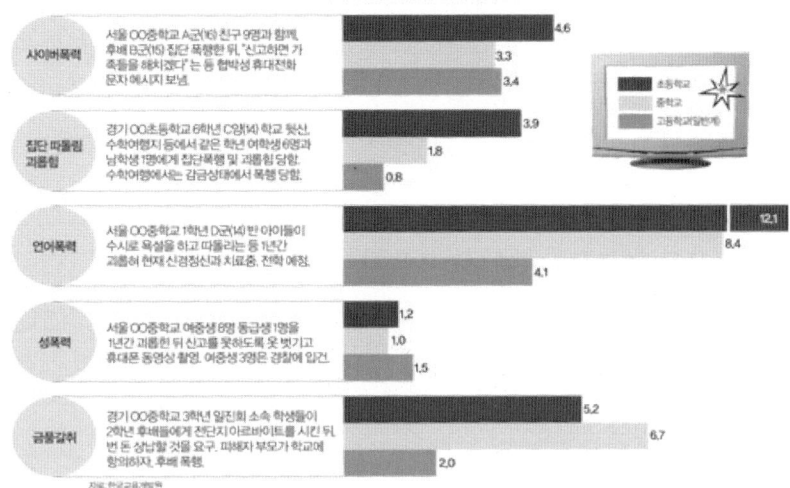

■ 학교폭력 유형 및 연령대별 발생 비율

단위: 명, 100명당 피해학생 수, 기간: 2006년 3~4월

유형	사례	초등학교	중학교	고등학교(일반계)
사이버폭력	서울 ○○중학교 A군(16) 친구 9명과 함께, 후배 B군(15) 집단 폭행한 뒤, "신고하면 가족들을 해치겠다"는 등 협박성 휴대전화 문자 메시지 보냄.	4.6	3.3	3.4
집단 따돌림 괴롭힘	경기 ○○초등학교 6학년 C양(14) 학교 뒷산, 수학여행지 등에서 같은 학년 여학생 6명과 남학생 1명에게 집단폭행 및 괴롭힘 당함. 수학여행에서는 감금상태에서 폭행 당함.	3.9	1.8	0.8
언어폭력	서울 ○○중학교 1학년 D군(14) 반 아이들이 수시로 욕설을 하고 따돌리는 등 1년간 괴롭혀 현재 신경정신과 치료중, 전학 예정.	12.1	8.4	4.1
성폭력	서울 ○○중학교 여중생 8명 동급생 1명을 1년간 괴롭힌 뒤 신고를 못하도록 옷 벗기고 휴대폰 동영상 촬영. 여중생 3명은 경찰에 입건.	1.2	1.0	1.5
금품갈취	경기 ○○중학교 3학년 일진회 소속 학생들이 2학년 후배들에게 전단지아르바이트를 시킨 뒤 번 돈 상납할 것을 요구. 피해자 부모가 학교에 항의하자, 후배 폭행.	5.2	6.7	2.0

자료: 한국교육개발원

#1. A 군은 지난해 10월 반 친구들에게 일명 '맥가이버 칼'을 흔들며 공포 분위기를 조성했다. 그리고 자신이 '반따'(반 전체가 한 친구를 따돌리는 것)시키는 학생에겐 "부모님에게 알리면 죽는다"고 수시로 협박했다.

#2. 한 학교 일진회 '짱'인 B 양은 지난해 4월 한 후배 C 양에게 용돈 상납을 강요했다. C 양이 "돈이 없다"고 하자 B 양은 "그럼 원조교제라도 해서 돈을 벌라"며 옷을 벗기는 등 성적 수치심을 줬다.

위 두 사례는 내용 면에서 성인 범죄와 크게 구별되지 않는다. 그러나 이는 학교 현장에서 엄연히 일어나는 폭력이다. 공포심을 자극하며 친구를 협박한 A 군은 초등학교 4학년(11), 후배의 성매매를 강요한 B 양은 중학교 2학년(16)이다.

학교폭력이 갈수록 대담해지고 있다. 성인 범죄행위 뺨치는 흉포함이 발견되는가 하면 피해 연령층도 중학생에서 초등학생으로 점차 어려지고 있다. 사이버폭력, 성폭력을 동원한 협박, 노동 착취 등 학교폭력 방법도 빠르게 진화하고 있다.

◆ 학교폭력 피해, 초등학생이 최고＝한국교육개발원이 지난해 6~7월 초·중·고등학생 1만 4479명(교사 1665명)을 대상으로 학교폭력 피해 경험을 설문 조사

한 결과 '지난해 3월부터 6월 사이 학교폭력 피해 경험이 한 번 이상 있다'고 답한 초등학생이 5.0%(100명 가운데 5명)로 중학생 4.0%, 고등학생(일반계 2.2%, 실업계 3.0%)보다 높게 나타났다. 학교폭력 관련 설문조사에서 초등학생 학교폭력 발생 비율이 중학생을 앞지른 것은 이번이 처음이다.

유형별로 봐도 초등학생 학교폭력은 언어폭력, 집단 따돌림 및 괴롭힘, 사이버(휴대전화)폭력, 금품갈취 등 전 분야에서 발생률이 높았다. 특히 언어폭력과 사이버폭력 분야에서는 초등학생 피해율이 각각 12.1%(100명 가운데 12명), 4.6%(100명 가운데 4명)로 가장 높게 나타나 저연령화가 심각한 것으로 조사됐다.

이번 실태조사 총괄 책임자인 박효정 한국교육개발원 연구위원은 "조사 결과는 지난해부터 초등학생이 학교폭력의 주된 가·피해자층을 이루기 시작한 것을 보여주고 있다"며 적절한 대책이 시급함을 강조했다.

◆ 학교폭력의 '감초', 사이버폭력＝서울의 한 초등학교 5학년 김 모 양은 지난해 11월 초 친구 박 모 양에게 "왜 너만 선생님한테 예쁨받느냐"며 박 양 집에 끌려가 얼굴 등을 심하게 맞았다. 이후에도 괴롭힘은 계속됐다. 박 양은 '엄마한테 이르면 너를 칼로 토막 내서 국을 끓여 먹겠다'는 등의 섬뜩한 문자를 수시로 보내왔다.

사이버폭력은 따돌림이나 기타 학교폭력 피해에 항상 꼬리표처럼 따라붙고 있다. 주로 신체폭행 등 1차 학교폭력 이후에 잇따라 발생하며 대부분이 욕설, 협박 등 위협적인 언어폭력이다.

실제 학교폭력 관련 상담센터에서 많은 학생과 학부모가 "친구 여러 명이 문자로 욕을 보내와 괴롭다" "미니홈페이지에 악성 댓글이 계속 달린다"며 괴로움을 호소하고 있다. 악플은 '왕따'의 수단으로도 이용된다. 유명 포털사이트에 '○○를 증오하는 모임'이라는 안티모임까지 생기고 있다.

교육개발원의 실태조사에서도 사이버폭력 경험률은 3.9%(100명 가운데 3.9명)로 언어폭력 8.4%, 금품갈취 4.7% 등의 뒤를 이으며 8가지 폭력유형 중 세 번째로 높았다.

◆ 학교폭력 사각지대, 성폭력＝학교 안팎에서 벌어지는 성폭력도 위험 수위를 넘고 있다. 문제는 성폭력이 수치심을 주는 데서 그치지 않고 사진이나 동영상을 인터넷에 올리는 등의 협박으로까지 이어진다는 점이다.

경기도 한 중학교에 재학 중인 이 모(16) 양은 지난해 9월 같은 학교 친구집 방에 갇혀 같은 학교와 인근 학교 동년배 9명에게 집단폭행을 당했다. 이들은 이 양의 돈을 뺏은 뒤 신고를 우려해 속옷을 벗기고 사진을 찍은 뒤 인터넷에 올리겠다고 협박했다. 이 양은 한 달간 정신과 치료를 받았고 우울증을 앓는 등 심각한 정신적 피해를 봤다.

성폭력은 그 심각성에도 불구하고 학교폭력의 사각지대에 방치돼 있다. 청소년폭력예방재단 이정희 상담실장은 "피해 학부모가 성폭력 발생 사실을 쉬쉬하는 데다 현행 학교폭력법이 학교폭력 범위에 성폭력을 배제하고 있는 것이 그 원인"이라고 진단했다.

[2차시 강의안]

학교폭력에 대한 대처

〈학교폭력 2차시 강의안〉

차 례
---

1. 들어가는 말
2. 학교폭력의 고통과 아픔
3. 학교폭력의 대처와 예방
   1) 피해자의 대처 방법
   2) 주변학생들의 도움이 필요해요.
   3) 가해학생, 학교폭력에서 벗어나기
4. 학교폭력 지원기관을 알아봅시다
5. 나가는 말

1. 들어가는 말

자우림 '낙화'

◀ PPT 1

◎ 동영상 내용 - 노래 가사
모두들 잠든 새벽 세시 나는 옥상에 올라왔죠
하얀색 십자가 붉은빛 십자가 우리 학교가 보여요
조용한 교정이 어두운 교실이
엄마, 미안해요
아무도 내 곁에 있어주지 않았어요
아무런 잘못도 나는 하지 않았어요
왜 나를 미워하나요?
난 매일 밤 무서운 꿈에 울어요
왜 나를 미워했나요?
꿈에서도 난 달아날 수 없어요.

　이 노래는 집단 따돌림을 당하던 한 여학생의 유언을 토대로 만들어진 노래라고 합니다. 정신적 학교폭력에 시달리던 학생의 고통스러운 심정이 노래로써 전달되니 조금 더 그 학생의 아픔을 느낄 수 있을 것 같습니다. 여러분들도 이런 학교폭력의 피해자 심정을 조금이나마 느낄 수 있었으면 좋겠습니다.

지난 시간에는 학교폭력의 실태와 심각성, 그리고 현재 나는 학교폭력과 어떠한 관련이 있는지를 살펴보았습니다. 나와는 상관없는 것이라 여겼던 학교폭력의 사슬을 끊을 수 있는 것은 바로 나 자신이라는 사실도 알게 되었습니다. 현재 학교폭력 사건은 끊이지 않고 발생하며 또한 학생들이 저지르는 행동이라고는 믿기지 않을 만큼의 무서운 사건들이 일어나고 있습니다. 그러한 사건 이면에는 우리가 다른 사람 일에 관여하고 싶어 하지 않고, 나만의 기준으로 다른 사람을 평가하는 데에 익숙해져 다른 사람의 존재 자체를 인정하지 못하고 있는 데 기인하고 있는 것입니다. 세상은 모든 사람들의 기준이 조화되어 만들어지는 것입니다. 자신보다는 다른 사람의 입장에서 생각해 보는 역지사지의 정신이야말로 더 이상 학교폭력의 피해자가 나오지 않을 수 있는 마음가짐이라 생각이 듭니다. 그래서 오늘 이 시간에는 학교폭력의 피해자와 부모님 그리고 가해를 하는 학생의 마음을 느껴봄으로써 왜 우리가 학교폭력을 근절해야 하는지를 알아보는 시간을 가져보도록 하겠습니다. 이러한 것을 통해서 우리는 점차 학교폭력을 근절할 수 있는 마음가짐을 가질 수 있을 것이라 생각하며 이 또한 못지않게 중요한 것이 학교폭력 발생 시 대처하는 우리의 자세와 방법이라 생각합니다. 피해학생과 더불어 가해학생도 학교폭력에서 벗어나는 방법을 알아가도록 합시다.

2. 학교폭력의 고통과 아픔

폭력에 대한 생각나누기

◀ PPT 2

> ◎ 동영상 내용
> 내무실로 보이는 곳에서 전경 한 명이 강아지를 사정없이 때리고 있고 그 모습을 보고 있는 주변 사람들의 웃음을 담고 있는 영상이다.

이 동영상은 어떤 장소에서 강아지를 때리며 즐기는 사람들의 모습을 보여주고 있습니다. 여러분들은 동영상을 보면서 어떠한 생각이 들었나요? 강아지는 마치 아무것도 느끼지 못하는 물건처럼 다루어지고 있습니다. 하지만 강아지도 아픔을 느낄 수 있는 생명체입니다. 그런데 심지어 이러한 폭력이 사람에게 가해진다면 어떨까요? 다음 동영상을 보도록 합시다.

◀ PPT 3

> ◎ 동영상 내용
> 학교폭력 심각성을 불러일으켰던 사건인 여중생 집단폭행 동영상이다. 가해학생들은 노래를 부르고 웃으며 피해학생을 계속 폭행하고 있고 피해학생은 아무런 반항을 하지 못한 채 욕설과 신체적 폭행을 당하고 있는 영상이다.

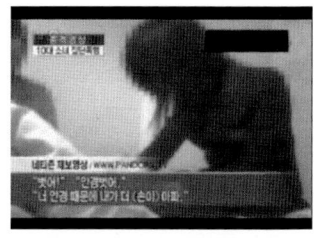

얼마 전 한 여학생이 집단으로 폭행당한 사건이 있었습니다. 이 사건은 폭력에 가담했던 한 학생이 UCC 사이트에 동영상을 올리면서 알려지게 되었습니다. 방금 강아지에 대한 안타까움이 영상에서도 느껴지는지 궁금합니다. 이러한 폭력상황을 직접 보니 어떠한 생각이 드나요? 지금 여러분들의 학교에서도 이런 학교폭력이라 여겨지는 일들을

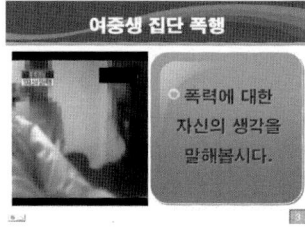

보거나 듣고 있을지도 모르겠습니다. 하지만 과연 그 심각성에 관하여 여러분들은 어떠한 생각을 가지고 있는지 궁금합니다. 학교폭력은 이러한 폭력 상황뿐만 아니라 공공연히 일어나는 '놀림'도 해당이 됩니다. 폭력은 겉으로 드러나는 행위이지만 놀림이나 따돌림은 드러나지 않아서 가해행위가 지속될 수 있고 피해도 더 커질 수 있다는 문제가 있습니다. 다음 사례를 보면서 이러한 언어폭력의 심각성을 느껴보도록 합시다.

PPT 4 ▶

별명으로 인한 고통

[닥터칼럼] 中에서

　며칠 후면 여대생이 되는 박 모 씨(20세)는 별명이 '불타는 고구마'일 정도로 늘 양 볼이 붉게 타오르는 안면홍조 때문에 우울한 사춘기를 보냈다. 봄철 새 학기마다 낯선 친구들과 인사를 나눌 때면 소극적인 성격 탓에 증상이 더욱 심해졌던 기억이 있다.

[한국일보] KBS 아나운서 '뚱뚱한 몸매' 눈물로 밤 지샌 사연

　박OO 아나운서는 최근 KBS-2TV '해피투게더-프렌즈'의 녹화에서 "어린 시절 보약을 먹고 난 뒤 부작용이 생겨 몸매가 꽤 통통했다. 내 몸매를 둘러싸고 친구들이 이러저러한 소문을 많이 만들어내고 박팻(fat)이라고 불러서 너무 속상해 눈물로 보낸 날도 많았다"고 밝혔다.

[한 연예인의 인터뷰]

　라디오 진행하고 있는 김C는 11일 어느 프로에서 "난 입이 너무 튀어나와서 입에다가 옷도 걸 수 있겠다는 뜻으로, 별명이 옷걸이였다"라고 밝혔다. 이 날 게스트로 참여한 가수 이 모 씨는 "아무리 가족끼리도 신체를 가지고 뭐라고 하면 상처를 받을 수 있다"고 말해 김C의 공감을 자아냈다.

위 사례는 우리도 자주 가해자가 되거나 피해자

가 되는 '놀림'에 관한 이야기입니다. 단지 별명을 만들어 놀리는 친구들은 재미있다는 이유만으로 계속 별명을 부르지만 다른 친구들과 조금 특이하다는 이유만으로, 단지 실수로 한 행동 때문에 인신공격적인 별명으로 불리는 것은 굉장한 스트레스이며 상처가 됩니다. 나와 조금 다르다는 이유로 놀리고, 놀림 받는 것에 대해 여러분들은 어떻게 생각하나요? 다음 활동지에 여러분들의 솔직한 경험을 적어보도록 합시다[활동지 1]. 모두 적어보았죠? 이러한 별명 부르기에 대한 여러분의 생각을 듣고 싶습니다. 누가 먼저 말해 볼까요?

학교폭력에서 여러분들이 항상 잊는 것이 있습니다. 나는 학교폭력의 피해자가 되지 않을 거라는 생각을 하는 것입니다. 사소하게 별명을 부르는 것도 피해학생이 정신적인 충격을 받았다면 가해행위가 되는 것임을 항상 명심해야 합니다. 내 입장뿐 아니라 나의 말과 행동을 보고 있는 친구의 입장도 고려하여야 할 것입니다. 그렇지 않으면 나도 모르게 학교폭력의 가해자가 될 뿐만 아니라 피해자도 될 수 있을 테니까요.

학교폭력을 근절하기 위해 가장 중요하고도 기초적인 것은 역지사지의 정신임을 알았습니다. 다른 친구의 입장을 헤아려 보기 위해 영상을 준비했습니다. 간접적인 체험을 통해 학교폭력의 근절 의지를 다졌으면 합니다. 다음 영상을 보도록 합시다.

PPT 5 ▶　　　　　　　학교폭력으로 인한 고통나누기1

◎ 동영상 내용
장면 1: 학교 식당에서 어느 자리로 가야 할까 고민하
　　　　고 한숨 쉬며 점심시간이 전혀 즐겁지 않은
　　　　피해학생
장면 2: 학교 수업시간에 여학생을 계속적으로 놀리고
　　　　괴롭히는 남학생들

　　집단 따돌림을 당하고 지속적인 괴롭힘을 당하고 있는 여학생의 일상생활을 엿보았습니다. 누군가와 이야기 하며 밥 먹고 싶고 마음 놓고 생활하고 싶은데 다른 친구들의 괴롭힘 당하고 있는 여학생을 보니 안타깝기만 합니다. 그럼 계속해서 다음 영상 보도록 합시다.

PPT 6 ▶　　　　　　　학교폭력으로 인한 고통나누기2

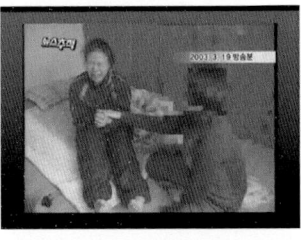

◎ 동영상 내용
　　학생들의 집단 폭행으로 뇌의 심각한 손상을 입은 여학생의 이야기입니다. 지능은 초등학생 정도로 떨어졌지만 그날의 악몽은 여전한지 그 기억을 떠올리며 계속 눈물을 흘립니다. 피해자뿐만 아니라 피해자의 어머니 역시 학교폭력으로 인한 슬픔으로 고통의 나날을 보내고 있습니다.

　　지난 시간에는 학교폭력 가해자로 13년형을 선고받은 혁진이의 영상을 보았습니다. 학교폭력은 가해자와 가해자 부모님뿐만 아니라 이처럼 피해자와 피해자 부모님의 인생을 완전히 망쳐놓는 심각한 범죄임을 알았습니다. 만약 내 동생이, 나의 언니 또는 형이 이런 학교폭력의 피해를 받고 있다면 여러분들은 어떻게 할 것입니까? 피해자들의

영상을 본 후 여러분들의 생각과 느낌을 한 번 정
리해보고 그 다음으로 나의 형제자매가 학교폭력
의 피해당사자라면 내가 어떠한 말을 해줄 수 있
을지 적어보도록 합시다[활동지 2].

　지금까지 학교폭력을 남의 일로만 생각했던 우
리가 피해자가 되어 보고 그의 가족이 되어 그들
의 심정을 조금이나마 알아보는 시간을 가져보았
습니다. 학교폭력이 또 다른 폭력을 낳고 결국 내
가 학교폭력의 고통을 겪을 수 있다는 사실을 알
았습니다. 따라서 주변에서 일어나고 있는 학교폭
력 상황을 그냥 지나친다면 학교폭력의 피해자가
나, 혹은 나의 가족이 될 수 있다는 것을 명심해야
합니다. 반드시 학교폭력을 뿌리 뽑아야 한다는 의
지를 가진 여러분들이 되었으면 좋겠습니다.

3. 학교폭력의 대처와 예방

들라크루아 '민중을 이끄는 자유의 여신'

◀ PPT 7

　이 그림은 프랑스 화가 '들라크루아'의 '민중을
이끄는 자유의 여신'이라는 작품입니다. 이 작품은
프랑스 7월 혁명 당시의 자유에 대한 프랑스 시민

들의 열망을 화폭에 그려낸 것입니다. 한 인간으로
서, 시민으로서의 자유를 쟁취하기 위한 역사적 사
실을 볼 때 지금 우리가 가지고 있는 자유권이 1
8~19세기의 사람들에게는 얼마나 절실했는가를
느낄 수 있을 것입니다. 이러한 결과로 우리나라뿐
만 아니라 세계 대부분의 나라는 인간이 인간으로
서 생활을 하는 데 필요한 모든 권리를 보장해주
고 있습니다. 그러한 권리는 그 누구도 침해할 수
없으며 침해받지 않을 권리 모두를 포함합니다. 여
러분들에게도 자유롭게 학교생활을 하고 자신의
삶을 살아갈 수 있는 권리가 있습니다. 이런 자유
권은 우리 모두에게 있기 때문에 자신의 권리를
위해 다른 사람의 권리를 침해해서는 안 됩니다.
학교폭력은 한 개인의 존엄성을 침해하는 심각한
범죄입니다. 가장 지켜져야 할 권리를 짓밟는 학교
폭력의 피해자들을 구하고 그들이 자신의 의지대
로 삶을 꾸려나갈 수 있도록 해주어야 할 것입니
다. 이를 위해 우리는 어떻게 대처해야 할까요?

1) 피해자의 대처 방법

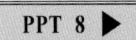

학교폭력 피해학생의 대처 방식

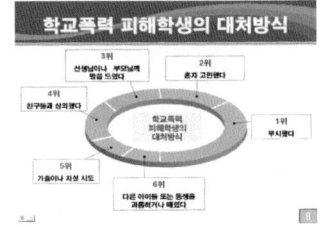

현재 우리나라에서 학교폭력으로 피해를 당하고
있는 학생들은 어떠한 대처를 하고 있을까요? 다
음 표를 보면 6가지 정도의 방식으로 대처를 하
고 있습니다. 과연 여러분들이 학교폭력 피해자라
면 학교폭력을 피하기 위해 어떻게 대처를 할 것
입니까?

무시했다	48.5%
혼자 고민했다	43.3%
선생님이나 부모님께 말씀드렸다	26.1%
친구들과 상의했다	12.9%
가출이나 자살을 시도했다	7.7%
다른 아이들 또는 동생을 괴롭히거나 때렸다	5.1%

현재 피해학생들의 대처방식을 알아보았습니다. 통계를 살펴보면 학생들은 "무시했다"라는 응답이 가장 많았고 그 다음으로 "혼자 고민했다"라는 응답이 많았습니다. 문제를 해결하기 위해 선생님이나 부모님께 말한 경우는 불과 26.1%밖에 되지 않았습니다. 그 외에 "가출이나 자살을 시도했다(7.7%)" "다른 아이들 또는 동생을 괴롭히거나 때렸다(5.1%)"라는 응답으로 학교폭력이 다른 폭력을 낳고 있는 모습을 보여주었습니다.

어떤 대처방식은 학교폭력의 굴레에서 벗어나는 것을 어렵게 만들며 또 다른 폭력을 불러올 수 있습니다. 그렇다면 어떠한 대처방식이 적절한 것일까요? 지난 시간에 우리는 다음 표를 보며 학교폭력의 발생 순서와 학교폭력이 지속되는 이유를 알아보았습니다.

PPT 9 ▶   학교폭력 피해의 올바른 대처방식

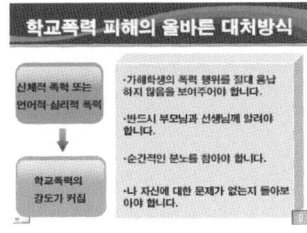

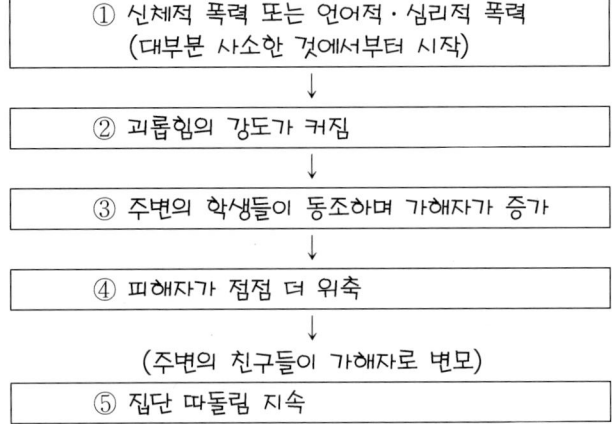

① 신체적 폭력 또는 언어적·심리적 폭력
(대부분 사소한 것에서부터 시작)
↓
② 괴롭힘의 강도가 커짐
↓
③ 주변의 학생들이 동조하며 가해자가 증가
↓
④ 피해자가 점점 더 위축
↓
(주변의 친구들이 가해자로 변모)
⑤ 집단 따돌림 지속

학교피해에서 벗어나기 위해서는 피해가 지속되고 강화되는 직전 단계인 2단계까지 학생들은 적절한 행동을 취해야 합니다. 다음 표를 보면서 피해학생들은 어떠한 대처방식을 가져야 하는지 보도록 합시다.

| 신체적 폭력 또는 언어적·심리적 폭력 (대부분 사소한 것에서부터 시작)

↓

학교폭력의 강도가 커짐 | 우연치 않게 아주 조그마한 사건을 계기로 학교폭력의 피해자로 되는 경우가 굉장히 많습니다. 아무 이유 없이 많지요. 이런 경우

• 먼저, 가해학생의 폭력 행위를 절대 용납하지 않음을 보여주어야 합니다. 울거나 소리치기, 도망가는 행동, 폭력을 스스로 인정하는 듯한 행동은 폭력을 반복되게 할 뿐입니다. 따라서 그러한 폭력의 부당함을 인정하지 않는 태도를 보여주어야 할 것입니다.

• 두 번째로, 반드시 부모님과 선생님께 알려야 합니다. 우리나라는 '학교폭력예방및대책에관한법률'을 제정하였고 그 법에 따라 학교에는 '학교폭력대책자치위원회'가 설치되어 있습니다. 따라서 자신의 피해상황을 해결할 수 있는 위원회와 절차가 만들어져 있기 때문에 반드시 학교에 알려 해결해야 할 것입니다. 이 자치위원회는 학교폭력의 해결을 목적으로 하지만 제일 우선으로 피해학생을 위한 보호조치를 강구하기 때문에 안심할 수 있습니다.

• 세 번째로, 순간적인 분노를 참아야 합니다. 학교폭력의 피해를 당하는 학생들이 그 상황에 처한 것에 대한 분노로 자신도 모르게 가해학생이 될 수도 있습니다. 하지만 그러한 행동은 전혀 상황을 개선하지 못할 뿐만 아니라 도리어 피해자인 학생이 법의 처벌을 받게 됩니다. 폭력은 어떤 이유로도 용납되지 않습니다. 자신의 피해상황이 억울하고 화가 나도 그에 대한 수단으로 폭력을 선택하면 안 됩니다.

• 네 번째로, 나 자신에 대한 문제가 없는지 돌아보아야 합니다. 학교폭력이나 친구들의 괴롭힘을 유발하는 학생들이 있습니다. 친구들을 무시하는 발언을 한다거나 잘난 척을 하고 또는 자신의 집안 환경에 대한 과도한 자랑을 하는 학생들이 왕따를 경험하는 경우가 많습니다. 혹시 자신에게는 이러한 행동이 없는지 돌아봐야 할 필요성이 있을 것입니다. |

이와 같이 학교폭력의 피해는 숨기려 하거나 폭력으로 보복하는 행위로는 해결이 되지 않는다는 것을 알았습니다. 다음 영상은 적극적으로 대처하여 학교폭력 피해로부터 벗어난 학생의 이야기입니다. 한 번 보도록 합시다.

◀ PPT 10

◎ 동영상 내용
학교폭력 피해를 7년 동안 받았던 학생이 '미소작전'으로 학교폭력 피해상황에서 벗어나 학교폭력 피해경험을 바탕으로 주변 친구들의 왕따 해결사가 된 영상이다.

살펴본 동영상에서의 주인공 여학생은 학교폭력의 피해를 무려 7년 동안 받아왔었습니다. 하지만 그러한 학교폭력 피해상황을 인식하고 적극적으로 자신의 역할을 찾아 행동하니 친구들과의 관계가 원만해졌다고 말합니다. 단순히 학교폭력의 피해에서 벗어난 것뿐만 아니라 여학생은 자신의 경험을 숨기지 않고 활용하여 주변 친구들에게 도움을 주고 있습니다. 이 동영상에서 우리가 알 수 있는 것은 자신의 학교폭력 피해에 대해 적극적으로 대처하는 것이 그 피해로부터 자유로워질 수 있는 것이며 또한 학교폭력의 피해에서 벗어나는 것은 주변의 도움이 절대적임을 알 수 있습니다.

2) 주변학생들의 도움이 필요해요.

피해학생들은 가해학생의 폭력뿐만 아니라 주변 친구들의 무관심으로 또 한 번 상처를 받게 됩니다. 학교폭력이 강화되고 지속되는 이유로 주변 친구들이 암묵적으로 그러한 학교폭력을 인정하고 모른 척하려 하기 때문입니다. 그 단계를 끊어준다면 학교폭력 피해학생들은 고통을 줄일 수 있을 것입니다. 주변 친구들의 조그마한 노력은 학교폭력의 사슬을 끊어 버릴 수 있는 강력한 힘이 됩니다. 하지만 피해학생을 도와주려 해도 보복이 두려워 마음먹기가 쉽지 않을 것입니다. 그렇다면 우리는 어떠한 마음가짐을 가져야 할까요? 다음 준비된 영상은 스웨덴 TV광고 영상입니다. 놀림을 당하는 학생을 도와주기 위해 한 학생이 도움을 줍니다. 어떤 도움이었는지 한 번 살펴보도록 합시다.

학교폭력 근절을 위한 우리의 자세

◀ PPT 11

```
◎ 동영상 내용
   왕따를 비롯한 학교폭력을 학생들 스스로 근절할 수
있도록 도와준다는 스웨덴의 한 웹사이트 광고입니다.
붉은 머리카락을 가지고 있다는 이유로 다른 친구들에게
놀림을 받는 피해학생을 보고 그런 놀림을 받지 않게
해주고 싶다는 마음으로 자신의 머리색을 붉게 염색한
내용입니다. 빨간 모자를 쓰고 붉은 머리를 치는 등 피
해학생을 놀리던 가해학생들은 다른 학생의 붉은 머리를
보자 놀리던 행동을 멈추고 성급히 자리를 피합니다.
```

   이 영상은 스웨덴의 웹사이트 광고입니다. 이 광
고가 무엇을 의미하고 있는지 한 번 말해볼까요?
잘 말해주었습니다. 이 영상에는 3명의 친구가 등
장합니다. 붉은 머리색을 가지고 있는 놀림 받는
학생, 그리고 그러한 피해학생의 신체적 특징을 표
현하기 위해 붉은 모자를 쓰며 놀리는 가해학생과
모든 상황을 지켜보던 학생이 등장합니다. 붉은 머
리를 가졌다는 이유로 놀림 받는 학생을 도와주고
싶어서 자신의 머리색을 붉게 염색한 한 친구의
행동으로 피해학생은 웃음으로 자신의 마음을 표
현합니다. 이 광고를 보고 여러분들은 어떤 생각을
했습니까? 우리의 조그마한 도움이 피해학생에게는
마음의 짐을 덜 수 있는 힘과 격려가 될 것입니다.
따라서 우리는 학교폭력을 근절하기 위해 우리들
은 어떠한 마음가짐을 가져야 할까요?

PPT 11 ▶

학교폭력 근절을 위한 우리의 자세

신체적 폭력 또는 언어적·심리적 폭력(대부분 사소한 것에서부터 시작)	
↓	
괴롭힘의 강도가 커짐	
주변의 학생들이 동조하며 가해자가 증가 →	* 학교폭력 상황을 용납하지 않겠다는 의지를 표명하는 것이 가장 중요합니다. • 나는 친구의 학교폭력 피해를 절대로 방관하지 않는다 • 나 역시 친구처럼 언제든지 피해를 입을 수 있다 • 나는 가해자를 말릴 힘은 없지만 그들의 행위를 몰래 기록할 수는 있다 • 나는 친구를 위해 친구 부모님과 선생님에게 신고할 수 있다 • 나는 친구를 위해 대신 상담전화를 할 수 있다 • 나는 친구를 돕기로 한 다른 친구들과 힘을 합칠 수 있다
↓	
피해자가 점점 더 위축	

 우리 주변에서 학교폭력을 없애기 위해서는 그러한 학교폭력 상황을 용납하지 않겠다는 의지를 밝히는 것이 가장 중요합니다. 물론 이러한 마음가짐을 가지는 것조차도 많이 힘들 수 있겠지만 여러분들의 그러한 노력이 다른 피해자가 발생하지 않게 하는 원동력이라는 것을 꼭 알아주었으면 좋겠습니다. 여러분들은 학교폭력상황을 가장 객관적으로 바라볼 수 있는 사람들입니다. 그래서 어떠한 일들이 일어났는지, 가해학생이 피해학생을 어떻게

괴롭혔는지를 모두 기록할 수 있겠지요. 따라서 이러한 상황을 세세하게 기록하여 다른 친구들과 힘을 합쳐 반드시 선생님께 상의드려야 합니다. 기록을 하거나 동영상을 찍어 선생님이나 부모님께 학교폭력 상황을 알리고 도움을 요청하는 것은 절대 나쁜 행동이 아닙니다. 여러분들의 이러한 행동이 학교폭력 피해에서 고통받고 있는 학생들을 도울 수 있다는 것을 기억해야 합니다.

충북에 있는 한 고등학교에서는 이러한 주변 친구들의 노력으로 학교 내의 폭력이 40%가량 줄었다고 합니다. 친구들이 어떠한 방법으로 주변에서 학교폭력을 없앴는지 보도록 합시다.

학교폭력 40% 줄인 '또래 상담'

◀ PPT 12

제천 의림여중에서는 친구들끼리는 잘 통한다는 점에 착안하여 '또래상담'을 개발했습니다. '또래상담'이란 학급 친구들 중 또래리더를 정하고 학교폭력으로 괴로움을 당하고 있는 친구들이 또래리더와 상담을 함으로써 학교폭력을 극복할 수 있는 프로그램입니다. 또래리더는 자신의 친구들이 겪고 있는 상황을 잘 들어주고 그러한 상황을 선생님께 정확하게 전달함으로써 가해자들이 더 이상 가해 행동을 하지 못하도록 막는 역할을 담당합니다. 이 사례는 여러분들이 어떠한 행동을 해야 하며, 여러분들의 행동이 어떠한 힘을 가지고 있는지 알려주는 좋은 사례입니다. 즉, '우리는 학교폭력을 방관하고 있지 않겠다'라는 의지를 가해학생들에게 보여주는 것입니다. 여러분들이 모두 모여 학교폭력의 근절 의지를 보여주는 활동과 행동을 한다면

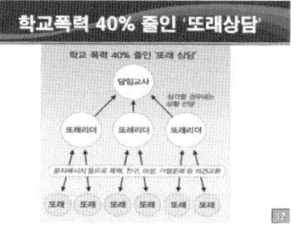

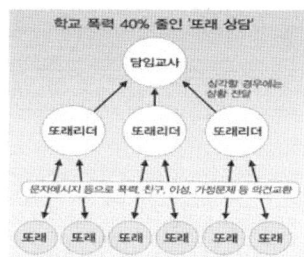

학교폭력을 통해 고통받는 학생들을 줄일 수 있습니다. 그렇다면 '또래상담'과 같은 학교폭력 근절 운동을 한 번 생각해 봅시다. 여러분들이 할 수 있는 활동에는 어떠한 것들이 있을까요?[활동지 3] 여러분들도 이번 기회를 살려 학교폭력으로 피해를 당하고 있는 친구들을 지켜주기 위한 모임을 만들어 보세요. 한 명의 학생이 피해학생을 돕기는 힘들지만 작은 힘이 모여 여러 명의 학생들이 돕기를 나선다면 가해학생도 함부로 행동을 하지 못할 것입니다.

3) 가해학생, 학교폭력에서 벗어나기

PPT 13 ▶

가해자여~학교폭력에서 벗어나라!

① 전문 상담기관의 도움[보충자료 3참고]

친구들과 어울리다 '조직'의 일원이 되었다는 희진이는 "그때는 언니들이 하는 대로 그저 휩쓸려서 내가 뭘 하는지도 몰랐다."고 후회했다. 가출, 폭행, 본드흡입……. 엇나가기만 하던 희진이는 헌신적인 아버지와 마음을 열어준 담임교사가 다잡아주었고 희진이에겐 **전문기관에서 가해자 상담**을 받은 것이 큰 도움이 됐다. 그는 "친구를 때리고, 돈을 빼앗은 기억이 어른이 되면 얼마나 창피하고 후회스럽겠느냐."면서 **"주변에 도움을 청하면 새로운 기회를 얻을 수 있다."** 고 조언도 남겼다.

PPT 14 ▶

② 학교 선생님과 부모님의 도움

초등학교 3학년 때 서울로 전학한 최 양은 혹시 왕따를 당할까 싶어 친구, 선배 사귀기에 많은 시간을 할애했다. 그러나 최 양은 선배들과 어울리는 과정에서 자연스럽게 '사고'를 치게 됐고 곧 수렁에 빠졌다. 최 양은

"담배는 목이 아파 피지 않았지만 술은 많이 마셨다"며 "엄마에게 미안했지만 언니들한테 맞을까 봐 어쩔 수 없었다"고 말했다. 인근 초등학교로 '터치'(패싸움)를 하러 가기도 했다고 전했다.

중학교에 진학한 최 양은 평범한 학생으로 되돌아가고 싶었다. 그러나 친구·선배들이 끝없이 찾아와 괴롭혔다. 조직 내 선배들은 1일 록카페 티켓을 팔아 돈을 모아오라고 지시했다. 2만 원을 모았지만 '돈이 적다'며 혼쭐이 나기도 했다.

"이렇게 일생을 망칠 수 없다"고 생각한 최 양은 용기를 냈다. 선생님에게 사실을 털어놨고 얘기를 들은 뒤 선생님은 곧바로 최 양을 적극 보호하고 나섰다. 선생님은 최 양의 어머니에게도 사실을 알렸다.

최 양은 "선배들은 계속 욕과 협박을 하며 배신자라고 불렀다"며 "하지만 선생님과 엄마가 1년이 넘도록 계속 이들을 감시하고 설득하자 그런 일이 줄었다"고 말했다. '조직'으로부터 완전히 해방된 최 양은 "다른 친구들도 나처럼 수렁에서 빠져나올 수 있으면 한다"고 말했다.

가해학생들은 대부분 자신들이 저지르는 행동의 심각성을 알지 못하고 피해자가 입는 상처에 대해 죄책감이 없는 경우가 많습니다. 하지만 가해학생 역시 처음부터 가해자가 아니었으며 어떤 우연한 기회에 한 행동이 지속되어 학교폭력의 가해자가 되는 것입니다. 이렇게 빠져든 학교폭력은 가해자에게도 엄청난 고통을 줍니다. 일진회와 같은 가해자 그룹에 속하는 경우 반성과 후회로 탈퇴를 하려 하지만 보복폭행과 배신자라는 낙인이 무서워 못하는 경우가 많습니다. 이처럼 가해학생들이 자신들의 행동을 후회하면서 제자리로 돌아가는 것이 쉽지는 않습니다. 하지만 자신의 의지를 확고히 하여 주변에 도움을 요청한다면 학교폭력에서 벗어나는 것이 불가능하지만은 않습니다. 그러한 학교폭력 가해행위가 옳지 않음을 직시하고 더 이상 그런 행동을 하지 않겠다는 의지가 바로 학교폭력 가해상황에서 자신을 벗어나게 하는 방법입니다. 이러한 의지를 가지고 선생님과 부모님 그리고 전문상담기관에 의뢰를 하면 학교폭력 상황에서 벗어날 수 있을 것입니다. 좀더 적극적인 행동이 자신의 삶을 바꿀 수 있다는 것 명심하세요. 전문상담기관에 대한 자세한 내용은 피해학생 지원 기관과 동일하니 참고하시면 됩니다.

PPT 15 ▶

4. 학교폭력 지원기관을 알아봅시다.

여러분들은 혹시 자신이나 친구의 학교폭력 피해상황을 신고하려 해도 잘 처리가 되지 않을 것 같다는 생각에 포기한 적이 있나요? 학교폭력이 사회적인 문제로 계속 대두되고 있다는 것은 혹시 그 어느 곳에서도 해결이 되지 않고 있는 것 아닌가 라는 불신을 할 수도 있을 것입니다. 하지만 학교폭력이 사회 공동의 문제이며 같이 풀어야 할 해결책이라는 공동의 인식으로 제정된 법이 '학교폭력예방및대책에관한법률'입니다. 이러한 법의 시행은 학교폭력이 개개인의 힘만으로는 완벽히 없앨 수 없음을 뜻하기도 하지만 그로 인해 많은 곳에서 도움을 주고 있다는 뜻도 됩니다. 그러나 학교뿐만 아니라 국가에서 그리고 여러 기관에서 많은 도움을 주고 있음에도 불구하고 방법과 내용을 잘 알지 못해서 우리가 이용을 못하고 있습니다. 하지만 학교폭력이 발생했을 때 가장 먼저 알려야 하는 사람들은 선생님과 부모님이라는 것을 잊지 마세요. 선생님과 부모님은 우리가 도움을 받을 수 있는 가장 가깝고 직접적인 통로입니다. 선생님께 그 사실을 알리는 것은 절대 그 사건을 확대하는 것도 아니고 문제를 해결하는 가장 기본적인 방법입니다. 학교폭력 사실을 알게 된 선생님은 학교 내에 만들어진 위원회를 통해 조직적으로 처리를 해 줄 수 있습니다. 하지만 선생님께도 부모님께도 말하지 못하겠다면 여러분들을 도울 수 있는 기관에 도움을 요청해 보세요. 학교뿐 아니라 국가와 여러 사회단체에서도 체계적으로 학교폭력을 다루고 대처하는 시스템이 구축되어 있으니 보복의 두려움으로 고민하지 말길 바랍니다. 그렇다면 우리를 도와 줄 수 있는 곳으로는 어떠한 곳들이 있는지 알아보도록 합시다. [부록 참고]

학교폭력 피해·가해학생 지원기관

	기관명	사이트	전화번호
상담 및 예방교육 기관 (법률지원 포함)	청소년상담원	http://www.kyci.or.kr	02) 730-2000
	청소년폭력예방재단	http://www.jikim.net/	대표: 02) 585-0098
	자녀안심하고 학교보내기운동 국민재단	http://www.1318love.net	02) 3453-5227
	청소년종합지원센터	http://www.1388.or.kr	대표: 02) 734-1388
	방배유스센터청소년상담실	http://www.bb1318.or.kr/index4.htm	02) 3487-6161 (내선 300, 301, 302)
	학교폭력상담전문 왕따닷컴	http://www.wangtta.com	02) 793-2000
	한국폭력대책국민협의회	http://www.ttastop.org	02) 325-2542
	한국자살예방협회	http://www.suicideprevention.or.kr	02) 413-0892~3
	밝은청소년지원센터	http://www.eduko.org	02) 776-4818
	십대들의 쪽지	http://www.teen4u.co.kr	02) 783-7978
	아름다운학교운동본부	http://www.school1004.net	02) 765-5778
	YMCA청소년상담네트워크	http://counsely.ymca.or.kr	02) 2677-9220
	금란교실	http://keumnan.gen.go.kr	062) 956-2291-2
피해자 지원기관	우리아이학교폭력피해자 가족협의회	http://www.uri-i.or.kr	-
	117 학교 여성폭력피해자 긴급지원센터	http://www.117.go.kr	02) 3400-1700 / **117**
	국립경찰병원	http://www.nph.go.kr	02-3400-1700/ 1117

	기관명	사이트	전화번호
법률지원 기관	대한법률구조공단	http://www.klac.or.kr	02) 532-0132
	사이버 경찰청	http://www.police.go.kr	02) 363-0112
가해학생 교육기관	대안교육종합센터	http://www.daeancenter.or.kr	02) 871-2733

PPT 15 ▶

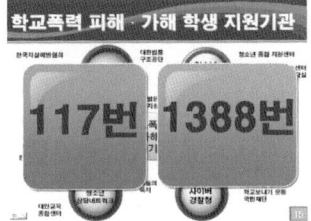

학교폭력의 피해를 받고 있는 학생들을 돕기 위한 지원기관이 굉장히 많이 있습니다. 이러한 상담 지원기관은 거의 모든 곳에서 인터넷 상담을 받고 있습니다. 혹시라도 상담받고 싶은데 직접 찾아가서 상담하는 것이 부담스러운 경우 이렇게 게시판을 이용하는 것도 좋을 것 같습니다. 이러한 지원기관은 학교폭력의 피해학생만 지원하는 곳은 아닙니다. 학교폭력 행위에 더 이상 가담하고 싶지 않은 가해학생, 그리고 학교폭력의 가해를 신고하고 싶거나 피해학생을 돕고 싶은 주변 친구들도 이런 지원기관에서 모두 상담을 받을 수 있습니다. 만약 급하게 도움을 요청해야 한다면 117번과 1388번을 기억하세요. 117번은 학교폭력, 여성폭력 피해자 긴급지원센터이고 1388번은 청소년 상담원에 연결됩니다. 그럼 이제부터 학교폭력 피해학생들이 어떠한 지원과 보호를 받을 수 있는지 알아보도록 할까요?

첫 번째로 살펴볼 것은 국가차원의 학교폭력 피해자 신변보호 서비스입니다.

PPT 16 ▶

학교폭력 피해자 신변보호 요청하기

학교폭력의 피해가 심해짐에 따라 학교폭력 피해자 신변보호를 위한 경호서비스가 지원됩니다. 학교폭력을 당하거나 위협을 느끼는 학생을 보호하기 위해 경찰이나 민간 경호업체, 경호 자원봉사대 등으로부터 인력을 지원받아 등하굣길 및 취약 시간대에 귀가를 돕습니다. 이러한 경호서비스는 피해학생 또는 보호자가 학교나 해당 지역 교육청에 신변

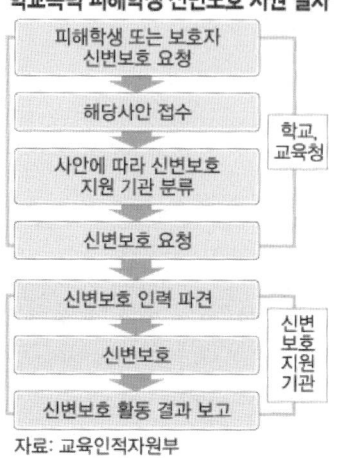

보호를 요청하면 사안에 따라 지원기관을 분류한 뒤 무료로 신변 보호를 받을 수 있도록 합니다.

그 다음으로 여성과 학교폭력 피해자를 돕기 위한 ONE-STOP지원센터(http://www.117.go.kr)입니다.

학교·여성폭력 피해자 긴급지원센터

◀ PPT 17

ONE-STOP지원센터는 피해자 중심의 지원을 위해 만들어진 것으로 성·가정·학교폭력피해자 및 성매매피해여

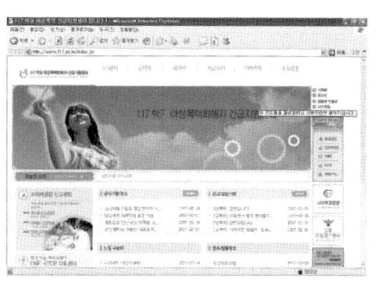

성에 대한 신속한 상담 및 의료 수사 법률지원을 위해 설치된 것입니다. 병원 내 여성경찰관, 상담사, 간호사 등이 파견되고 모든 시스템이 한 번에 처리되어 피해자들의 신속한 구제를 해 줄 수 있을 것이라 생각합니다. 그리고 학교·여성폭력 피

해자 긴급지원센터는 실질적으로 학교폭력 피해자들의 피해를 구제하기 위하여 무료로 치료를 해주고 있습니다.

위와 같이 학교폭력 피해자를 위한 국가차원의 지원이 많이 있습니다. 뿐만 아니라 각 학교폭력 관련 단체들에서는 학교폭력 피해자·가해자를 위한 상담 활동을 하고 있는데요. 몇몇 상담기관을 알아보도록 하겠습니다.

PPT 18 ▶

청소년폭력예방재단에 상담받기

첫 번째로, 청소년폭력예방재단
(http://www.jikim.net/)에 상담하는 방법입니다. 대표적인 학교폭력 상담기관이며 체계적이고 다양한 방법으로 상담을 하는 전문기관입니다. 이곳은 다음과 같이 많은 일들을 합니다.

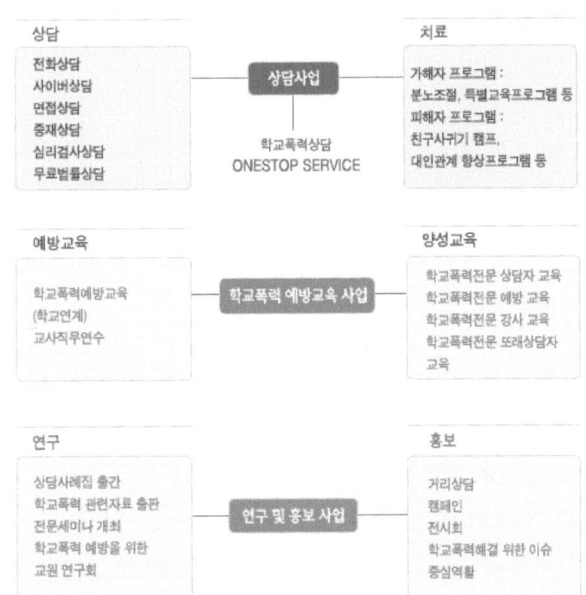

전화상담, 사이버상담, 면접상담 등 여러 상담 방법이 있으며 또한 예방 교육과 치료, 무료법률상 담까지 할 수 있는 곳으로 학교폭력에 신속히 대처할 수 있도록 모든 상담은 원스톱서비스로 이루어지게 됩니다. 상담의 절차는 다음과 같습니다.

한국청소년상담원 지역 상담실

두 번째로 한국청소년상담원 (http://www.kyci.or.kr/)에서는 지역별 상담기관을 소개하고 있습니다. 지역별로 많은 상담기관을 만날 수 있으니 도움의 문을 두드리는 것을 주저하지 마세요.

왕따닷컴

세 번째로 왕따닷컴(www.wangtta.com)이 있습니다. 왕따닷컴은 집단 따돌림이나 괴롭힘을 당하는 친구들을 위해 도움을 주기 위한 단체입니다. 이곳은 특히 사이버 상담이 활발히 이루어지고 있으며 또래 친구들을 많이 서로의 고민을 공유하고 해결할 수 있는 곳입니다.

보이는 화면 오른쪽 위에 '동영상 제보'코너가 있습니다. 이곳을 클릭하면 다음과 같은 여러 범죄에 대한 동영상 제보를 받고 있습니다. 학교폭력을 신고하려면 '학교폭력 등 일반범죄 신고'를 눌러서 간단한 절차를 거쳐 제보를 할 수 있습니다.

사이버 경찰청에 제보하기!

PPT 21 ▶

먼저 사이버경찰청 홈페이지 (http://www.police.go.kr)를 보도록 하겠습니다. 사이버경찰청은 '동영상제보코너'를 운영하고 있습니다. 학교폭력 상황을 핸드폰 동영상으로 찍어 신고할 수 있도록 한 것입니다. 만약 여러분들이 이러한 동영상을 찍거나 그러한 동영상을 본 적이 있다면 바로 사이버경찰청에 신고해주세요. 다음과 같은 절차를 거치면 쉽게 제보를 할 수 있게 됩니다.

화면의 왼쪽 위로 보면 'CYBER 112'라는 카테고
리가 보입니다. 이곳을 클릭하면 다음과 같은 화면
이 나오게 됩니다. 보이는 화면 오른쪽 위에 '동영상
제보'코너가 있습니다. 이곳을 클릭하면 다음과 같
은 여러 범죄에 대한 동영상 제보를 받고 있습니다.

학교폭력을 신고하려면 '학교폭력 등 일반범죄 신고'를 눌러서 간단한 절차를 거쳐 제보를 할 수 있습니다.

학교폭력 근절을 위한 우리의 다짐

지금까지 학교폭력 피해자와 가해자를 도울 수 있는 여러 가지 기관과 방법을 살펴보았습니다. 여러 분들이 생각하는 것 이상으로 학교폭력 근절을 위한 노력들이 많습니다. 학교폭력 피해를 줄이기 위해 국가적·사회적인 많은 도움이 헛되지 않으려면 여러분들의 적극적인 행동이 필요합니다. 우리 함께 외쳐볼까요? "학교폭력을 보고만 있지는 않겠습니다!" "학교폭력 근절을 위해 행동하는 사람이 되겠습니다!"

5. 나가는 말

이 사람 죽으면 나도 죽어요

> ◎ 동영상 내용
> 학교폭력 피해로 자살한 학생의 어머니의 모습이다. 가슴을 치며 보고싶다라는 말을 외치는 모습에서 학교폭력의 피해의 아픔을 느낄 수 있다.

오늘 이 시간에는 내가 학교폭력의 피해자, 가해자 그리고 가족이 되어 보았습니다. 영상에서와 같이 학교폭력에서는 승자와 패자가 없습니다. 피해학생을 따돌리거나 폭력을 행사할 때 가해자 자신도 동시에 상처를 입는다는 사실을 기억해야 할 것입니다. 그리고 학교폭력 상황을 알면서도 방관하고 있는 학생들도 적극적으로 대처하고 행동해야 할 것입니다.

여러분에게는 학교폭력의 피해를 받지 않을 권리도 있지만 우리 주위에 학교폭력으로 고통받고 있는 학생들을 구해주어야 할 의무가 있습니다. 오늘 수업 내용과 같이 여러 명의 힘이 모일 때 비로소 학교폭력은 사라질 것이며 이제는 적극적으로 행동하는 여러분들이 될 것이라 믿습니다.

헌법 제10조에서 모든 국민은 인간으로서의 존엄과 가치를 가지며, 행복을 추구할 권리가 있음을 천명하고 있습니다. 인간의 존엄과 행복추구를 위해 국가는 이를 보장할 의무가 있음을 알리고 있는데요. 삶을 유지시킬 수 없을 만큼의 고통을 주는 학교폭력 피해자들을 위해 국가는 항상 지원과 도움을 아끼지 않고 있습니다. 그리고 가해학생들에게도 사회구성원으로 더 나은 삶을 살 수 있도록 교육과 지원을 하고 있음을 이번 수업을 통해 알게 되었을 것입니다.

다시 한 번, 학교폭력은 도덕적으로도, 법적으로도 반하는 범죄행위임을 기억하면서 이 시간 마치도록 하겠습니다. 다음 시간에는 여러 가지 법적인 사례들을 통해 학교폭력이 법에 의해 어떻게 다루어지고 있는지 알아보도록 하겠습니다.

[활동지 1]

별명은 그 개인을 나타내는 애칭으로 사용이 될 경우 그 사람의 특징을 알 수 있고 또한 자신이 좀더 특별해 보이는 긍정적인 효과가 있습니다. 하지만 우리 주변을 둘러보면 별명으로 인해 기분이 상하거나 화가 나는 경우를 종종 찾아 볼 수 있는데요. 우리의 별명 이야기를 한 번 적어보도록 합시다.

나의 별명 이야기

▷ 어떠한 별명을 가지고 있나요?

▷기분이 좋지 않았던 별명이 있었나요?

▷기분이 좋지 않았던 이유가 무엇이었나요?

▷상처받았던 별명이 있다면, 그 별명은 무슨 이유로 생긴 건가요?

▷주변 친구들 별명 중 인신공격적 별명이라고 생각되는 것들에는 어떠한 것이 있나요?

▷인신공격적인 별명을 부르는 것에 대해 여러분은 어떻게 생각하나요?

[활동지 2]

(1) 학교폭력 피해자와 피해자 부모님에 대한 나의 생각과 느낌을 적어보도록 합시다.

(2) 내 동생, 언니 혹은 형이 학교폭력 피해를 당하고 있을 때 나는 어떤 말을 해주며 어떠한 행동을 할 수 있을까?

따르릉~
저기, 있잖아……
이거 말해야 할지 모르겠는데
니 동생……학교 뒤 주차장에서
여러 명한테 맞는 거 봤어……

두둥 둥 두둥!
-어떻게 도와줄 수 있을까요?

(상황) 내 동생이 학교폭력의 피해자였다는 사실을 안 나, 돌아온 동생의 모습을 보니 너무 가슴이 아팠습니다.

-과연 나는 동생에게 무슨 말을 해줘야 할까요?

To. 동생에게

[활동지 3]

또래 상담과 같이 우리의 학교폭력 근절 의지를 보여주기 위한 활동에는 어떠한 것들이 있을까요?

◎

◎

◎

[참고자료 1]

"하늘나라에선 널 괴롭히는 사람은 없겠지" – 3인의 편지

(1) 아버지가 죽은 아들에게

성연아. 널 지켜주지 못한 못난 아비다. 잘 지내니. 하늘나라에서도 누가 널 괴롭히진 않는지 모르겠구나. 3년이 다 됐지만 매일 눈에 밟힌다. "학교 다녀왔습니다"라며 현관문으로 불쑥 들어올 것만 같구나. 얼마 만이냐. 어젯밤 꿈속에서 네가 내 품에 안겼잖니. 매일 숨어서 날 훔쳐보고 피하던 네가 말이다. 입가에 엷은 미소까지 띠고 있더구나. 사무친 한이 풀린 거냐. 그래, 성연아, 이제 노여움을 풀어라. 늦었지만, 이 아비가 밝혀냈잖니.

'탁 치니까 억하고 죽더라.' 네가 교실 바닥에서 싸늘히 식어간 것을 경찰에서는 이렇게 말하더라. 처음엔 철석같이 믿었다. 네 친구 경호 말을 듣기 전까진. 네가 죽은 다음날 경호가 찾아와서 그러더라. "성연이 전에도 많이 맞았어요. 막지 못해 미안해요"라고.

하늘이 무너져 내리는 줄 알았다. 경찰서도 이리저리 뛰어다녔다. 시간이 지나면서 사실이 하나둘 드러났다. 네가 죽기 한 달 전부터 애들한테 맞고 따돌림과 괴롭힘을 당했다는 것을…….

이 아비가 부족하다고, 말이 좀 어눌하고, 가방 끈 짧다고 무시하더라. 나를 무시하는 건 괜찮다. 하지만 죽어서도 사람들이 너를 따돌리는 건 못 참는다. 아빠는 쉽게 포기하지 않는다. 지금 목공소 일을 그만두더라도 억울한 죽음을 세상에 알릴 거다.

－사건 개요－
김성연(가명·당시 17세)은 2003년 6월 30일 같은 반 학생에게 맞고 쓰러져 뇌지주막 파열로 숨졌다. 경찰은 초동수사에서 경호(가명)만 조사했으나, "또 다른 폭행이 있었다"는 아버지 주장에 따라 수사를 반 전체로 확대했다. 경찰은 성연이를 때려 숨지게 한 학생을 폭행치사 혐의로, 나머지 3명을 단순 폭행혐의로 각각 기소했다.

(2) 자살한 친구에게

혜선아. 네가 차가운 아스팔트 바닥으로 몸을 던진 지 벌써 1년 반이 지났다. 난 이번에 대학에 들어간다. 요즘 네 생각이 부쩍 간절해. 그동안 너무 힘들었어. 네가 이 땅에 없다는 게 아직도 실감이 안 나. 가끔 혼자 있을 땐 흐느껴 운단다.

너를 지켜주지 못한 죄책감 때문에 너무 힘들어. 네가 뛰어내리기 이틀 전, 못된 것들이 너를 둘러싸 얼굴을 때리고, 발로 차고, 머리채를 끌고 다니던 모습이 자꾸 생각나.

난 네가 중학교 때처럼 착하게 열심히 공부만 하는 줄 알았어. 그런데 너는 죽 그렇게 개들한테 맞고 살았다고 하더라. 너는 내가 무슨 일 있으면 발 벗고 도와주려 했을 텐데 난 네가 그렇게 맞는 모습을 보면서도 아무 도움도 주지 못했어. 정말 미안해.

너 뛰어내리기 전날 밤 나랑 채팅했던 것 기억나니? 너 그날 "나 추워, 온몸에 피멍이 들었어, 마음이 너무 아파" 이렇게 말했는데……. 그리고 다음날 집에 돌아갈 거라고 말했는데……. 지금 생각하면 그날 당장 안산으로 달려가 너를 데려오지 못한 게 무지무지 후회된다.

너 떠난 뒤에 많은 것이 변했어. 네 부모님은 건강이 무척 나빠졌어. 엄마는 네 방을 안 치우고 며칠 전엔 새 양말을 사다가 옷장에 넣어두셨더라. 네가 올까 봐 잘 때 문을 안 잠그신다.

장례를 치른 뒤 난 충주를 떠나 서울로 전학했어. 혜선아, 지옥 같은 세상은 모두 잊고 천국에선 행복하길 기도할게.

-사건 개요-
2005년 10월 3일 여고 2년생이던 이혜선(당시 17세) 양이 경기도 시흥의 한 아파트 옥상에서 몸을 던져 목숨을 끊었다. 유서와 경찰에 따르면 이양은 충주지역 불량서클인 '메두사' 학생 8명으로부터 중학교 때부터 괴롭힘을 당했고, 10월 1일 시내 식당 화장실에서 심한 폭행을 당했다. 가해학생들은 법원에서 집행유예로 풀려났다.

(3) 가해학생이 피해 친구에게

태성아. 나 재연이야.

안부는 묻지 않을게. 그럴 자격도 없는 것 같아. 나 때문에 힘든 나날을 보낸다는 걸 잘 아니까 말이야. 철없던 시절 널 때리고 괴롭힌 게 이렇게 오랜 상처가 될지는 정말 꿈에도 몰랐어.

네 소식은 우리 아버지 통해서 듣고 있어. 6년이 지난 지금도 마음의 문을 닫고 지낸다면서? 집 밖으로 한 발짝도 나가지 않는다는 얘기를 들어 정말 가슴이 아프다.

사실 내 인생도 순탄치 않았어. 그때 널 때린 게 문제가 됐고, 학교에서 날 퇴학시켰잖아. 나로선 그 결정을 받아들이기 어려웠어. 같이 널 때린 형석이는 퇴학당했는데, 진수는 그냥 꾸중만 듣고 학교를 계속 다녔거든. 당장 집에 "왜 나만 퇴학시키느냐"고 따졌지. 학교에다 "미안하다"고 빌기만 하는 아버지가 무능력해 보이고 모든 게 싫어지더라.

그래서 가출하고 아버진 나 찾으러 다니고 난리도 아니었어. 우리 집은 하루도 조용한 날이 없었어. 문제아들이 많이 다니는 목포 J고에 들어가 근근이 졸업장은 받았어. 전학을 시도했지만 안 받아주더라.

졸업하곤 고교 선배들 따라 목포 S파 행동대원으로 있었어. 학교 선배들이 '놀았던' 애들 중에서 행동대원으로 뽑아가곤 해.

아 참, 걱정하지 마. 지금은 나 조폭 아니야. 그 생활 정리하고 고향을 떴지. 지금 인천에서 열심히 일하고 있어. 너도 알잖아. 나 법정에 두 번이나 가서 양심선언도 한 거. "재연이, 내가 때리고 괴롭혔다"고 정말 큰마음 먹고 얘기했는데, 법원에선 인정해 주지 않았지만.

모든 게 잘 정리됐으면 좋겠어. 네 마음의 상처도, 내 마음의 짐도……. 가능하다면, 정말 모든 걸 다시 제자리로 돌려놓고 싶다. 너도 그렇지?

－사건 개요－

목포 폭력조직 S파에서 활동하던 재연(가명·25·당시 고3)은 형석, 진수 등과 함께 2001년 3월 29일 같은 학교에 다니던 태성(가명)을 자취방에 2시간30분 동안 감금한 채 선도부원이던 자신들의 말을 잘 안 듣고 험담했다며 옷을 벗기고 수차례 폭행했다. 태성은 당시 충격으로 대인공포증, 정신분열에 시달렸고 현재도 정신치료 중이다.

[참고자료 2]

"왕따 · 학교폭력, 우리가 도와줄게"

18일 막을 내린 '청소년 푸른성장 평화로운 세상만들기' 대장정 참가자 중에는 자신의 고통스러운 경험을 극복하고 '왕따'와 학교폭력 등의 추방에 앞장서는 청소년들이 여럿 포함돼 있다. 초등학교 3학년 때부터 '왕따'를 당하기 시작했다는 인제대 1학년 김혜민(19) 양은 중3 때 어렵게 왕따에서 벗어났지만 그 후에도 친구들과 말할 때마다 불안하고 수시로 환청이 들리는 '왕따 후유증'에 시달려야 했다. 그러다 2002년 11월 혼자 견디기 힘들어 가입한 인터넷 카페 '학교 가기 싫어'에서 자신보다 더 모진 일을 겪은 친구들의 이야기를 듣게 됐다. 이를 계기로 용기를 얻은 김 양은 자신과 비슷한 괴로움을 겪고 있는 학생들을 돕기 위해 상담 활동에 뛰어들었다. 김 양은 "내가 힘들 때 가장 필요했던 게 바로 타인의 도움이었다"면서 "아이들이 얼마나 힘든지 누구보다 잘 알기 때문에 조금이라도 힘이 되고 싶었다"고 말했다. 그는 예전의 자신과 비슷한 상황에 처한 청소년들에게 "혼자 고민하지 말고 누구에게든 자신의 고민을 털어 놓아 마음의 응어리를 푸는 게 중요하다"며 "용기를 내서 먼저 친구에게 말을 걸어보라"고 조언했다.

문해성(21) 씨는 14살 때인 1998년 북한에서 중국으로 탈출한 뒤 중국에서 1년 반 동안 숨어서 지냈던 아픈 경험을 갖고 있다. 그 이듬해 선교사의 도움으로 한국에 들어온 문 씨는 청소년 스스로 통일을 준비해야 한다는 생각을 갖게 됐고, 지난해부터 '통일을 준비하는 대학생연합회'에서 활동하기 시작해 현재는 회장직을 맡고 있다. 문 씨는 "한국 청소년과 국민의 마음에서 통일이 점점 멀어져 가는 것 같아 안타까웠다"며 "통일이 됐을 때 남북의 문화적 차이를 극복하는 방법에 대해 청소년 스스로 고민할 필요가 있다"고 말했다.

한국고등학교학생회연합회 회장을 맡고 있는 중대부속고 3학년 김백건(18) 군은 교내 폭력서클 해체 활동에 앞장서고 있다. 중학교 3학년 때 교내 폭력서클 해체 캠페인을 벌여 이를 해체시켰다. 어릴 때부터 태권도를 배워 유난히 힘이 세고 싸움도 잘했던 김 군은 초등학교 때부터 친구를 괴롭히는 '악동'들을 혼내주곤 했다. 중학교 1학년 때는 폭행당하는 친구를 도와 싸움을 벌이다 폭력서클 멤버로 오해받아 징계를 당하기도 했지만 결국 3학년 때 교내 폭력서클 해체에

주도적 역할을 했다. 김 군은 "어릴 때부터 학교폭력이 쉽게 사라지지 않는 것을 보고 청소년들이 바뀌지 않으면 이 문제가 해결될 수 없다고 생각했다"며 "이번 대장정이 청소년 스스로 서로를 이해하고 공감할 수 있는 계기라고 됐다고 본다"고 소감을 밝혔다. (/ 서울＝연합뉴스)

[참고자료 3]

'왕따닷컴'의 미디어 상담(신문기사)

"친구 죽이고 싶다" 왕따학생, 태도 변화 원인은?

학교폭력 전문 상담 사이트 '왕따닷컴', 80차례 <미디어 상담> '주효'

지난해 8월 6일 학교폭력 전문 사이트인 '왕따닷컴(www.wangtta.com)' 게시판에 초등학교 6학년 여학생의 글이 올라왔다. 사소한 이유로 한 친구와 등 진 뒤부터 어느 누구나 말거는 사람 없고 옆 자리에 같이 앉으려는 친구가 없다는 내용이었다. 4학년 때 왕따를 경험했다는 이 여학생은 또 다시 외톨이가 될지도 모른다는 두려움과 불안감에 떨고 있었다. 때로는 따돌림을 주도한 문제의 친구를 죽이고 싶다는 글을 쓰기도 했다. 이때부터 시작된 이 학생의 호소문은 지금까지 80차례나 계속되고 있다. 6개월간 상담이 이어지고 있으므로 평균 2~3일에 한 번꼴로 글을 싣고 있는 셈이다. 마치 자신의 일기를 쓰는 듯 게시판에 하루 학교생활을 정리해오고 있다. 이 학생에게 80차례 넘는 지속적인 조언을 해주고 있는 사람은 '왕따닷컴' 상담원인 임성관(서울 불교대학원 상담치료 전공) 씨.

서로 얼굴도 모른 채, 그것도 가상공간에서, 6개월 넘게 대화의 끈을 이어오고 있는 것은 그만큼 이 여학생이 임 씨의 조언에 의지하고 있다는 증거다. 임 씨는 "처음에는 친구들과의 관계에 대해 스스로 개선 방법을 찾을 생각은 하지 않고 '어떻게 하면 좋을까'만을 물어왔는데 지금은 어떻게 하면 친구들과 사귈 수 있을 것 같다는 식으로 태도가 바뀐 것 같다."고 말했다.

임 씨는 다른 9명의 상담원과 함께 이곳 '왕따닷컴'에서 자원봉사 상담원으로 활동 중이다. 이곳에는 많으면 하루 10건의 문의가 올라온다. 임 씨의 경우 1년간 40여 명을 상담해왔다. 이처럼 '왕따닷컴'은 국내 140개 청소년 상담실처럼 집단 괴롭힘과 같은 학교폭력 피해자들의 안식처가 되고 있다. 그런데 다른 상담실과는 달리 '왕따닷컴'이 주력해서 활용하고 있는 상담 방법이 있다. 바로 인터넷이나 영화, 사진 등 각종 미디어를 이용하는 것. 자기표현이 어려운 청소년의 경우 직접 방문이나 전화 상담보다는 거부감이 적고 접근도 쉬운 미디어에 더 크게 의존하고 있기 때문이다. 이에 대해 임재연 상담실장은 "사회성이 없고 집중력이 떨어져 상담을 이끌어가기 힘든 청소년이 인터넷이나 영상매체에는 처음부터 끝까지 집중하는 경향을 상담에 이용하는 것"이라고 설명했다. '미디어 상담'이라는 새로운 개념을 만들어낸 '왕따닷컴'에는 일주일에 1200명이 다녀갈 정도로 점차 이용자가 늘고 있다.

지난해 5월 핸드폰 문자가 한 여고생의 자살을 막았다고 해서 화제가 됐던 그 핸드폰 문자도 이곳의 상담원이 보낸 것이었다. 이들이 오는 26일에는 미디어를 활용한 외톨이 탈출 프로그램인 '친구야 놀자' 하루 캠프를 개최한다. 이 행사에서는 특히 최근 청소년들 간 소통의 도구로 급부상한 UCC(User Created Contents)를 이용해 서로가 만든 UCC를 보면서 서로 어울리는 시간을 갖는다. 신재호 상담원은 "UCC를 활용한 놀림이나 따돌림, 괴롭힘, 학교폭력 등으로 친구관계에 어려움을 겪고 있는 친구들, 또래 관계를 더 잘하고 싶은 친구들을 위한 프로그램"이라고 설명했다.

최근 이 사이트가 실시한 집단 따돌림 실태조사에서도 응답자의 5명 중 4명꼴로 '자신의 학급에서 집단 따돌림을 당하는 학생이 1~2명이 있다'고 답할 정도로 집단 따돌림은 여전히 학교에 만연해 있는 추세다. 이 때문에 청소년의 특성을 찾아 거기에 잘 접목한 미디어 상담 활동은 더욱 돋보일 수밖에 없다. 남몰래 눈물을 흘리며 학교에서 점점 멀어져가는 수많은 학교폭력의 피해자들이 있다면 한 번쯤 미디어 상담을 시도해 보기를 권한다.

[참고자료 4]

가해학생들의 '일진회 가담' 심리

● "내 앞에서 기니 기분이 좋았다"

중학시절 왜소한 체격이었던 승일(17·가명) 군은 매일처럼 폭행과 갈취에 시달렸지만, 직장에 다니는 어머니는 관심을 쏟을 겨를이 없었다. 하지만 승일 군이 고교에 진학한 뒤 키와 몸무게가 늘고 힘도 세어지자 상황은 역전됐다. 한두 번 주먹을 쓰자 승일 군을 대하는 친구들의 태도가 달라졌다. 그는 "복도를 걸어가면 학생들이 비켜서서 길을 만들어주는데 정말 기분이 좋았다."고 털어놨다.

● 시험 망쳐도 야단 안 치던 엄마보다 일진회 친구들이 더 좋아

지난해 일진회 '짱'을 맡았던 지희(15·여·가명)는 수수한 트레이닝복 차림으로 기자를 만나러 왔다. 지난해 6월 원조교제를 하려다 경찰에 붙잡힌 뒤 학교를 쉬고 집에서 공부하는 지희는 '짱'시절 했던 화려한 액세서리와 미니스커트에 눈길이 가곤 한다. 그렇지만 "옛날에 놀던 곳을 찾으면 마음이 들뜨긴 해도, 답답하더라도 책상 앞에 앉아 공부하는 지금이 마음 편하다."고 털어놨다.

지희는 중학교 1학년 때 그저 친구들이 좋아서 일진회에 가입했다. 시험을 망치고 담배를 피워도 야단도 치지 않는 어머니, 블랙리스트에 올려놓고 폭행사건만 터지면 불러서 추궁하는 교사는 마음에서 멀기만 했다. 지희는 "입학 후 선도부에 들어가려고도 했지만 교사가 성적이 모자라 안 된다고 했다."면서 "적어도 일진회에 가면 나를 알아주는 친구가 있었다."고 돌아봤다.

지희가 일진회에서 빠져나왔던 것은 경찰에 붙잡혔기 때문이랄 수 있다. 담당 경찰관이 심리 상담을 전문으로 하는 사회복지사를 소개시켜 줬다. 학교에서 잘 못을 추궁받을 때면 반항심이 앞섰던 지희에게 신기하게도 이 사회복지사는 몇 개월 지나도 원조교제나 일진회 얘기는 꺼내지 않고 "네가 하고 싶은 얘기를 들려 달라."고만 했다. 지희는 "자연스럽게 친해지며 마음을 열게 됐다."고 말했다. 친구들을 때리고 금품을 뜯으면서도 "너희들이 약하니까 맞는 것"이라고 떳떳해 하던 지희는 지금은 피해학생들에게 미안한 마음뿐이다. 얼마 전 근처에서 지희가 아는 여학생들이 2명을 묶고 얼굴에 뜨거운 물을 붓는 등 집단폭행했다는 이야기를 듣고서는 가해학생들에게 뭐하는 짓이냐고 따끔하게 야단을 쳤다고 했다.

● 내가 힘들어 상대방 기분은 배려 못해

지난해 4월 경찰서에서 포승에 묶인 채 기자와 대면한 적이 있는 경훈(17·가명)이는 훨씬 밝은 모습이 돼 있었다. 오토바이로 날치기를 하다 넘어져 심하게 다쳤던 귀도 흉터 없이 아물었다. 춘천의 교정시설에서 생활하다 얼마 전 대안학교에 들어간 그는 "피해학생에게 미안하다."는 말부터 꺼냈다.

그저 노는 것을 좋아하던 경훈이는 2001년 어머니가 집을 나간 뒤부터 엇나갔다. 술로 시름을 달래던 경훈이 아버지는 이듬해 영양실조로 사망했다. 경훈이는 길거리에서 발견된 아버지의 시신을 보고는 큰 충격을 받았고, 외면하는 친척을 등지고, 친구 집과 찜질방을 떠돌았다. 또래 아이들과 조직을 만들어 학생들을 폭행하고 돈을 빼앗던 경훈이는 "상대방이 어떤 기분일지는 생각조차 안했다."고 후회했다.

하지만 경훈이는 마음을 의지할 만한 사람은 아직 찾지 못했다. 교정시설을 나온 뒤 할머니 집에 들어갔지만 가출을 되풀이하고 있다. "집을 나오더라도 아르바이트를 구하려고 노력했지 나쁜 짓은 하지 않았다."면서 "그때처럼 나를 옭아맬 짓은 하지 않을 것"이라고 다짐해 본다.

● 사업까지 그만두고 찾으러 다닌 아버지 덕에 수렁 벗어나

중학교 때 노래방에서 후배들에게 가혹행위를 했던 희진(21·여·가명) 씨는 지금은 대학생이다. 희진 씨는 "나를 찾으러 다니느라 고생하신 아버지께 죄송하고 고마운 마음뿐"이라고 했다. 친구들과 어울리다 '조직'의 일원이 되었다는 희진 씨는 "그때는 언니들이 하는 대로 그저 휩쓸려서 내가 뭘 하는지도 몰랐다."고 후회했다.

가출, 폭행, 본드흡입……. 엇나가기만 하던 희진 씨는 헌신적인 아버지와 마음을 열어준 담임교사가 다잡아줬다. 가스총까지 갖고 다닌 아버지는 비행이 일어날 만한 후미진 곳을 수시로 둘러보기까지 하며 희진 씨에게 매달렸다. 운영하던 공장이 망해 포장마차로 생계를 잇기도 했다. 중3 때 담임교사는 모범생보다 문제를 일으키는 학생에게 더 관대하고 기대를 가져 주었다. "수업시간에 화장실에 숨어 있는 나에게 처음 매를 들었던 선생님이 엉엉 우시는 것을 보고 따라 울면서 반성했다."고 뒤돌아보는 희진 씨에겐 전문기관에서 가해자 상담을 받은 것이 큰 도움이 됐다.

희진 씨는 "그때 친구들 가운데 스무 살도 되기 전에 오토바이를 타다 죽은 아이도 있다."면서 "벗어나고 싶어도 환경이 힘들어 어쩔 수 없는 아이도 있는데, 마음 의지할 곳이 많았던 나는 운이 정말 좋았다."고 밝혔다. 그는 "친구를 때리고, 돈을 빼앗은 기억이 어른이 되면 얼마나 창피하고 후회스럽겠느냐."면서 "주변에 도움을 청하면 새로운 기회를 얻을 수 있다."고 조언도 남겼다.

[부록 1] 도움을 구할 수 있는 학교폭력전문기관

	기관명	사이트	전화번호
상담 및 예방교육기관 (법률지원 포함)	청소년상담원	http://www.kyci.or.kr	02) 730-2000
	청소년폭력예방재단	http://www.jikim.net/	대표: 02) 585-0098
	자녀안심하고 학교보내기 운동 국민재단	http://www.1318love.net	02) 3453-5227
	청소년종합지원센터	http://www.1388.or.kr	대표: 02)734-1388
	방배유스센터청소년상담실	http://www.bb1318.or.kr/index4.htm	02) 3487-6161 (내선 300, 301, 302)
	학교폭력상담전문 왕따닷컴	http://www.wangtta.com	02) 793-2000
	한국폭력대책국민협의회	http://www.ttastop.org	02) 325-2542
	한국자살예방협회	http://www.suicideprevention.or.kr	02) 413-0892~3
	밝은청소년지원센터	http://www.eduko.org	02) 776-4818
	십대들의 쪽지	http://www.teen4u.co.kr	02) 783-7978
	아름다운학교운동본부	http://www.school1004.net	02) 765-5778
	YMCA청소년상담네트워크	http://counsely.ymca.or.kr	02) 2677-9220
	금란교실	http://keumnan.gen.go.kr	062) 956-2291-2
피해자 지원기관	우리아이학교폭력피해자 가족협의회	http://www.uri-i.or.kr	-
	117 학교 여성폭력피해자 긴급지원센터	http://www.117.go.kr	02) 3400-1700 / **117**
	국립경찰병원	http://www.nph.go.kr	02-3400-1700, 1117
법률지원기관	대한법률구조공단	http://www.klac.or.kr	02) 532-0132
	사이버 경찰청	http://www.police.go.kr	02) 363-0112
가해학생 교육기관	대안교육종합센터	http://www.daeancenter.or.kr	02) 871-2733

[부록 2] 한국청소년상담원 전화 1388

* 1388이란?
- 1388은 청소년의 전화이다. 청소년이라면 누구나 이 전화를 통해 다급한 위기 해결에서부터 근본적인 심리 상담까지 종합적인 서비스를 제공받을 수 있다.
- 1388은 청소년을 위한 전화이다. 청소년의 보호자와 지도자는 물론이고 청소년의 건강한 성장을 바라는 사람이라면 누구나 이 전화를 통해 청소년 유해환경 신고, 정보제공, 전문가와의 상담 등을 할 수 있다.
- 1388은 청소년과 함께하는 전화이다. 언제 어느 곳에서건 도움을 필요로 하는 청소년 곁에 제일 먼저 달려가기 위해 1388은 전국망을 갖추고 24시간 운영되며, 청소년 유관기관들은 one-stop 서비스체제가 가능하도록 1388을 중심으로 긴밀한 협조체제를 유지해나간다.

1388 청소년전화는 문화관광부의 청소년국과 청소년보호위원회가 새롭게 통합되어 국무총리산하 국가청소년위원회로 발족하면서 두 기관에서 각각 운영하였던 가출상담전화 1588-0924와 청소년긴급전화 1388이 통합되어 새롭게 탄생한 청소년상담 전화이다.

1388 청소년전화는 그동안 운영되었던 청소년상담, 가출, 위기상담, 신고 등의 모든 기능을 하나로 통합하여 서비스를 제공한다. 운영주최는 국무총리 국가청소년위원회이며 운영주관은 한국청소년상담원 및 지방자치단체이다. 1388 청소년전화를 통해 실제적인 통합 서비스를 제공하는 기관은 한국청소년상담원과 시도 및 시군구상담센터, 청소년종합지원센터이다.

* 1388의 이용시간 및 방법
- 전화 운영 시간: 24시간
  → 9~18시: 한국청소년상담원, 129개 시도 종합 및 시군구상담센터, 3개 종합지원센터
  → 18시~익일9시: 한국청소년상담원, 16개 시도종합상담센터, 3개 종합지원센터

유선: 전화를 건 장소에서 가장 가까운 곳에 위치한 시도 및 시군구상담센터로

연결   (국번없이) 1388
무선: 전화를 건 장소의 시도 종합상담센터로 연결
            (지역번호 누르고) + 1388

　　청소년 이용자가 전화로 상담을 하면 전문상담자가 전화를 받아 이용자가 필요로 하는 서비스를 제공하게 된다. 청소년이 일상에서 겪게 되는 대인관계, 진로, 학업, 가정문제 등의 일반상담은 전화로 단회 상담을 진행하거나 정보제공을 한 후 종결을 하거나 문제에 따라 지속상담으로 연결을 하여 상담실로 방문하도록 안내한다. 또한 가출, 성폭력, 성매매, 학교폭력 등의 위기 긴급 상담인 경우 사례에 따라 긴급구조 및 지원을 할 수 있도록 상담자가 적극 개입한다. 신고 전화는 청소년에게 유해한 환경에 대한 신고를 접수하며 관계기관과의 연결을 통해 처리한다. 1388 운영과 관련된 상담실적은 기록 및 통계화되어 사후 관리된다.

[부록 3] 학교폭력 중점 추진과제 (법무부·교육부)

비 행 학 생 별 대 책

◇ 범법행위로 보호관찰 처분을 받은 학생을 위한 1:1 <u>멘토링 사업 전개</u>
◇ 비행 강도가 높은 학생을 위한 <u>법무부 대안교육센터 위탁 교육 실시</u>
◇ 단순하고 우발적 비행으로 징계받은 학생을 위한 <u>시도교육청 대안교육기관 운영</u>
◇ 비행이 예견되는 학생을 위한 「<u>친한친구교실</u>」운영

---

1 **보호 관찰학생과 교사와의 1:1 멘토링 사업**(신규) (교육부, 법무부)

○ 범법행위로 보호처분을 받은 **학생 보호 관찰 대상자**와 학생지도에 **애정과 이해도가 높은 교사와의** 1:1 멘토링 실시
  - 광주광역시교육청의 경우 보호 관찰 학생과의 멘토링 사업으로 보호 관찰학생의 재범률을 1.1%로 낮춤('06년)
  ※ '06. 12. 30. 현재 전국의 보호관찰학생수: 6,764명

---

2 **가해학생 「대안 교육 센터」위탁 교육**(신규) (교육부, 법무부)

○ 부산·창원·광주·청주·안산 지역의 **폐지되는 소년원 시설을 활용,「대안 교육 센터」설치** 예정 ('07. 7. 법무부)
  - 교육장, 숙소, 식당, 운동장, 강당 등 교육시설 완비
○ 상담교사 등 교사자격증 소지자 및 교육학·심리학·사회복지학 전공자 등 **전문인력 배치**
○ 가해학생, 학교 부적응 학생, 중도 탈락 학생 등의 학교생활 적응을 위한 **체험 및 인성 교육 중심의 교육과정 운영으로 학교 적응 지원**

3	대안 교육 기관 및 「친한 친구 교실」운영 (교 육 부)

○ 시 · 도교육청별 대안 교육 기관 지정 운영(기존)
- 시 · 도교육청 자체 운영 또는 지역에 있는 우수 청소년교육기관을 선정 · 지정하여 학교폭력 등 비행청소년의 학업 중단 예방을 위한 각종 프로그램 진행
※ 대안교육기관 수: 전국 107개 기관 지정 운영('06)
○ 가해학생 부모를 위한 학부모 프로그램 운영(신규)
○ 학교 내 『친한 친구 교실』운영(신규)
- 학교 내 정서적 불안, 대인 관계 미숙, 각종 미디어 중독 등 학교 생활에 적응하지 못한 학생 대상
- 정서적 장애는 학교 부적응을 유발하여 학업 중단으로 이어지기 때문에 이들에 대한 대안 교실 형태의 「친한 친구 교실」 운영
※ 전국 196개 교 선정 시범 운영

학교 위험도별 대책

◇ 주변 환경이 취약하고 비행발생 빈도가 높은 지역에 **전담 경찰관 배치**
◇ 주변 환경이 열악하고 위험에 노출된 학교에 배움터지킴이 배치
◇ 안전화를 지속하기 위한 예방 활동으로 **전문상담교사, 상담자원봉사자 배치**

4	학교폭력 전담 경찰관 배치(비상주)(신규) (교육부, 행자부, 경찰청)

○ 학교폭력이 빈발한 학교, 학교폭력 발생이 우려되는 학교 중 **거점학교를 선정, 학교폭력 전담경찰관을 시범 배치(비상주)**
- 경찰관 1명이 3~5개 교 전담, 약 75개 교 15명 경찰관 배치 예정
※ 3개월간 시범 실시 후 효과가 있을 경우 하반기부터 확대 실시

| 5 | 배움터지킴이 배치(기존) (교육부, 경찰청) |

○ 학교주변 취약 및 위험 예상 지역에 배움터지킴이 배치
- 학생 등·하교 지도 및 취약 시간·취약 지역 순찰
- 담임교사와 연계한 상담, 내담자 상담
- 학교 중심의 지역사회 상담네트워크 연계 활동 등

○ '07년 100개 학교, 200명을 배치하여 학교 내·외 순시·순찰 활동 강화

| 6 | 전문상담교사, 상담자원봉사자 활용 (교 육 부) |

○ 학교폭력 예방을 위한 학교 상담 활성화
- 다양한 인력자원 활용을 통해 학생 비행 사전 방지

○ 전문상담교사 배치(기존＋신규)
- 지역교육청 '전문상담순회교사' 배치: 181개 교육청, 308명 (2005. 9. 1.)
- 단위 학교에 전문상담교사 배치: 175명 (2007. 3. 1.)(신규)

○ 학생상담자원봉사자 배치(기존)
- 전국 약 12,000여 명의 민간인으로 구성된 고학력 유휴 여성 인력
- 각급 학교를 순회하면서 학생들에게 집단 상담 및 개인 상담 실시
- 각 교육청 산하에 있는 상담실에서 지역 사회 주민을 위한 상담 활동
- 교육청 내 진로 정보 센터에서 사이버 상담

○ 대학생, 학부모, 지역인사 등 지역인적자원을 최대한 활용

피해자 보호 대책

7 │ 피해학생에 대한 신변 보호 지원(신규)(교육부, 경찰청, 민간단체)

○ 학교폭력 피해학생이나 폭력 위협을 받아 불안감을 느끼는 학생 등에 대한 보호·지원 활동 강화
  - 학교담당경찰관, 협력기관(업체), 경호자원봉사대 등과 MOU체결
  - 학부모·학생 희망 시 등하교 및 취약 시간대에 신변 보호 지원
  - 신변 보호 지원 협력기관(업체)을 통한 학교 주변 순찰 강화를 통한 위험 요소 사전 차단
  - 신변 보호 지원 절차
    피해학생 또는 보호자 신변 보호 요청(학교, 교육청) → 해당 사안 접수 → 사안에 따라 신변 보호지원 기관 분류 → 학교 및 교육청에서 신변 보호 요청 → 경호원 파견 → 신변 보호 지원 → 신변 보호원 활동 결과 보고

8 │ 피해학생 치료비 지원(기존) (교육부, 여성가족부, 경찰청)

○ 학교폭력 피해학생에게 상담, 법률, 치료비 지원
  - 전국 14개 one-stop지원센터 및 4개 의료기관을 지정하여 피해학생 무료 치료사업을 실시하고 있음('06년 226명 혜택)

○ 향후에는 학교안전공제회를 통한 치료비 지원
  - 「학교안전사고예방및보상에관한법률」 시행으로 피해학생 치료비 지원 ('07. 9. 1.)

9   학교폭력 「SOS 지원단」 운영(신규) (교육부, 민간단체)

○ 시·도교육청에서 위탁, 위임한 민간 또는 공공의 학교폭력 전문 기관에 「SOS 지원단」 구성

○ 전국 시·도 교육청마다 1개 이상의 지원단 운영
- SOS 지원단 구성: 생활 지도 경력 교원, 학교폭력, 상담, 법률, 의료, 복지, 경호 보호 전문가 등 10명 내·외로 구성.
- 활동 내용: 단위학교에서 요청한 사안 중 제3자의 입장에서 자문 피해자에 대한 심리 치료, 지원 센터 연계 등 지원 체제 구축

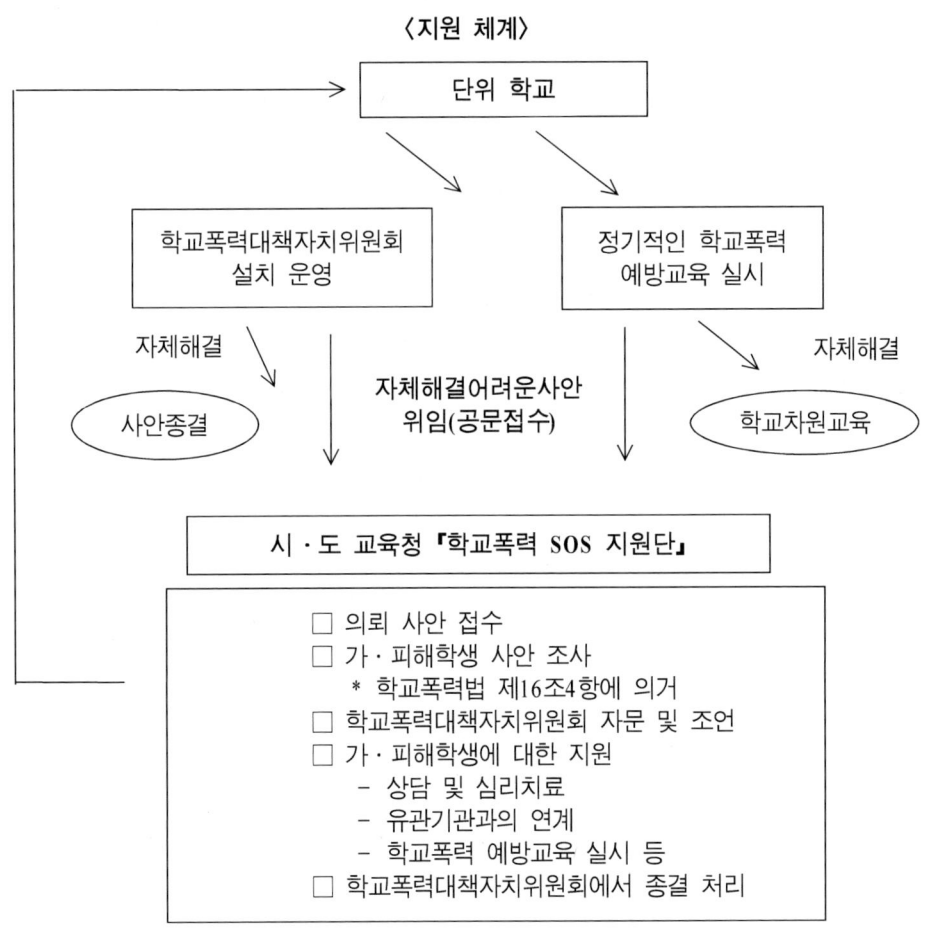

〈지원 체계〉

학생·교원·학부모 교육 강화

10   학교폭력 예방교육 및 기본생활습관 강화 (교육부, 법무부)

○ 초·중등학생용 「학교폭력예방교육 프로그램」 개발·보급(신규)
○ 법무부에서 개발한 법교육 프로그램을 활용한 법교육 실시(신규)
○ 학교폭력 **예방 교육을 학기별 2회 이상 반드시** 실시(기존)
  - 「학교폭력예방및대책에관한법률제11조」에 의거, 불이행 학교에 대한 페널티 부여
○ 시·도교육청별로 「작은 것부터 고쳐 나가는 캠페인」 전개(신규)
  - 학생들의 거칠고 비하적인 언어 습관, 공동체 의식 결여, 공공질서 문란 행위 등의 만연이 다양한 형태의 폭력적 행동으로 이어지고 있음
○ 학생 스스로 규율과 질서를 지키는 학교 환경 조성(신규)
  - 학생 자치법정 시범 운영: 학생 인권정책 연구학교 32개 교 중심으로
  - 학생회 산하 학생안전지킴이부 운영: 학교폭력 안전학교 16개 교 중심으로

11 교원 연수 및 다각적인 학부모 교육(교육부, 행자부, 국가청소년위원회)

○ 교원 연수 자료 개발·보급 및 집중 연수(기존＋신규)
  - 5년마다 1회 이상 생활지도 관련 직무 연수(15시간) 이수
  - 각종 교원 연수 프로그램 진행 시 학교폭력 예방 교육 편성
  - 국가청소년위원회와 함께 학교폭력 예방 교사 직무 연수 실시

○ 기업, 지방자치단체와 함께하는 학부모 교육(신규)
  - 각종 기업의 사원 연수 시 「학교폭력예방을 위한 자녀지도법」 강좌 신설
  - 자영업 종사 부모를 위한 주말·야간 학부모교육프로그램 개설

○ 자녀와 부모가 함께하는 「부모 동참 프로그램」 확대 운영(기존)

12   학교폭력예방 모니터 강화를 위한 또래 상담자 양성(신규)

(교육부, 국가청소년위원회)

○ 교사와 부모의 시야권에서 벗어난 교실 내·외에서 이루어지는 각종 학교폭력 상황을 미리 예견하고 감지할 수 있는 시스템 필요

○ 또래상담자 양성을 통해 교실 내·외 학교폭력 현장 모니터를 강화하고, 학생 스스로 해결할 수 있는 자생적 환경 조성

○ 또래상담은 비슷한 연령의 학생들이 상담훈련을 받은 후에 또래친구의 고민과 문제를 해결하도록 도움을 주는 상담 프로그램

    – 또래상담자 선발 및 활동: 또래상담자 양성을 위한 지도자(교사) 연수 → 단위학교별로 또래상담자 선발 → 지도자(교사)가 또래상담자에게 기본교육 → 이수자에 한하여 또래상담자 임명 및 상담활동개시

13   학교폭력 자진 신고 기간 및 집중 단속 기간 운영

(경찰청, 교육부, 행자부, 법무부, 국가청소년위원회)

○ 교육부총리·법무부·행자부장관, 경찰청장, 국가청소년위원장의 명의로 된 공동 담화문 발표: 07. 3. 12.(월) 14시 예정(기존)

    – 매년 3월, 9월 셋째 주 월요일은 '학교폭력 추방의 날'

    – 학교폭력 자진 신고 및 집중 단속 기간: '07. 3. 12.~6. 11. 운영

○ 사이버경찰청에 『동영상 UCC 학교폭력 신고코너』운영, 촬영한 동영상을 바로 경찰로 전송·신고하는 『폰투웹 시스템』구축(신규)

○ 가해학생에 대해서는 경찰청의 『문자 선도시스템』을 활용하여 피해학생에게 사과하는 내용의 『애플레터 보내기』운동(신규)

○ 피해학생, 보호자 희망 시 담당 경찰관 서포터 지정, 면담 및 전화·문자메시지·이메일 통한 상담과 보호로 2차 피해 방지(신규)

[3차시 강의안]

학교폭력과
법률

〈학교폭력 3차시 강의안〉

1. 들어가며

학교폭력의 현실

◀ PPT 1

◎ 동영상 내용
 학교폭력피해자 가족연대 등은 30일 오전 서울 광화문 정부청사 앞에서 학교폭력 대책 마련을 촉구하는 집회를 열고 청와대에 탄원서를 제출했습니다. 피해학생과 부모 등 단체소속 30여 명은 집회 뒤에 "아이들이 학교폭력으로 사망하는 일이 더 이상 없게 해달라"는 내용의 탄원서와 함께 청와대에 '안심사과' 1상자를 전달했습니다.

우리는 학교폭력은 단순히 학생들 간의 문제라

고 생각합니다. 그러나 학교폭력이 갈수록 심각해
져서 이제는 국가가 이를 해결해주어야 한다는 요
구가 높아져만 가고 있습니다. 학교폭력에 대해서
는 법으로 엄격하게 다스리고 있습니다. 하지만 아
직도 학교폭력에 대해 법은 관대하거나 무력하다
는 생각을 막연하게 하는 경우가 많습니다. 여기서
우리는 법이 학교폭력을 어떻게 다루고 처리하고
있는지 우리가 알고 있는 것보다 더 자세하게 알
아보도록 합시다.

PPT 2 ▶

학교폭력에 대한 인식차이

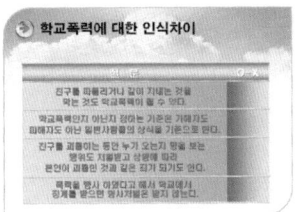

이제 활동지 1을 풀어보도록 하세요.

활동지 1 학교폭력에 대한 인식차이

질 문	O-X	정답
친구를 따돌리거나 같이 지내는 것을 막는 것도 학교폭력이 될 수 있다.		O
학교폭력인지 아닌지 정하는 기준은 가해 자도 피해자도 아닌 일반사람들의 상식을 기준으로 한다.		X
친구를 괴롭히는 동안 누가 오는지 망을 보는 행위도 처벌받고 상황에 따라 본인이 괴롭힌 것과 같은 죄가 되기도 한다.		O
폭력을 행사하였다고 해서 학교에서 징계 를 받으면 형사처벌은 받지 않는다.		X

학교폭력에 대한 이 질문은 쉬운 듯해도 의외로
답을 맞히기가 쉽지 않습니다. 학교폭력에 대해 가
장 많은 오해를 하는 부분은 학교폭력인지 아닌지
를 정하는 기준이 피해자라는 두 번째 질문입니다.

언뜻 보면 일반인을 기준으로 하는 것이 합리적인
것이 아닌가라는 의문이 들기도 합니다. 그러나 친
구들과 대화 도중에 친구가 무심결에 한 말에 맘
을 상하게 되는 경우를 생각해보면 됩니다. 이런
경우를 생각해본다면 학교폭력에 해당하는가의 여
부는 일반인의 상식이 아니라 피해학생의 입장에
서 정하는 것이 타당합니다.

이처럼 법은 우리의 생각과 많은 부분이 다릅니
다. 그러면 우리의 생각과 달리 법은 학교폭력에
대해 어떠한 내용을 가지고 있고 어떤 절차가 있
는지 살펴보도록 합시다.

학교폭력에 적용되는 법률

여러분들은 학교폭력이 일어나면 학교에서 가해
학생의 반을 바꾸거나 전학을 보내는 등의 조치를
취하는 것을 보았을 것입니다. 이렇게 학교폭력이
일어나면 학교에서 가해학생에 대해 필요한 조치
를 취할 수 있도록 별도로 '학교폭력예방및대책에
관한법률(이하 학교폭력법)'을 만들었습니다. 이 법
을 통해서 학교에서는 학급교체, 전학, 퇴학 등 가
해학생에 대한 조치뿐 아니라 피해학생에 대해 일
시보호, 치료목적 요양, 학급교체 등 다양한 보호
조치들을 할 수 있게 되었습니다.

그러나 학교폭력에 대해 '학교폭력법에 의한 조
치'만 하는 것은 아닙니다. 학교폭력의 정도가 중
대한 경우에는 형사처벌을 받을 수도 있습니다. 우
리가 신문이나 뉴스를 통해서 접하는 심각한 학교
폭력뿐 아니라 우리가 크게 문제되지 않는다고 생
각하던 학교폭력도 형사처벌을 받는 경우가 있습
니다. 경우에 따라서 단순히 형법상 처벌이 아니라

'폭력행위등처벌에관한특별법'이라는 특별법에 의해 상당히 무거운 처벌을 받는 경우도 많습니다. 또한 이러한 형사처벌 이외에도 가해학생이 피해학생에 대해 치료비와 정신적, 육체적 충격 등에 대한 위자료 등의 책임을 지기도 합니다.

그렇다면 우선 학교폭력법에서 가해학생과 피해학생에게 해줄 수 있는 조치들은 무엇이 있는지 살펴보도록 합시다. 그런 다음에 우리들이 쉽게 접할 수 있는 경우에 실제 법에서는 어떻게 처벌될 수 있는지 생각해 보고 어떤 절차를 통해서 형사처벌을 받게 되는지도 살펴보도록 합시다. 마지막으로 치료비 등을 요구할 수 있는 손해배상 등에 대해 법에서는 어떻게 하고 있는지 알아보도록 합시다.

그렇다면 학교폭력법은 무엇인지, 학교폭력의 경우 형사처벌과 민사상 문제는 무엇이 있는지 하나씩 살펴보도록 합시다.

2. 학교폭력예방및대책에관한법률

PPT 4 ▶

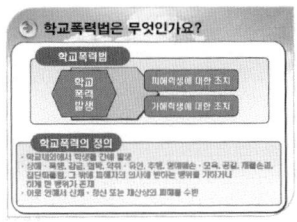

학교폭력법은 무엇인가요?

갈수록 심각해지는 학교폭력에 대해 효과적으로 대처하기 위해서 학교폭력법이 만들어졌습니다. 이 법은 평상시에는 학교에서 예방에 대한 대책을 마련하고 실제로 학교폭력이 발생한 경우에는 학교가 피해학생과 가해학생에 대해 각각 필요한 조치를 할 수 있도록 하고 있습니다.

학교폭력대책자치위원회의 구성

◀ PPT 5

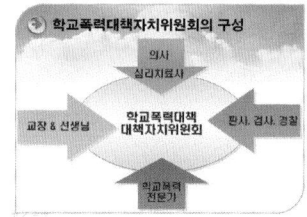

학교폭력이 발생하면 피해학생을 보호하고 가해
학생을 처벌하기 위해서 학교는 학교폭력대책자치
위원회를 만들게 되어 있습니다. 이 위원회에는 학
교의 교장선생님과 다른 선생님들뿐 아니라 피해
학생을 치료하기 위한 의사나 심리치료사, 학교폭
력에서 법적인 문제들을 조언해 줄 판·검사, 경찰
등 다양한 분야의 전문가들이 들어가게 됩니다. 이
위원회에서는 학교폭력의 피해학생에게 필요한 보
호조치들을 결정하고 가해학생에 대한 조치를 결
정하게 됩니다.

(1) 피해학생의 보호조치

피해학생의 보호조치

◀ PPT 6

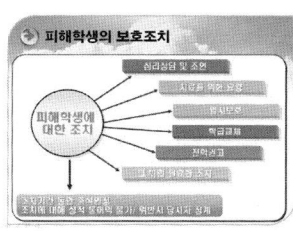

앞에서 말한 자치위원회는 피해학생이 다양한
보호조치를 받을 수 있도록 지원하여 줍니다.

① 심리상담 및 조언: 피해학생이 심리치료 등의
전문상담가들을 통해서 학교폭력으로 받은 정신·
심리적 충격에 대한 회복을 할 수 있도록 할 수
있습니다. 학교폭력이 심해서 학교생활에 적응하지
못하는 경우 대인관계향상치료까지도 해줄 수 있
습니다.

② 치료를 위한 요양: 학교폭력의 경우 심리상담
으로는 부족할 경우도 있습니다. 이런 경우 피해학
생이 의료기관을 통해 심리적, 신체적 진료나 치료
를 받게 합니다. 경우에 따라 입원을 하거나 통원
치료를 하기도 합니다.

③ 일시보호: 지속적인 폭력이나 보복을 할 우려

가 있는 경우 일시적으로 보호시설이나 집 또는 학교상담실 등에서 보호를 받을 수 있습니다.

④ 학급교체: 일시보호 이외에도 학급 내에서의 지속적인 폭력인 경우 가해학생의 학급교체와 함께 피해학생의 학급을 교체할 수 있습니다. 이는 피해학생과 가해학생을 격리하기 위한 조치입니다.

⑤ 전학권고: 다른 조치를 취해도 피해학생을 보호하기 힘든 경우 최후의 조치로 피해학생에게 전학을 가게 할 수 있습니다.

⑥ 그 밖의 필요한 조치: 피해학생이 원하거나 위원회에서 문제되는 학교폭력 사건에서 피해학생에게 필요한 조치라고 결정된 다른 조치들도 할 수 있도록 하고 있습니다.

피해학생은 이런 보호조치를 받는 동안 결석으로 인한 불이익을 받을 수 있습니다. 그래서 법에서는 이런 치료기간 동안은 피해학생이 출석한 것으로 처리하도록 하고 있습니다. 또한 출석뿐 아니라 성적에도 불이익을 주지 못하도록 하고 만약 이를 어기면 처벌하도록 하고 있습니다. 이런 것은 모두 학교폭력법이 그 누구보다 피해학생을 보호하고 도와주는 것을 최우선으로 하고 있기 때문입니다.

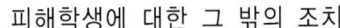

PPT 7 ▶　　　　　피해학생에 대한 그 밖의 조치

그러면 피해학생에 대한 그 밖의 조치는 어떠한 것이 있을까요? 단순히 피해학생을 위로하는 것에 그치는 것이 아니라 정말 필요한 조치들을 할 수 있도록 해줍니다.

◎ 동영상 내용

앵커: 좀처럼 끊이지 않고 있는 학교폭력에 대한 대책이 나왔습니다. 새 학기부터 학교폭력 피해학생에게 등하교시 경호서비스가 지원됩니다.

기자: 밤늦게 혼자 집으로 돌아가는 귀갓길, 학교폭력에 가장 취약시간대입니다.

인터뷰: 이웃학교 선배가 5만 원인가 달라고 그랬어요. 안 주면 때린다고 학원 앞에 찾아오고

기자: 올 새 학기부터 학교폭력 위협에 시달리는 학생들은 등하굣길에 경호서비스를 받을 수 있게 됩니다. 피해학생이나 학부모가 학교나 교육청에 요청하면 교육청이 계약을 체결한 경호업체 직원 등이 출동해 학생의 등하교를 도와주는 것입니다. 또 학교폭력이 빈발하는 학교에는 아예 전담경찰관이 배치돼 주변을 순찰하고 폭력예방활동을 펼칩니다. 경찰관 1명이 3개에서 5개 정도의 학교를 맡을 예정인데 경찰청은 일단 75개 학교를 대상으로 시범실시하기로 했습니다.

인터뷰: 불량스러운 학생들이 돌아다니고 금품 요구하는 것도 하고 그런 것들이 빈번한 그런 동네도 사실은 있죠.

기자: 또 휴대전화로 폭행 장면을 찍어 곧바로 신고할 수 있도록 경찰청 홈페이지에 동영상UCC학교폭력신고코너를 운영하기로 했습니다. 이와 함께 가해학생은 물론 그 부모에 대해서도 폭력예방을 위한 특별교육을 실시할 방침입니다.

동영상에서 본 내용과 같이 학교폭력 피해학생이나 폭력 위협으로 불안감을 느끼는 학생 등에 대해 보호차원에서 신변보호지원을 요청할 수 있습니다.

뿐만 아니라 학교 자체에서 해결하기 어려운 사건이 생겼을 경우에는 학교에서 교육청의 '학교폭력 SOS 지원단'에 사건 해결을 요청할 수도 있습니다.

PPT 8 ▶

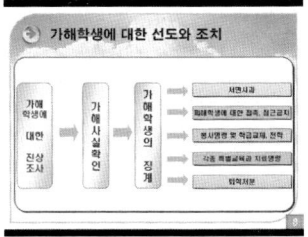

(2) 가해학생에 대한 선도와 조치

가해학생에 대한 선도와 조치

피해학생이 다른 학생에게 폭력을 당했다고 주장할 경우에도 피해학생의 말만 듣고 가해학생이라고 단정 지어서는 안 됩니다. 학교폭력법에서는 가해학생을 불러서 그런 사실이 있는지에 대해 답변할 기회를 주도록 하고 있습니다.

이런 과정을 거쳐서 가해학생인 것이 확인이 되면 위원회에서는 이 학생에 대해 징계를 내리게 됩니다.

① 서면사과: 우선은 가해학생이 피해학생에게 서면으로 그동안의 폭력행동에 대해 사과하도록 합니다. 사과를 통해서 서로 화해하는 것이 가장 좋은 해결방법입니다.

② 피해학생에 대한 접촉 및 협박 금지: 피해사실을 학교에 알렸다고 피해학생에게 더 심한 폭력을 행사하는 경우가 많습니다. 따라서 피해학생에 대해 접촉이나 협박을 금지하게 할 수 있습니다. 외국영화에서 가정폭력을 당한 부인을 보호하기 위해 법원이 "100m 내 접근을 금지한다."는 접근금지명령을 내리는 것을 볼 수 있는데 이것도 그와 같습니다.

③ 봉사명령, 학급교체 및 전학: 가해학생이 학교 내 혹은 사회에서 봉사하도록 명할 수도 있습니다. 또한 피해학생뿐만 아니라 가해학생도 반을 바꾸거나 심하면 전학을 보낼 수도 있습니다.

④ 각종 특별 교육과 치료명령: 특별전문가에 의한 특별교육을 받게 하거나 폭력적 행동을 스스로 제어하지 못하는 경우에는 치료를 받도록 할 수 있습니다.

⑤ 퇴학처분: 다른 징계로도 상황이 해결되지 않는 경우 최후의 방법으로 고등학교의 경우 가해학생을 퇴학시킬 수도 있습니다.

3. 학교폭력의 형사법상 문제와 그 절차

(1) 학교폭력의 형사상 문제

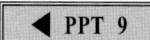

학교폭력의 형사상 문제

가해학생이 학교폭력법에 따라 징계를 받았다고 해서 처벌이 끝난 것은 아닙니다. 형사법상 처벌될 수 있는 경우가 있습니다. 학교폭력법은 단순히 학교폭력의 피해학생과 가해학생에 대해 학교에서 자율적으로 조치를 취하도록 한 법이지 다른 법적 책임을 면하게 해주는 법이 아니기 때문입니다. 우선 형사상 문제에 대해 하나씩 알아봅시다.

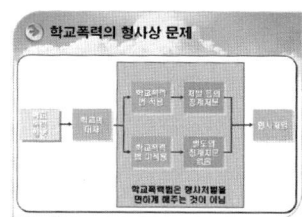

(2) 구체적인 사례에서의 형법의 적용

1) 폭행죄와 상해죄

학교폭력의 구체적인 사례1

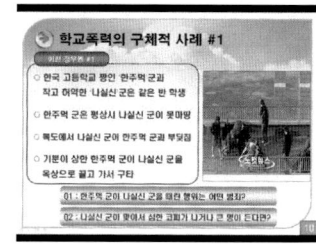

[활동지2]
　한국 고등학교 짱인 '한주먹'군과 또래 아이들보다 작고 허약한 '나실신'군은 같은 반 학생입니다. 한주먹군은 나실신 군이 허약하고 남자답지 못해 평상시부터 못마땅해하였습니다. 그러던 어느 날 복도에서 친구와 놀던 나실신 군이 실수로 한주먹 군과 부딪치게 되었습니다. 한주먹군은 미안하다는 나실신 군에게 "이게 어디

> 서 누구를 치고 난리야, 안 그래도 너 한번 손 좀 보려
> 고 했는데 잘됐다, 옥상으로 따라와." 하며 나실신 군을
> 옥상으로 끌고 가서 구타하였습니다. 이 경우는 어떤
> 죄가 될까요? 만약 나실신 군이 코피가 나거나 심한 멍
> 이 들었다면 어떻게 될까요?

이제 활동지 2를 같이 생각해보도록 합시다.

이 사례는 힘이 센 친구가 자신보다 약한 친구를 끌고 가서 구타하는 경우로 학교폭력의 가장 일반적인 모습입니다. 이 경우에는 어떤 죄가 되는지 생각해 봅시다.

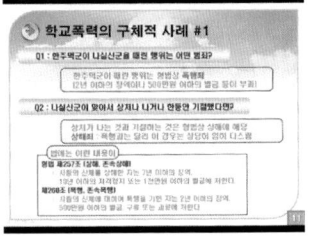

PPT 11 ▶

학교폭력의 구체적인 사례1

한주먹 군이 나실신 군을 구타한 행위는 법적으로 폭행죄에 해당합니다.

폭행죄는 얼마나 무거운 처벌을 받을까요? 형법상 폭행죄는 2년 이하의 징역이나 500만 원 이하의 벌금을 내도록 하고 있습니다. 주위에서 흔히 보는 폭행사건일지 몰라도 그 처벌을 생각한다면 상당히 무거운 범죄를 저지른 것입니다. 법에서는 폭력의 문제를 심각한 범죄로 다루기 때문에 가혹하게 처벌하고 있는 것입니다.

만약 심한 코피가 나거나 상당히 큰 멍이 든 경우라면 어떻게 될까요? 이런 경우는 폭행죄보다 무거운 상해죄가 됩니다. 상해죄의 경우에는 폭행죄보다 무거운 형인 7년 이하의 징역과 1천만 원 이하의 벌금을 내도록 되어 있습니다. 참고로 폭행으로 기절하는 경우도 상해로 인정하고 있습니다.

폭행죄와 상해죄는 상당히 비슷한 범죄입니다. 비슷함에도 불구하고 상해죄를 폭행죄보다 무겁게

처벌하는 것은 폭행죄와 달리 상해죄는 사람의 신체에 손상을 가했다는 점 때문입니다. 우리가 보기에는 사소한 차이라고 생각되겠지만 법은 발생한 결과에 따라서 성립되는 범죄와 처벌의 정도를 다르게 규정하고 있습니다.

 2) 위험한 물건을 사용한 경우

 학교폭력의 구체적인 사례2

◀ PPT 12

> [활동지 3]
> 고등학교 3학년 준이는 1년간 자퇴하고 복학한 학생입니다. 다시 학교를 다니게 된 준이는 모든 것에 불만이 많습니다. 강의실 뒷자리에 앉아서 먼 산만 보며 시간을 때우던 준이는 우연히 자신을 쳐다보고 있던 영수를 발견하고 "너 뭔데 그렇게 기분 나쁘게 날 쳐다보냐?" 하며 영수에게 따졌습니다. 머뭇거리는 영수에게 화가 난 준이는 화장실로 영수를 끌고 가 화장실에 있던 대걸레로 영수를 때렸습니다.

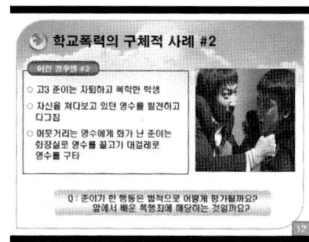

 이제는 앞의 문제와 비슷하지만 약간은 다른 사례를 풀어보도록 합시다.

 학교폭력의 구체적인 사례2

◀ PPT 13

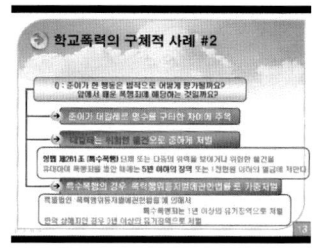

 이는 앞의 경우와 비슷하지만 차이가 있습니다. 앞에서 법은 사소해 보이는 것 하나에 상당한 의미를 부여하고 있다고 알려드렸습니다. 이 경우 앞의 경우와 다른 점은 무엇일까요? 정답은 준이가 단순히 주먹이 아니라 대걸레로 영수를 때렸다는 점입니다. 즉 도구를 사용하여 폭행을 한 것이 앞의 사례와 다른 점입니다. 주먹으로 때리나 대걸레

로 때리나 마찬가지로 생각되지만 법은 이 차이를
엄격히 구별합니다.

　형법은 '흉기 기타 위험한 물건'을 '휴대'하여
폭행한 경우를 '특수폭행죄'라고 하고 있습니다.
'위험한 물건'을 '휴대'하여 폭행을 하게 되면 단순
히 주먹을 쓰는 것보다 매우 큰 피해를 입히기 때
문에 폭행죄보다 더 무겁게 처벌하는 것입니다. 또
한 특수폭행의 경우에는 '폭력행위등처벌에관한법
률(이하 폭처법)'이라는 특별법에 의해 보다 무겁
게 처벌합니다. 폭행죄가 2년 이하의 징역이나 500
만 원 이하의 벌금인 데 비해 특수폭행의 경우에
는 특별법(폭처법)에 의해서 1년 이상의 징역형을
받게 됩니다.

PPT 14 ▶

형법상 '위험한 물건'의 '휴대'

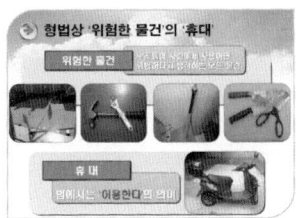

　그러면 이렇게 법에서 죄를 무겁게 하는 '위험한
물건'을 '휴대'하는 경우는 어떤 것을 말하는 것일
까요?

　법에서 말하는 위험한 물건이라는 것이 특별난 것
을 말하는 것이 아닙니다. 총이나 칼은 당연히 위
험한 물건에 해당하겠지만 이것만 해당되는 것이
아니라 우리들이 사람에게 사용하면 위험하다고
생각하는 모든 물건이 여기에 해당됩니다. 준이가
사용한 대걸레나 각종의 방망이, 빈병, 망치·드라
이버 등의 공구들이 위험한 물건에 해당합니다.

　다음으로 '휴대'는 무슨 뜻일까요? 법이라고 해
서 특별히 엄청나게 다른 의미의 단어를 사용하지
는 않습니다. 우리가 보통 '들고 다니는 것'이라는
의미로 사용하는데 법에서는 '이용한다'는 의미로
사용하고 있습니다. 앞에서 든 위험한 물건은 다

사람이 들고 사용하는 것들이니까요.

그러면 중·고등학생들이 많이 타고 다니는 오토바이로 사람을 치는 식으로 폭행을 하였다면 특수폭행에 해당할까요? 오토바이는 타고 다니는 것이지 휴대하는 것은 아니니 특수폭행은 아닌 것처럼 보입니다. 그러나 법에서의 휴대의 의미가 '이용한다'는 의미인 점을 생각해본다면 오토바이도 특수폭행에 해당한다고 하겠습니다.

3) 학교폭력을 하는 동안 망을 본 경우

◀ PPT 15

학교폭력의 구체적인 사례3 - 삥 뜯는 행동

학교폭력에서 자주 일어나는 유형은 바로 누군가에게서 돈을 뺏는 경우라고 할 수 있습니다. 지금부터는 친구들이 함께 돈을 빼앗는 경우에 대해 생각해보도록 합시다.

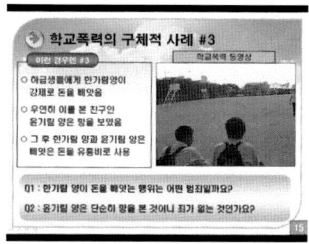

[활동지 4]
하나 고등학교 2학년의 '한가람' 양은 1학년 학생들에게 상납조로 얼마의 금액을 빼앗는 것으로 학교에서 유명한 문제 학생입니다. 어느 날 학교를 나온 한가람 양은 하급생 몇 명을 학교 건물 구석으로 불러서 '언니가 급히 돈이 필요해서 그래, 빌려주면 바로 갚을 테니 돈 좀 빌려줘'하며 강제적으로 돈을 빼앗았습니다. 우연히 한가람 양이 돈을 빼앗는 것을 본 친구인 윤기림 양은 망을 보았습니다. 그 후에 한가람 양과 윤기림 양은 빼앗은 돈을 가지고 유흥비로 사용하였습니다.

동영상과는 같은 내용은 아니지만 비슷한 상황을 만들어 보았습니다. 이 경우 한가람 양과 윤기림 양은 형법적으로 어떤 범죄를 저지른 것일까요?

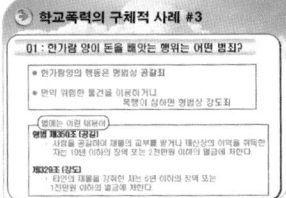

학교폭력의 구체적인 사례3

우선 한가람 양부터 생각해보도록 합시다.

한가람 양은 단순히 폭행죄나 상해죄를 저지른 것이 아닙니다. 싸울 때 때리지는 않으면서 때릴 것 같은 행동을 하거나 욕을 하는 경우가 있습니다. 우리 형법은 이것을 협박죄로 처벌하고 있습니다. 한가람 양이 1학년 학생들을 단순히 윽박지르기만 하거나 겁을 주었다면 협박죄가 될 수 있습니다. 그러나 한가람 양은 단순히 겁만 준 것이 아니라 윽박지르면서 돈을 빼앗았기 때문에 공갈죄가 성립하게 됩니다. 공갈죄는 10년 이하의 징역 또는 2천만 원 이하의 벌금형을 받습니다(형법 제350조).

만약 한가람 양이 하급생들이 반항할 수 없도록 하면서 돈을 빼앗았다면, 이는 우리가 텔레비전에서 많이 듣는 강도죄에 해당하게 됩니다. 강도죄는 3년 이상 15년 이하의 징역을 받게 되는 무거운 범죄입니다(형법 제333조). 즉 우리가 큰 처벌을 받지 않는다고 생각하는 삥 뜯는 행위가 사실상 법적으로는 중하게 처벌되는 범죄인 것입니다. 또한 앞에서 배운 '위험한 물건'을 이용해서 돈을 빼앗은 경우에는 특수강도죄가 되어 무기징역 또는 5년 이상의 징역에 처합니다.

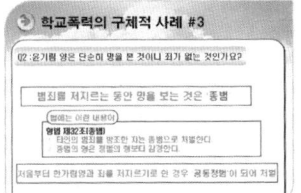

학교폭력의 구체적인 사례3 - 망을 보는 경우

한가람 양은 공갈죄(상황에 따라서는 강도죄)를 범한 것을 알았는데 그러면 삥 뜯는 동안 망을 본 윤기림 양은 어떤 처벌을 받을까요? 우리는 망을 보는 것은 그리 문제가 되지 않는다고 생각합니다. 그러나 법은 망을 보는 사람도 책임이 있다고 보아 처벌합니다(이런 사람을 '종범'이라고 합니다.). 이 사건에서 윤기림 양은 실제로 범죄를 저지른 한가람 양이 받는 형벌보다 적게 처벌받게 됩니다.

그렇다면 윤기림 양이 처음부터 함께 범죄를 저지르기로 하고 망보는 역할을 한 것이라면 어떨까요? 이런 경우에는 윤기림 양도, 한가람 양도 모두 공갈죄(또는 강도죄)로 처벌받게 됩니다(이런 경우를 공동정범이라고 합니다. 형법 제30조).

4) 친구들과 집단으로 구타한 경우

학교폭력의 구체적인 사례4 – 친구들이 집단 구타한 경우

◀ PPT 18

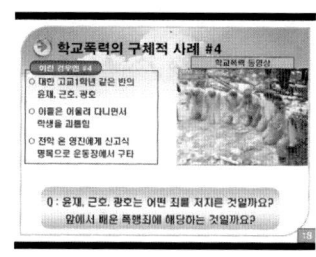

지금까지는 주로 한 사람이 학교폭력을 하는 경우를 살펴보았습니다. 이제는 여럿이 폭력을 하는 경우인 활동지 5에 대해 생각해보도록 합시다.

[활동지 5]
대한 고등학교 1학년 2반에는 같이 다니며 곳곳에서 사고를 치고 다니는 윤재, 근호, 광호가 있습니다. 이들 3명은 서로 어울려 다니면서 학생들을 괴롭혔습니다. 그러던 어느 날 2반으로 영진이가 전학을 오게 됩니다. 윤재, 근호, 광호는 전학 온 영진이가 신고식을 해야 한다며 운동장 구석 공터로 끌고 가서 영진이를 심하게 구타하였습니다.

이 사례는 앞서 본 동영상과 약간은 비슷한 경우입니다. 학교폭력 문제는 갈수록 심해져서 최근에는 여럿이 모여서 클럽을 만들어 같이 폭행을 하는 경우도 많아지고 있습니다.

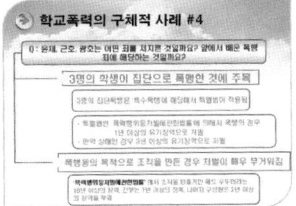

PPT 19 ▶

학교폭력의 구체적인 사례4

　3명의 학생이 영진이를 구타하였다는 점에서 앞에서 배운 폭행죄와 비슷해 보입니다. 그러나 이번 사례에도 다른 점이 있습니다. 윤재, 근호, 광호가 서로 어울려 다니면서 같이 영진이를 구타했다는 점입니다. 이렇게 여럿이 폭행한 경우에는 폭처법에 의해 더 무겁게 처벌하도록 하고 있습니다. 폭처법에 의하면 이러한 경우에는 1년 이상의 징역에 처할 수 있도록 하고 있습니다. 또한 여러 명이 한 명을 때리는 경우에 상처가 나는 경우도 있을 것입니다. 이런 경우에는 폭처법에 의해 3년 이상의 유기징역을 받게 하여 그 죄를 보다 무겁게 하고 있습니다. 형법에서는 벌금만을 낼 수 있는 경우도 가능하지만 폭처법이 적용되면 오직 징역만 부과할 수 있도록 하는 엄청난 차이를 가지고 있기도 합니다. 같이 급우를 구타했다고 책임이 나누어지는 것이 아니라 더 무거워지는 것입니다.

　만약 이들이 단순히 여럿이 모여 폭행한 것이 아니라 학생들을 폭행하려고 조직을 만들었다면 죄는 너무나도 높아집니다. 폭처법에서는 폭력 등을 할 목적으로 단체를 만들기만 하여도 그 단체의 우두머리와 간부, 나머지 구성원에 대해서 매우 무거운 처벌을 하도록 하고 있습니다. 그런 조직을 만들기만 하여도 우두머리의 경우 10년 이상, 간부는 7년 이상, 나머지 구성원은 2년 이상의 징역에 처하도록 하고 있습니다.

　법은 학생들이 만든 폭력조직이라고 해도 성인들이 만든 조직폭력배 같은 조직과 같다고 생각합니다. 학생들이 한때의 호기심으로 만드는 폭력조직이 오히려 본인들이 더 무겁게 처벌되는 이유가 되는 셈입니다.

(3) 가해학생의 형사상 처리절차

◀ PPT 20

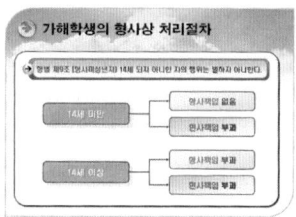

형사상 책임연령

　형법에서는 만 14세가 되지 않은 경우에는 처벌하지 못합니다. 즉 초등학생이나 중학교 저학년의 경우 앞에서 말한 죄를 저질러도 형사처벌을 하지 못하게 됩니다. 그러나 만 12세 이상의 경우에는 형사처벌을 하지 못한다고 하더라도 보호처분은 가능합니다(만 12세 미만의 경우에는 어떠한 처벌도 하지 못합니다.). 또한 이런 학생들도 뒤에서 배울 민사상 손해배상은 해야 합니다.

> 형법 제9조(형사미성년자) 14세 되지 아니한 자의 행위는 벌하지 아니한다.

　여기서는 14세 이상의 중·고등학생들이 학교폭력을 저지른 경우 어떤 형사절차를 거치는지 알아보도록 하겠습니다.

형사절차 진행과정

◀ PPT 21

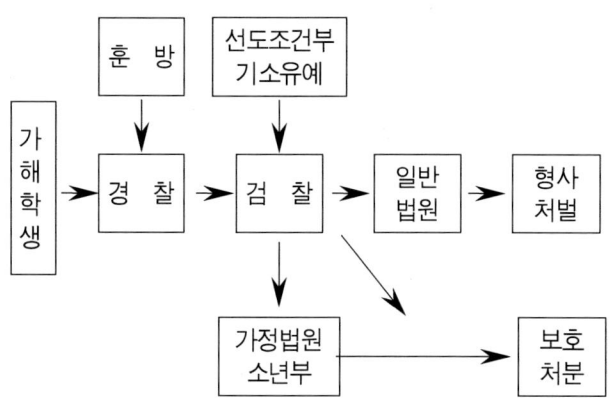

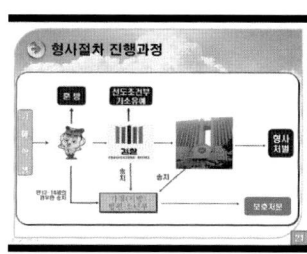

우선 피해학생이나 그 부모님, 해당학교에서 형사고소를 하게 되면, 우선 경찰수사를 거쳐 검찰수사를 받게 되고 재판을 받게 됩니다. 그런데 사건이 경미하거나 처벌의 필요성이 크지 않은 경우에는 경찰은 '훈방' 조치를, 검사는 '선도조건부 기소유예'를 할 수 있습니다. 선도조건부 기소유예란 일정기간 선도위원의 선도를 받을 것을 조건으로 기소를 미뤘다가 선도기간이 지난 후에는 기소를 하지 않는 제도입니다. 또한 경찰은 가해학생이 만 12세 이상 만 14세 미만인 경우에는 형사처벌을 할 수 없기 때문에 가정(또는 일반)법원 소년부로 반드시 사건을 송치하도록 하고 있습니다. 사건을 송치받은 가정(또는 일반)법원 소년부에서는 경찰이 보낸 만 12세 이상 만 14세 미만의 소년과 검사가 보낸 만 14세 이상의 소년(촉법소년)을 심리하여 보호관찰을 받게 하거나 소년원에 보낼 수 있습니다.

가정(또는 일반)법원 소년부에서 만 12세 이상의 소년에게 보호관찰을 받을 것을 결정하면, 단기의 경우에는 6개월간을, 장기인 경우에는 2년 동안 법무부 공무원인 보호관찰관의 교육과 상담 등의 지도를 받아야 합니다. 이런 보호관찰기간동안 소년은 평상시와 같이 집에서 생활하고 학교도 다닐 수 있습니다. 그러나 사안이 중대하여 금고 이상의 형에 해당하거나 교화·교육상 소년법으로 처벌하는 것이 적절하지 못하고 일반 형사처벌의 필요가 있을 경우에는 일반 법원을 통해서 형사처벌을 받게 됩니다.

4. 학교폭력과 민사상의 문제

(1) 학교폭력에서의 민사소송

민사소송과 형사고소의 동시진행

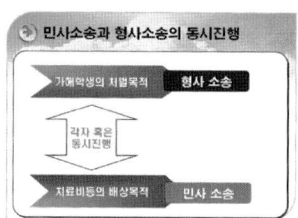

일반적으로 치료비등의 손해배상을 요구하기 위해서 형사소송과 별도의 민사소송을 제기합니다. 민사소송과 형사고소에 의한 처벌은 별개여서 형사처벌을 받더라도 민사소송을 통해서 치료비 등의 손해배상을 해야 할 수도 있습니다. 그러면 민사소송과 관련해서 법은 어떤 내용을 정하고 있고 어떤 도움을 받을 수 있을지 알아보도록 합시다.

학교폭력에서의 민사소송

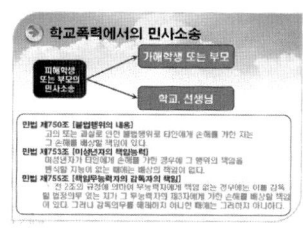

민사소송을 통해서 피해학생은 가해학생을 대상으로 병원비와 정신적인 손해에 대한 손해배상을 요구할 수 있습니다. 앞에서 배운 형법은 가해학생에 대한 처벌만을 정하는 것이었지만 민법의 경우는 가해학생뿐만 아니라 가해학생의 부모에 대해서도 배상하라고 요구하도록 하고 있습니다. 또한 학교가 이런 학교폭력을 방치한 경우 학교나 선생님을 상대로 배상을 요구할 수도 있습니다.

> 민법 제750조 [불법행위의 내용]
>   고의 또는 과실로 인한 불법행위로 타인에게 손해를 가한 자는 그 손해를 배상할 책임이 있다.
> 민법 제753조 [미성년자의 책임능력]
>   미성년자가 타인에게 손해를 가한 경우에 그 행위의 책임을 변식할 지능이 없는 때에는 배상의 책임이 없다.

민법 제755조 [책임무능력자의 감독자의 책임]
  ① 전 2조의 규정에 의하여 무능력자에게 책임 없는 경우에는 이를 감독할 법정의무 있는 자가 그 무능력자의 제3자에게 가한 손해를 배상할 책임이 있다. 그러나 감독의무를 해태하지 아니한 때에는 그러하지 아니하다.

민법은 불법행위로 타인에게 손해를 가한 경우 그 손해를 배상하도록 하고 있습니다. 그러나 가해학생도 아직은 학생이어서 연령으로 인해 형사처벌을 받지 않는 경우처럼 책임능력이 없어서 배상책임이 없거나 경제적인 능력이 없어서 사실상 재판을 받더라도 배상을 못 받는 경우가 많습니다. 이런 경우를 대비해서 민법에서는 감독자에게도 책임을 물을 수 있도록 하고 있습니다.

(2) 손해배상과 명예회복

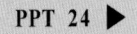

손해배상과 명예회복

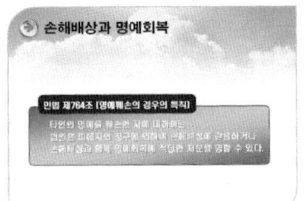

이런 금전적 보상 말고도 학교폭력을 통해서 본인의 명예가 훼손되었다면 가해학생이 피해학생에 대한 폭행사실과 사과문을 학교게시판에 게시하게 하는 것도 가능합니다. 최근에는 개인의 정보나 명예가 보다 중요시되고 인터넷을 통해서 개인의 명예가 순식간에 심하게 훼손되기도 합니다. 따라서 본인이 구타당하는 사진이나 동영상을 삭제해줄 것을 요구하고 피해학생의 명예를 회복할 수 있는 게시물을 올리도록 요구할 수 있습니다.

민법 제764조 [명예훼손의 경우의 특칙]
  타인의 명예를 훼손한 자에 대하여는 법원은 피해자
의 청구에 의하여 손해배상에 갈음하거나 손해배상과
함께 명예회복에 적당한 처분을 명할 수 있다.

5. 마치며

법은 학교폭력에 관대하지 않습니다.

◀ PPT 25

◎ 동영상 내용
  경찰청은 지난 9월부터 두 달 동안 학교폭력을 집
중 단속해 가해학생 6천9백여 명을 검거하고 폭력서클
80개를 해체했다고 밝혔습니다. 경찰청은 단속내용을
분석한 결과, 폭력서클과 같은 조직적인 학교폭력은 줄
었지만 초등학생과 중학생의 폭력행사가 늘어나는 등
학교폭력 연령대가 낮아지고 있는 것으로 드러났다고
말했습니다.

  학교폭력에 대해서 단순히 학생들 간의 문제라
고 가볍게 생각할 수 있지만 법은 심각한 범죄로
보고 있습니다. 학생이라고 해서 저지른 범죄를 넘
어가거나 약하게 처벌하지 않고 있습니다. 또한 이
런 형사처벌 여부와는 별도로 가해학생에 대해 피
해학생이 민사상의 각종 손해배상을 받을 수 있도
록 해서 가해학생이 그 죗값을 톡톡히 치르게 하
고 있습니다. 학교폭력. 법은 학교에서의 그 어떠
한 폭력도 인정하지 않습니다.

[활동지 1]

질 문	O - X	정답
친구를 따돌리거나 같이 지내는 것을 막는 것도 학교폭력이 될 수 있다.		O
학교폭력인지 아닌지 정하는 기준은 가해자도 피해자도 아닌 일반사람들의 상식을 기준으로 한다.		X
친구를 괴롭히는 동안 누가 오는지 망을 보는 행위도 처벌받고 상황에 따라 본인이 괴롭힌 것과 같은 죄가 되기도 한다.		O
폭력을 행사하였다고 해서 학교에서 징계를 받으면 형사처벌은 받지 않는다.		X

[활동지 2]

> 한국 고등학교 짱인 '한주먹' 군과 또래 아이들보다 작고 허약한 '나실신' 군은 같은 반 학생입니다. 한주먹 군은 나실신 군이 허약하고 남자답지 못해 평상시부터 못마땅해하였습니다. 그러던 어느 날 복도에서 친구와 놀던 나실신 군이 실수로 한주먹 군과 부딪치게 되었습니다. 한주먹 군은 미안하다는 나실신 군에게 "이게 어디서 누구를 치고 난리야, 안 그래도 너 한번 손 좀 보려고 했는데 잘됐다. 옥상으로 따라와." 하며 나실신 군을 옥상으로 끌고 가서 구타하였습니다. 이 경우는 어떤 죄가 될까요? 만약 나실신 군이 코피가 나거나 심한 멍이 들었다면 어떻게 될까요?

Q 1: 한주먹 군이 나실신 군을 때린 행위는 어떤 범죄가 될까요?

Q 2: 나실신 군이 맞아서 심한 코피가 나거나 큰 멍이 든 경우는 어떨까요?

[활동지 3]

> 고등학교 3학년 준이는 1년간 자퇴하고 복학한 학생입니다. 다시 학교를 다니게 된 준이는 모든 것에 불만이 많습니다. 강의실 뒷자리에 앉아서 먼 산만 보며 시간을 때우던 준이는 우연히 자신을 쳐다보고 있던 영수를 발견하고 "너 뭔데 그렇게 기분 나쁘게 날 쳐다보냐?" 하며 영수에게 따졌습니다. 머뭇거리는 영수에게 화가 난 준이는 화장실로 영수를 끌고 가 화장실에 있던 대걸레로 영수를 구타하였습니다.

Q: 준이가 한 행동은 법적으로 어떻게 평가될까요? 앞에서 배운 폭행죄에 해당하는 것일까요?

[활동지 4]

> 하나 고등학교 2학년의 '한가람' 양은 1학년 학생들에게 상납조로 얼마의 금액을 빼앗는 것으로 학교에서 유명한 문제 학생입니다. 어느 날 학교를 나온 한가람 양은 하급생 몇 명을 학교 건물 구석으로 불러서 '언니가 급히 돈이 필요해서 그래, 빌려주면 바로 갚을 테니 돈 좀 빌려줘' 하며 강제적으로 돈을 빼앗았습니다. 한가람 양이 돈을 빼앗는 동안 친구인 윤기림 양은 망을 보았습니다. 그 후에 한가람 양과 나승리 양은 빼앗은 돈을 가지고 유흥비로 사용하였습니다.

Q1: 한가람 양이 돈을 빼앗는 행위는 어떤 범죄일까요?

Q2: 윤기림 양은 단순히 망을 본 것이니 죄가 없는 것일까요?

[활동지 5]

> 대한 고등학교 1학년 2반에는 같이 다니며 곳곳에서 사고를 치고 다니는 윤재, 근호, 광호가 있습니다. 이들 3명은 서로 어울려 다니면서 학생들을 괴롭혔습니다. 그러던 어느 날 2반으로 영진이가 전학을 오게 됩니다. 윤재, 근호, 광호는 전학 온 영진이가 신고식을 해야 한다며 운동장 구석 공터로 끌고 가서 영진이를 심하게 구타하였습니다.

Q: 윤재, 근호, 광호는 어떤 죄를 저지른 것일까요? 앞에서 배운 폭행죄에 해당하는 것일까요?

[별첨] 학교폭력 관련 법령

○ 형 법

제9조 (형사미성년자) 14세 되지 아니한 자의 행위는 벌하지 아니한다.

제30조 (공동정범) 2인 이상이 공동하여 죄를 범한 때에는 각자를 그 죄의 정범으로 처벌한다.

제32조 (종범)

① 타인의 범죄를 방조한 자는 종범으로 처벌한다.

② 종범의 형은 정범의 형보다 감경한다.

제257조 (상해, 존속상해)

① 사람의 신체를 상해한 자는 7년 이하의 징역, 10년 이하의 자격정지 또는 1천만 원 이하의 벌금에 처한다.

② 자기 또는 배우자의 직계존속에 대하여 제1항의 죄를 범한 때에는 10년 이하의 징역 또는 1천500만 원 이하의 벌금에 처한다.

③ 전2항의 미수범은 처벌한다.

제260조 (폭행, 존속폭행)

① 사람의 신체에 대하여 폭행을 가한 자는 2년 이하의 징역, 500만 원 이하의 벌금, 구류 또는 과료에 처한다.

② 자기 또는 배우자의 직계존속에 대하여 제1항의 죄를 범한 때에는 5년 이하의 징역 또는 700만 원 이하의 벌금에 처한다.

③ 제1항 및 제2항의 죄는 피해자의 명시한 의사에 반하여 공소를 제기할 수 없다.

제261조 (특수폭행) 단체 또는 다중의 위력을 보이거나 위험한 물건을 휴대하여 제260조제1항 또는 제2항의 죄를 범한 때에는 5년 이하의 징역 또는 1천만 원 이하의 벌금에 처한다.

제350조 (공갈)

① 사람을 공갈하여 재물의 교부를 받거나 재산상의 이익을 취득한 자는 10년 이하의 징역 또는 2천만 원 이하의 벌금에 처한다.

② 전항의 방법으로 제삼자로 하여금 재물의 교부를 받게 하거나 재산상의 이익을 취득하게 한 때에도 전항의 형과 같다.

○ 폭력행위등처벌에관한법률

제1조 (목적) 이 법은 집단적 또는 상습적으로 폭력행위 등을 범하거나 흉기 그 밖의 위험한 물건을 휴대하여 폭력행위 등을 범한 자 등을 처벌함을 목적으로 한다.

제2조 (폭행등)

① 상습적으로 다음 각 호의 죄를 범한 자는 다음의 구분에 따라 처벌한다.

  1. 「형법」 제260조제1항(폭행), 제283조제1항(협박), 제319조(주거침입, 퇴거불응) 또는 제366조(재물손괴등)의 죄를 범한 자는 1년 이상의 유기징역

  2. 「형법」 제260조제2항(존속폭행), 제276조제1항(체포, 감금), 제283조제2항(존속협박) 또는 제324조(강요)의 죄를 범한 자는 2년 이상의 유기징역

  3. 「형법」 제257조제1항(상해)·제2항(존속상해), 제276조제2항(존속체포, 존속감금) 또는 제350조(공갈)의 죄를 범한 자는 3년 이상의 유기징역

② 2인 이상이 공동하여 제1항 각 호에 열거된 죄를 범한 때에는 각 형법 본조에 정한 형의 2분의 1까지 가중한다.

③ 이 법 위반(「형법」 각 본조를 포함한다)으로 2회 이상 징역형을 받은 자로서 다시 제1항에 열거된 죄를 범하여 누범으로 처벌할 경우에도 제1항과 같다.

④ 제2항 및 제3항의 경우에는 「형법」 제260조제3항 및 제283조제3항

을 적용하지 아니한다.

제3조 (집단적 폭행등)

① 단체나 다중의 위력으로써 또는 단체나 집단을 가장하여 위력을 보임으로써 제2조제1항에 열거된 죄를 범한 자 또는 흉기 기타 위험한 물건을 휴대하여 그 죄를 범한 자는 제2조제1항 각 호의 예에 따라 처벌한다.

② 삭제

③ 상습적으로 제1항의 죄를 범한 자는 다음 각 호의 구분에 따라 처벌한다.

　　1. 제2조제1항제1호에 열거된 죄를 범한 자는 2년 이상의 유기징역

　　2. 제2조제1항제2호에 열거된 죄를 범한 자는 3년 이상의 유기징역

　　3. 제2조제1항제3호에 열거된 죄를 범한 자는 5년 이상의 유기징역

④ 이 법 위반(「형법」 각본조를 포함한다)으로 2회 이상 징역형을 받은 자로서 다시 제1항의 죄를 범하여 누범으로 처벌할 경우도 제3항과 같다.

제4조 (단체등의 구성·활동)

① 이 법에 규정된 범죄를 목적으로 한 단체 또는 집단을 구성하거나 그러한 단체 또는 집단에 가입하거나 그 구성원으로 활동한 자는 다음의 구별에 의하여 처벌한다.

　　1. 수괴는 사형, 무기 또는 10년 이상의 징역에 처한다

　　2. 간부는 무기 또는 7년 이상의 징역에 처한다

　　3. 그 외의 자는 2년 이상의 유기징역에 처한다

② 제1항의 단체 또는 집단을 구성하거나 그러한 단체 또는 집단에 가입한 자가 단체 또는 집단의 위력을 과시하거나 단체 또는 집단의 존속·유지를 위하여 다음 각 호의 1의 행위를 한 때에는 그 죄에 대한 형의 장기 및 단기의 2분의 1까지 가중한다.

　　1. 「형법」 제8장 공무방해에 관한 죄 중 제136조(공무집행방해)·제141조(공용서류등의 무효·공용물의 파괴)의 죄, 동법 제24장 살인의 죄 중 제250조제1항(살인)·제252조(촉탁, 승낙에 의한 살

인등)·제253조(위계등에 의한 촉탁살인등)·제255조(예비, 음모)의 죄, 동법 제34장 신용, 업무와 경매에 관한 죄 중 제314조(업무방해)·제315조(경매, 입찰의 방해)의 죄, 동법 제38장 절도와 강도의 죄 중 제333조(강도)·제334조(특수강도)·제335조(준강도)·제336조(약취강도)·제337조(강도상해, 치상)·제339조(강도강간)·제340조제1항(해상강도) 및 제2항(해상강도상해, 치상)·제341조(상습범)·제343조(예비, 음모)의 죄를 범한 자

2. 이 법 제2조 또는 제3조의 죄를 범한 자

③ 타인에게 제1항의 단체 또는 집단에 가입할 것을 강요하거나 권유한 자는 2년 이상의 유기징역에 처한다.

④ 제1항의 단체 또는 집단을 구성하거나 그러한 단체 또는 집단에 가입하여 단체 또는 집단의 존속·유지를 위하여 금품을 모집한 자는 3년 이상의 유기징역에 처한다.

제5조 (단체등의 이용·지원)

① 제4조제1항의 단체나 집단을 이용하여 이 법 또는 기타 형벌법규에 규정된 죄를 범하게 한 자는 그 죄에 대한 형의 장기 및 단기의 2분의 1까지 가중한다.

② 제4조제1항의 단체 또는 집단을 구성하거나 그러한 단체 또는 집단에 가입하지 아니한 자로서 그러한 단체 또는 집단의 구성·유지를 위하여 자금을 제공한 자는 3년 이상의 유기징역에 처한다.

제6조 (미수범) 제2조, 제3조·제4조제2항(「형법」 제136조·제255조·제314조·제315조·제335조·제337조후단·제340조제2항후단 또는 제343조의 죄를 범한 경우를 제외한다) 및 제5조의 미수범은 이를 처벌한다.

제7조 (우범자) 정당한 이유 없이 이 법에 규정된 범죄에 공용될 우려가 있는 흉기 기타 위험한 물건을 휴대하거나 제공 또는 알선한 자는 3년 이하의 징역 또는 300만 원 이하의 벌금에 처한다.

제8조 (정당방위등)

① 이 법에 규정된 죄를 범한 자가 흉기 기타 위험한 물건 등으로 사람에게 위해를 가하거나 가하려 할 때 이를 예방 또는 방위하기 위하여 한 행위는 벌하지 아니한다.

② 제1항의 경우에 방위행위가 그 정도를 초과한 때에는 그 형을 감경한다.

③ 제2항의 경우에 그 행위가 야간 기타 불안스러운 상태하에서 공포·경악·흥분 또는 당황으로 인한 때에는 벌하지 아니한다.

제9조 (사법경찰관리의 직무유기)

① 사법경찰관리로서 이 법에 규정된 죄를 범한 자를 수사하지 아니하거나 범인을 알면서 이를 체포하지 아니하거나 수사상 정보를 루설하여 범인의 도주를 용이하게 한 자는 1년 이상의 유기징역에 처한다.

② 뇌물의 수수요구 또는 약속을 하고 제1항의 죄를 범한 자는 2년 이상의 유기징역에 처한다.

제10조 (사법경찰관리의 행정적 책임)

① 관할 지방검찰청검사장은 제2조 내지 제6조의 범죄가 발생하였음에도 불구하고 이를 그에게 보고하지 아니하거나 그 수사를 태만히 하거나 또는 수사능력부족 기타의 이유로써 사법경찰관리로서 부적당하다고 인정하는 자에 대하여는 그 임명권자에게 당해 사법경찰관리의 징계, 해임 또는 체임을 요구할 수 있다.

② 제1항의 요구가 있을 경우에는 임명권자는 2주일 이내에 당해 사법경찰관리에 대하여 행정처분을 한 후 이를 관할 지방검찰청검사장에게 통보하여야 한다.

○ **소년법 제4조 (보호의 대상과 송치 및 통고)**

① 다음 각 호의 1에 해당하는 소년은 소년부의 보호사건으로 심리한다.

  1. 죄를 범한 소년

  2. 형벌법령에 저촉되는 행위를 한 12세 이상 14세 미만의 소년

  3. 다음에 해당하는 사유가 있고 그의 성격 또는 환경에 비추어 장

래 형벌법령에 저촉되는 행위를 할 우려가 있는 12세 이상의 소년

가. 보호자의 정당한 감독에 복종하지 않는 성벽이 있는 것

나. 정당한 이유 없이 가정에서 이탈하는 것

다. 범죄성이 있는 자 또는 불도덕한 자와 교제하거나 자기 또는 타인의 덕성을 해롭게 하는 성벽이 있는 것

② 제1항 제2호 및 제3호에 해당하는 소년이 있을 때에는 경찰서장은 직접 관할소년부에 송치하여야 한다.

③ 제1항 각 호의 1에 해당하는 소년을 발견한 보호자 또는 학교와 사회복리시설의 장은 이를 관할소년부에 통고할 수 있다.

○ 민 법

제750조 (불법행위의 내용) 고의 또는 과실로 인한 위법행위로 타인에게 손해를 가한 자는 그 손해를 배상할 책임이 있다.

제751조 (재산 이외의 손해의 배상)

① 타인의 신체, 자유 또는 명예를 해하거나 기타 정신상 고통을 가한 자는 재산 이외의 손해에 대하여도 배상할 책임이 있다.

② 법원은 전항의 손해배상을 정기금채무로 지급할 것을 명할 수 있고 그 이행을 확보하기 위하여 상당한 담보의 제공을 명할 수 있다.

제753조 (미성년자의 책임능력) 미성년자가 타인에게 손해를 가한 경우에 그 행위의 책임을 변식할 지능이 없는 때에는 배상의 책임이 없다.

제755조 (책임무능력자의 감독자의 책임)

① 전2조의 규정에 의하여 무능력자에게 책임 없는 경우에는 이를 감독할 법정의무 있는 자가 그 무능력자의 제삼자에게 가한 손해를 배상할 책임이 있다. 그러나 감독의무를 해태하지 아니한 때에는 그러하지 아니하다.

② 감독의무자에 가름하여 무능력자를 감독하는 자도 전항의 책임이

있다.

제764조 (명예훼손의 경우의 특칙) 타인의 명예를 훼손한 자에 대하여는 법원은 피해자의 청구에 의하여 손해배상에 가름하거나 손해배상과 함께 명예회복에 적당한 처분을 명할 수 있다.

제1조 (목적) 이 법은 반사회성 있는 소년에 대하여 그 환경의 조정과 성행의 교정에 관한 보호처분을 행하고 형사처분에 관한 특별조치를 행함으로써 소년의 건전한 육성을 기함을 목적으로 한다.

제2조 (소년, 보호자) 이 법에서 '소년'이라 함은 20세 미만의 자를, '보호자'라 함은 법률상 감호교육의 의무 있는 자 또는 현재 감호하는 자를 말한다.

제2장 보호사건

제1절 통 칙

제3조 (관할, 직능)
① 소년보호사건의 관할은 소년의 행위지, 거주지 또는 현재지로 한다.
② 소년보호사건은 가정법원소년부 또는 지방법원소년부(이하 '소년부'라 한다)에 속한다.
③ 소년보호사건의 심리와 처분의 결정은 소년부단독판사가 행한다.

제4조 (보호의 대상과 송치 및 통고)
① 다음 각 호의 1에 해당하는 소년은 소년부의 보호사건으로 심리한다.
  1. 죄를 범한 소년
  2. 형벌법령에 저촉되는 행위를 한 12세 이상 14세 미만의 소년
  3. 다음에 해당하는 사유가 있고 그의 성격 또는 환경에 비추어 장

래 형벌법령에 저촉되는 행위를 할 우려가 있는 12세 이상의 소년

  가. 보호자의 정당한 감독에 복종하지 않는 성벽이 있는 것

  나. 정당한 이유 없이 가정에서 이탈하는 것

  다. 범죄성이 있는 자 또는 부도덕한 자와 교제하거나 자기 또는 타인의 덕성을 해롭게 하는 성벽이 있는 것

② 제1항제2호 및 제3호에 해당하는 소년이 있을 때에는 경찰서장은 직접 관할소년부에 송치하여야 한다.

③ 제1항 각 호의 1에 해당하는 소년을 발견한 보호자 또는 학교와 사회복리시설의 장은 이를 관할소년부에 통고할 수 있다.

제5조 (송치서) 소년보호사건을 송치하는 경우에는 송치서에 본인의 주거, 성명, 생년월일 및 행위의 개요와 가정상황을 기재하고 기타 참고자료를 첨부하여야 한다.

제6조 (이송)

① 보호사건의 송치를 받은 소년부는 보호의 적정을 기하기 위하여 필요하다고 인정한 때에는 결정으로써 사건을 다른 관할소년부에 이송할 수 있다.

② 소년부는 사건이 그 관할에 속하지 아니한다고 인정한 때에는 결정으로써 그 사건을 관할 소년부에 이송하여야 한다.

제7조 (송검)

① 소년부는 조사 또는 심리한 결과 금고 이상의 형에 해당한 범죄사실이 발견된 경우에 그 동기와 죄질이 형사처분의 필요가 있다고 인정한 때에는 결정으로써 사건을 관할지방법원에 대응한 검찰청검사에게 송치하여야 한다.

② 소년부는 조사 또는 심리한 결과 본인이 20세 이상인 것이 판명된 때에는 결정으로써 사건을 관할지방법원에 대응하는 검찰청검사에게 송치하여야 한다. 다만, 제51조의 규정에 의하여 법원에 이송하여야 할 경우에는 그러하지 아니하다.

제8조 (통지) 소년부는 제6조 및 제7조의 규정에 의한 결정을 한 때에는 지체 없이 그 사유를 본인과 그 보호자에게 통지하여야 한다.

제2절 조사와 심리

제9조 (조사방침) 조사는 의학·심리학·교육학·사회학 기타 전문적인 지식을 활용하여 소년과 보호자 또는 참고인의 성행·경력·가정상황 기타 환경 등을 구명하도록 노력하여야 한다.

제10조 (진술거부권의 고지) 소년부 또는 조사관이 범죄사실에 관하여 소년을 조사할 때에는 미리 소년에 대하여 불리한 진술을 거부할 수 있음을 알려야 한다.

제11조 (조사명령)
　① 소년부판사는 조사관에 대하여 본인, 보호자 또는 참고인의 심문 기타 필요사항의 조사를 명할 수 있다.
　② 소년부는 제4조제3항의 규정에 의하여 통고된 소년을 심리할 필요가 있다고 인정한 때에는 그 사건을 조사하여야 한다.

제12조 (전문가의 진단) 소년부는 조사 또는 심리를 함에 있어서 정신과의사·심리학자·사회사업가·교육자 기타 전문가의 진단 및 소년분류심사원의 분류심사결과와 의견을 참작하여야 한다. [개정 95·1·5]

제13조 (소환, 동행영장)
　① 소년부판사는 사건의 조사·심리에 필요하다고 인정한 때에는 기일을 지정하여 본인·보호자 또는 참고인을 소환할 수 있다.
　② 본인 또는 보호자가 정당한 이유 없이 소환에 응하지 아니한 때에는 소년부판사는 동행영장을 발할 수 있다.

제14조 (긴급동행영장) 소년부판사는 본인을 보호하기 위하여 긴급조치가 필요하다고 인정한 때에는 제13조제1항에 규정한 소환 없이 동행영장을 발

할 수 있다.

제15조 (동행영장의 방식) 동행영장에는 소년 또는 보호자의 성명, 연령, 주거, 행위의 개요, 인치 또는 수용할 장소, 유효기간 및 그 기간의 경과 후에는 집행에 착수하지 못하며 영장을 반환하여야 한다는 취지와 발부년월일을 기재하고 소년부판사가 서명·날인하여야 한다.

제16조 (동행영장의 집행)

① 동행영장은 조사관이 집행한다.

② 소년부판사는 소년부 법원서기관, 법원사무관, 법원주사, 법원주사보나 보호관찰관 또는 사법경찰관리로 하여금 동행영장을 집행하게 할 수 있다.

③ 동행영장을 집행한 때에는 지체 없이 이를 보호자 또는 보조인에게 통지하여야 한다.

제17조 (보조인선임)

① 본인 또는 보호자는 소년부판사의 허가를 얻어 보조인을 선임할 수 있다.

② 보호자 또는 변호사를 보조인으로 선임하는 경우에는 제1항의 허가를 요하지 아니한다.

제18조 (임시조치)

① 소년부판사는 사건의 조사·심리에 필요하다고 인정한 때에는 소년의 감호에 관하여 결정으로써 다음 각 호의 1에 해당하는 조치를 할 수 있다. [개정 95·1·5]

1. 보호자, 소년을 보호할 수 있는 적당한 자 또는 시설에 위탁하는 것

2. 병원 기타 요양소에 위탁하는 것

3. 소년분류심사원에 위탁하는 것

② 동행된 소년 또는 제52조제1항의 규정에 의하여 인도된 소년에 대하여는 도착한 때로부터 24시간 이내에 제1항의 조치를 하여야 한다.

③ 제1항제1호, 제2호의 위탁기간은 3월을, 제1항제3호의 위탁기간은 1

월을 초과하지 못한다. 다만, 특히 계속의 필요가 있을 때에는 1회에 한하여 결정으로써 이를 연장할 수 있다.

④ 제1항제1호, 제2호의 조치를 할 때에는 보호자 또는 수탁자에게 소년감호에 관한 필요사항을 지시할 수 있다.

⑤ 소년부판사는 제1항의 결정을 한 때에는 소년부 법원서기관, 법원사무관, 법원주사, 법원주사보, 소년분류심사원소속공무원, 교도소 또는 구치소소속공무원, 보호관찰관 또는 사법경찰관리로 하여금 그 결정을 집행하게 할 수 있다. [개정 95 · 1 · 5]

⑥ 제1항의 조치는 언제든지 결정으로써 취소 또는 변경할 수 있다.

제19조 (심리불개시의 결정)

① 소년부판사는 송치서와 조사관의 조사보고에 의하여 사건의 심리를 개시할 수 없거나 개시할 필요가 없다고 인정한 때에는 심리를 개시하지 아니한다는 결정을 하여야 한다. 이 결정은 본인과 보호자에게 통지하여야 한다.

② 사안이 경미하다는 이유로 심리불개 시 결정을 할 때에는 소년에 대하여 훈계하거나 보호자에 대하여 소년에 대한 엄격한 관리나 교육을 시키도록 고지할 수 있다.

③ 제1항의 결정이 있을 때에는 제18조의 임시조치는 취소된 것으로 본다.

④ 소년부판사는 소재불명을 이유로 심리불개시의 결정을 받은 소년의 소재가 밝혀진 때에는 그 심리불개시의 결정을 취소하여야 한다.

제20조 (심리개시의 결정)

① 소년부판사는 송치서와 조사관의 조사보고에 의하여 사건을 심리할 필요가 있다고 인정한 때에는 심리개시의 결정을 하여야 한다.

② 제1항의 결정은 본인과 보호자에게 통지하여야 한다. 이 경우 심판에 부하여질 사유의 요지 및 보조인을 선임할 수 있다는 취지를 아울러 통지하여야 한다.

제21조 (심리기일의 지정)

① 소년부판사는 심리기일을 지정하고 본인과 보호자를 소환하여야 한다. 다만, 필요가 없다고 인정한 때에는 보호자는 이를 소환하지 아니할 수 있다.

② 보조인의 선정이 있는 때에는 보조인에게 심리기일을 통지하여야 한다.

제22조 (기일변경) 소년부판사는 직권으로 또는 본인, 보호자 또는 보조인의 청구에 의하여 심리기일을 변경할 수 있다.

기일을 변경한 때에는 이를 본인, 보호자 또는 보조인에게 통지하여야 한다.

제23조 (심리의 개시)

① 심리기일에는 판사와 서기가 열석하여야 한다.

② 조사관, 보호자 및 보조인은 심리기일에 출석할 수 있다.

제24조 (심리의 방식)

① 심리는 친절하고 온화하게 하여야 한다.

② 심리는 공개하지 아니한다. 다만, 판사는 적당하다고 인정하는 자에게 재석을 허가할 수 있다.

제25조 (의견진술)

① 조사관, 보호자 및 보조인은 심리에 관하여 의견을 진술할 수 있다.

② 제1항의 경우에 판사는 필요하다고 인정한 때에는 본인의 퇴석을 명할 수 있다.

제26조 (증인신문, 감정, 통역, 번역)

① 소년부판사는 증인을 신문하고 감정, 통역, 번역을 명할 수 있다.

② 형사소송법 중 법원의 증인신문, 감정, 통역 및 번역에 관한 규정은 보호사건의 성질에 위반되지 아니하는 한도에서 제1항의 경우에 준용한다.

제27조 (검증, 압수, 수색)

　① 소년부판사는 검증, 압수 또는 수색을 할 수 있다.

　② 형사소송법 중 법원의 검증, 압수 및 수색에 관한 규정은 보호사건의 성질에 위반되지 아니하는 한도에서 제1항의 경우에 준용한다.

제28조 (원조, 협력)

　① 소년부판사는 그 직무에 관하여 모든 행정기관, 학교, 병원 기타 공사단체에 대하여 필요한 원조와 협력을 요구할 수 있다.

　② 제1항의 요구를 거절할 때에는 정당한 이유를 제시하여야 한다.

제29조 (불처분결정)

　① 소년부판사는 심리의 결과 보호처분을 할 수 없거나 할 필요가 없다고 인정한 때에는 그 취지의 결정을 하여야 한다. 이 결정은 본인과 보호자에게 통지하여야 한다.

　② 제19조제2항, 제3항의 규정은 제1항의 결정에 준용한다.

제30조 (기록의 작성)

　① 소년부 법원서기관, 법원사무관, 법원주사 또는 법원주사보는 보호사건의 조사 및 심리에 대한 기록을 작성하여 조사 및 심리의 내용과 모든 결정을 명확히 하고 기타 필요한 사항을 기재하여야 한다.

　② 조사기록에는 조사관 및 소년부 법원서기관, 법원사무관, 법원주사 또는 법원주사보가, 심리기록에는 소년부판사 및 법원서기관, 법원사무관, 법원주사 또는 법원주사보가 서명·날인하여야 한다.

제31조 (위임규정) 소년보호사건의 심리에 관하여 필요한 사항은 대법원규칙으로 정한다.

제3절 보호처분

제32조 (보호처분의 결정)

　① 소년부판사는 심리의 결과 보호처분의 필요가 있다고 인정한 때에

는 결정으로써 다음 각 호의 1에 해당하는 처분을 하여야 한다.

1. 보호자 또는 보호자를 대신하여 소년을 보호할 수 있는 자에게 감호를 위탁하는 것
2. 보호관찰관의 단기보호관찰을 받게 하는 것
3. 보호관찰관의 보호관찰을 받게 하는 것
4. 아동복지법상의 아동복지시설 기타 소년보호시설에 감호를 위탁하는 것
5. 병원, 요양소에 위탁하는 것
6. 단기로 소년원에 송치하는 것
7. 소년원에 송치하는 것

② 제1항제1호 처분과 제2호 및 제3호의 처분은 병합할 수 있다.

③ 제1항제2호 또는 제3호의 처분 시 16세 이상의 소년에 대하여는 사회봉사명령 또는 수강명령을 동시에 명할 수 있다.

④ 제1항 각 호의 1에 해당하는 처분을 한 때에는 소년부는 소년의 인도와 동시에 소년의 교정에 필요한 참고자료를 수탁자 또는 처분을 집행하는 자에게 송부하여야 한다.

⑤ 소년의 보호처분은 그 소년의 장래의 신상에 어떠한 영향도 미치지 아니한다.

제33조 (보호처분의 기간)

① 제32조제1항제1호, 제4호, 제5호의 위탁의 기간은 6월로 하되, 소년부판사는 결정으로써 6월의 범위 안에서 1차에 한하여 그 기간을 연장할 수 있다. 다만, 소년부판사는 필요한 경우 언제든지 결정으로써 그 위탁을 종료시킬 수 있다.

② 제32조제1항제2호의 단기보호관찰의 기간은 6월로 한다.

③ 제32조제1항제3호의 보호관찰의 기간은 2년으로 한다. 다만, 소년부판사는 보호관찰관의 신청에 따라 결정으로써 1년의 범위 안에서 1차에 한하여 그 기간을 연장할 수 있다.

④ 제32조제3항의 사회봉사명령 또는 수강명령은 동조 제1항제2호의 단기보호관찰의 경우에는 50시간을, 동조 제1항제3호의 보호관찰의 경우에는 200시간을 각각 초과할 수 없으며, 보호관찰관이 그 명령

을 집행함에는 본인의 정상적인 생활을 방해하지 아니하도록 하여야 한다. 다만, 단기보호관찰 또는 보호관찰이 종료되거나 가해제되었을 경우에는 이를 집행하지 아니한다.

⑤ 제32조제1항제6호의 규정에 의하여 단기로 소년원에 송치된 소년의 수용기간은 6월을 초과하지 못한다.

제34조 (몰수의 대상)

① 소년부판사는 제4조제1항제1호, 제2호에 해당하는 소년에 대하여 제32조의 처분을 하는 경우에는 결정으로써 다음의 물건을 몰수할 수 있다.

1. 범죄 또는 형벌법령에 저촉되는 행위에 제공하거나 제공하려 한 물건
2. 범죄 또는 형벌법령에 저촉되는 행위로 인하여 생하거나 이로 인하여 취득한 물건
3. 제1호 및 제2호의 대가로 취득한 물건

② 제1항의 몰수는 그 물건이 본인 이외의 자의 소유에 속하지 아니하는 경우에 한한다. 다만, 본인의 행위가 있은 후 그 정을 알고 취득한 자에 속한 경우에는 그러하지 아니하다.

제35조 (결정의 집행) 소년부판사는 제32조제1항, 제3항의 결정을 하였을 때에는 조사관, 소년부 법원서기관, 법원사무관, 법원주사, 법원주사보, 보호관찰관, 소년원 또는 소년분류심사원소속공무원 기타 위탁 또는 송치받을 기관소속의 직원으로 하여금 그 결정을 집행하게 할 수 있다. [개정 95 · 1 · 5]

제36조 (보고와 의견제출)

① 소년부판사는 제32조제1항제1호, 제4호, 제5호의 처분을 한 때에는 수탁자에 대하여 소년에 관한 보고서 또는 의견서의 제출을 요구할 수 있다.

② 소년부판사는 조사관으로 하여금 제32조제1항제1호, 제4호, 제5호의 처분에 관한 집행상황을 보고하게 할 수 있고, 필요하다고 인정되는

경우 수탁자에게 그 집행과 관련된 사항을 지시할 수 있다.

제37조 (처분의 변경)
① 소년부판사는 수탁자 또는 보호처분을 집행하는 자의 신청에 따라 결정으로써 제32조의 보호처분을 변경할 수 있다. 다만, 동조 제1항 제1호, 제4호, 제5호의 처분은 직권으로 이를 변경할 수 있다.
② 제35조의 규정은 제1항의 규정에 의한 결정의 집행에 이를 준용한다.
③ 제1항의 결정은 지체 없이 본인과 보호자에게 통지하고 그 취지를 수탁자 또는 보호처분을 집행하는 자에게 통지하여야 한다.

제38조 (보호처분의 취소)
① 보호처분의 계속 중 본인이 처분당시 20세 이상인 것이 판명된 경우에는 소년부판사는 결정으로써 그 보호처분을 취소하고 다음의 구분에 따라 처리하여야 한다.
  1. 검사 또는 경찰서장의 송치나 제4조제3항의 통고에 의한 사건인 경우에는 관할지방법원에 대응하는 검찰청검사에게 송치한다.
  2. 제50조의 규정에 의하여 법원이 송치한 사건인 경우에는 송치한 법원에 이송한다.
② 보호처분의 계속 중 본인이 처분당시 12세 미만인 것이 판명된 경우에는 소년부판사는 결정으로써 그 보호처분을 취소하여야 한다.

제39조 (보호처분과 유죄판결) 보호처분의 계속 중 본인에 대하여 유죄판결이 확정된 경우에 보호처분을 한 소년부판사는 그 처분을 존속할 필요가 없다고 인정한 때에는 결정으로써 보호처분을 취소할 수 있다.

제40조 (보호처분의 경합) 보호처분의 계속 중 본인에 대하여 새로운 보호처분이 있었을 때에는 그 처분을 한 소년부판사는 전의 보호처분을 한 소년부에 조회하여 어느 한 보호처분을 취소하여야 한다.

제41조 (비용의 보조) 제18조제1항제1호, 제2호의 조치에 관한 결정 또는 제32조제1항제1호, 제4호, 제5호의 처분을 받은 소년의 보호자는 수탁자에

대하여 그 감호에 관한 비용의 전부 또는 일부를 지급하여야 한다. 다만, 보호자가 지급할 능력이 없는 때에는 소년부가 이를 지급할 수 있다.

제42조 (증인등의 비용)

① 증인, 감정인, 통역인 및 번역인에게 지급하는 비용, 숙박료 기타 비용에 대하여는 형사소송법 중 비용에 관한 규정을 준용한다.

② 제1항의 규정은 참고인에게 지급하는 비용에 준용한다.

제4절 항 고

제43조 (항고)

① 제32조의 보호처분의 결정 또는 제37조의 보호처분 변경의 결정이 그 결정에 영향을 미칠 법령위반이 있거나 중대한 사실오인이 있는 때 또는 처분이 현저히 부당한 때에는 본인, 보호자, 보조인 또는 그 법정대리인은 관할 가정법원 또는 지방법원본원 합의부에 항고할 수 있다.

② 항고의 제기기간은 7일로 한다.

제44조 (항고장의 제출)

① 항고를 함에 있어서는 항고장을 원심 소년부에 제출하여야 한다.

② 항고장의 제출을 받은 소년부는 3일 이내에 의견서를 첨부하여 항고법원에 송부하여야 한다.

제45조 (항고의 재판)

① 항고법원은 항고의 절차가 법률의 규정에 위반하거나 항고가 이유 없다고 인정한 때에는 결정으로써 항고를 기각하여야 한다.

② 항고법원은 항고가 이유 있다고 인정한 때에는 원결정을 취소하고 사건을 원소년부에 환송하거나 다른 소년부에 이송하여야 한다.

제46조 (집행의 정지) 항고는 결정의 집행을 정지하는 효력이 없다.

제47조 (재항고)

① 항고를 기각하는 결정에 대하여는 그 결정이 법령에 위반하는 때에 한하여 대법원에 재항고를 할 수 있다.

② 제43조제2항의 규정은 제1항의 재항고에 준용한다.

제3장 형사사건

제1절 통 칙

제48조 (준거법례) 소년에 대한 형사사건에 관하여는 이 법에 특별한 규정이 없으면 일반형사사건의 예에 의한다.

제49조 (검사의 송치)

① 검사는 소년에 대한 피의사건을 수사한 결과 벌금 이하의 형에 해당하는 범죄이거나 보호처분에 해당하는 사유가 있다고 인정한 때에는 사건을 관할소년부에 송치하여야 한다.

② 소년부는 제1항의 규정에 의하여 송치된 사건을 조사·심리한 결과 그 동기와 죄질이 금고 이상의 형사처분을 할 필요가 있다고 인정할 때에는 결정으로써 당해 검찰청검사에게 송치할 수 있다.

③ 제2항의 규정에 의하여 송치한 사건은 다시 소년부에 송치할 수 없다.

제50조 (법원의 송치) 법원은 소년에 대한 피고사건을 심리한 결과 벌금 이하의 형에 해당하는 범죄이거나 보호처분에 해당할 사유가 있다고 인정한 때에는 결정으로써 사건을 관할소년부에 송치하여야 한다.

제51조 (이송) 소년부는 제50조의 규정에 의하여 송치받은 사건을 조사 또는 심리한 결과 본인이 20세 이상인 것이 판명된 때에는 결정으로써 송치한 법원에 사건을 다시 이송하여야 한다.

제52조 (소년부송치시의 신병처리)

① 제49조제1항 또는 제50조의 규정에 의한 소년부송치 결정이 있는

경우에는 소년을 구금하고 있는 시설의 장은 검사의 이송지휘를 받은 때로부터 법원소년부가 있는 시·군에서는 24시간 이내에, 기타 시·군에서는 48시간 이내에 소년을 소년부에 인도하여야 한다. 이 경우 구속영장의 효력은 소년부판사가 제18조제1항의 규정에 의한 소년의 감호에 관한 결정을 한 때에 상실한다.

② 제1항의 규정에 의한 인도와 결정은 구속영장의 효력기간 내에 이루어져야 한다.

제53조 (보호처분의 효력) 제32조의 보호처분을 받은 소년에 대하여는 그 심리 결정된 사건은 다시 공소를 제기하거나 소년부에 송치할 수 없다. 다만, 제38조제1항제1호의 경우에는 공소를 제기할 수 있다.

제54조 (공소시효의 정지) 제20조의 규정에 의한 심리개시의 결정이 있는 때로부터 그 사건에 대한 보호처분의 결정이 확정될 때까지 공소의 시효는 그 진행이 정지된다.

제55조 (구속영장의 제한)
① 소년에 대한 구속영장은 부득이한 경우가 아니면 발부하지 못한다.
② 소년을 구속하는 경우에는 특별한 사정이 없으면 다른 피의자나 피고인과 분리하여 수용하여야 한다.

제2절 심 판

제56조 (조사의 위촉) 법원은 소년에 대한 형사사건에 관하여 그 필요사항의 조사를 조사관에게 위촉할 수 있다.

제57조 (심리의 분리) 소년에 대한 형사사건의 심리는 다른 피의사건과 관련된 경우에도 심리에 지장이 없으면 그 절차를 분리하여야 한다.

제58조 (심리의 방침)
① 소년에 대한 형사사건의 심리는 친절하고 온화하게 하여야 한다.

② 제1항의 심리에는 소년의 심신상태, 성행, 경력, 가정상황 기타 환경 등에 대하여 정확한 사실을 규명함에 특별한 유의를 하여야 한다.

제59조 (사형, 무기형의 완화) 죄를 범할 때에 18세 미만인 소년에 대하여는 사형 또는 무기형으로 처할 것인 때에는 15년의 유기징역으로 한다.

제60조 (부정기형)
① 소년이 법정형 장기 2년 이상의 유기형에 해당하는 죄를 범한 때에는 그 형의 범위 안에서 장기와 단기를 정하여 선고한다. 다만, 장기는 10년, 단기는 5년을 초과하지 못한다.
② 소년의 특성에 비추어 상당하다고 인정되는 때에는 그 형을 감경할 수 있다.
③ 형의 집행유예, 형의 선고유예를 선고할 때에는 제1항의 규정을 적용하지 아니한다.

제61조 (미결구금일수의 산입) 제18조제1항제3호의 조치가 있었을 때에는 그 위탁기간은 형법 제57조제1항의 판결선고 전 구금일수로 본다.

제62조 (환형처분의 금지) 18세 미만인 소년에 대하여는 형법 제70조의 규정에 의한 유치선고를 하지 못한다. 다만, 판결선고전 구속되었거나 제18조제1항제3호의 조치가 있었을 때에는 그 구속 또는 위탁의 기간에 해당하는 기간은 노역장에 유치된 것으로 보아 형법 제57조의 규정을 적용할 수 있다.

제63조 (징역, 금고의 집행) 징역 또는 금고의 선고를 받은 소년에 대하여는 특히 설치된 교도소 또는 일반 교도소 내에 특히 분계된 장소에서 그 형을 집행한다. 다만, 소년이 형의 집행 중에 23세에 달한 때에는 일반 교도소에서 집행할 수 있다.

제64조 (보호처분과 형의 집행) 보호처분의 계속 중에 징역, 금고 또는 구류의 선고를 받은 소년에 대하여는 먼저 그 형을 집행한다.

제65조 (가석방) 징역 또는 금고의 선고를 받은 소년에 대하여는 다음 기간을 경과하면 가석방을 허가할 수 있다.

　　1. 무기형에는 5년

　　2. 15년의 유기형에는 3년

　　3. 부정기형에는 단기의 3분의 1

제66조 (가석방기간의 종료) 징역 또는 금고의 선고를 받은 소년이 가석방된 후 그 처분이 취소되지 아니하고 가석방 전에 집행을 받은 기간과 동일한 기간을 경과한 때에는 형의 집행을 종료한 것으로 한다. 다만, 제59조의 형기 또는 제60조제1항의 규정에 의한 장기의 기간이 먼저 경과한 때에는 그때에 형의 집행을 종료한 것으로 한다.

제67조 (자격에 관한 법령의 적용) 소년으로 범한 죄에 의하여 형의 선고를 받은 자가 그 집행을 종료하거나 집행의 면제를 받은 때에는 자격에 관한 법령의 적용에 있어서는 장래에 향하여 형의 선고를 받지 아니한 것으로 본다.

제4장 벌 칙

제68조 (보도금지)

　① 이 법에 의하여 조사 또는 심리 중에 있는 보호사건 또는 형사사건에 대하여는 성명, 연령, 직업, 용모 등에 의하여 그 자가 당해 본인으로 추지할 수 있는 정도의 사실이나 사진을 신문지 기타 출판물에 게재 또는 방송할 수 없다.

　② 제1항의 규정에 위반한 때에는 신문지에 있어서는 편집인과 발행인, 기타 출판물에 있어서는 저작자와 발행자, 방송에 있어서는 방송편집인과 방송인을 1년 이하의 징역이나 금고 또는 300만 원 이하의 벌금에 처한다.

제69조 (연령의 허위진술) 성인인 자가 고의로 연령을 허위진술하여 보호처분

또는 소년형사처분을 받은 때에는 1년 이하의 징역에 처한다.

제70조 (조회응답)

    ① 소년보호사건과 관계있는 기관은 그 사건내용에 관하여 재판, 수사 또는 군사상 필요한 경우 외의 어떠한 조회에도 응하여서는 아니 된다.

    ② 제1항의 규정에 위반한 자는 1년 이하의 징역 또는 100만 원 이하의 벌금에 처한다.

제71조 (소환의 불응) 제13조제1항의 규정에 의한 소환에 정당한 이유 없이 불응한 자는 30만 원 이하의 과태료에 처한다.

부 칙

부칙

    ① (시행일) 이 법은 1989년 7월 1일부터 시행한다.

    ② (경과조치) 이 법은 이 법 시행당시 조사 또는 심판 중에 있는 보호사건 또는 형사사건에 대하여도 적용한다. 다만, 이 법 시행 전에 종전의 규정에 의하여 행한 보호절차 또는 형사절차의 효력에는 영향을 미치지 아니한다.

부칙 [95 · 1 · 5]

제1조 (시행일) 이 법은 공포한 날부터 시행한다.

제2조 생략

[4차시 강의안]

교사의 대처방안

〈학교폭력 4차시 강의안〉

1. 들어가는 말

학교폭력에 대한 교사의 대처 방법

학교폭력을 남의 일처럼 생각하시는 분들이 많습니다. 많은 교사들은 설마 내 제자들이 학교폭력의 당사자일까라고 생각합니다. 대부분의 학부모들도 내 아이가 학교폭력의 피해자일 리가 없고 가해자일 리는 더더욱 없다고 확신합니다. 하지만 과연 그럴까요?

학교폭력 문제가 심각한 수준에 이르렀지만 일

부 학교폭력에 어떻게 대처해야 하는지 명확하게
알지 못하고 있는 교사들도 있습니다. 다음 동영상
을 보신 후에 계속 이야기하도록 하겠습니다.

동영상 – 그것이 알고 싶다

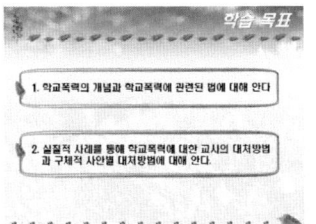

◎ 동영상 내용
  학부모는 분명히 학교폭력이라고 주장하지만, 학
교 측에서는 어쩌다 발생한 우발적인 사고에 지나지
않는다고 주장하지만 학교폭력이 무엇인지 잘 인식
하지 못하고 있다. 또한 담임교사는 가해학생이 피해
를 입을까봐 병원에 갈 때, 학교에서 맞았다고 하지
말고 계단에서 굴렀다고 거짓 진술을 하라고 하는
등 학교폭력에 대한 부적절한 대처 모습을 보여주고
있다.

이 학교에서는 학교폭력의 정확한 정의조차 모
르는 상태로 잘못을 덮기에 급급한 모습을 보여주
고 있습니다. 이런 모습이 나타난 것은 학교폭력과
관련된 법령에 대한 이해도가 부족하고 관행적인
학교폭력대처 방법 등 여러 가지 다른 이유도 있
겠지만 학교폭력이 발생했을 때 어떻게 대처해야
하는지를 명확하게 알지 못하기 때문에 사건을 더
크게 만든 대표적인 사례라고 볼 수 있습니다.

학습목표

따라서 본 강의는 교사들에게 학교폭력에 대처
하는 방법을 알려드리는 것이 가장 큰 목표입니다.
이를 위해 우선 학교폭력의 개념에 대해서 알아보
고, 관련된 법에 대해서 알아보도록 하겠습니다.
그 다음 학교폭력을 위한 교사의 대처방법과 구체

적인 사안별 대처방법에 대해서 알아보고, 마지막
으로 실질적인 사례에 대해서 살펴보도록 하겠습
니다.

2. 학교폭력이란?

◀ PPT 4

학교폭력이란?

학교폭력이 무엇인가를 정의한다는 것은 생각처
럼 단순한 문제가 아닙니다. 학교의 범위와 폭력의
범위, 대상의 범위를 어떻게 설정해야 하는지가 상
당히 모호하기 때문입니다. 하지만 본 강의에서는
학교폭력과 관련된 법률에서 어떻게 정의하고 있
는지를 중심으로 살펴보도록 하겠습니다.

동영상 – 학교 안팎서 폭력행사 시 출석정지

◀ PPT 5

◎ 동영상 내용
　학교 안팎에서 폭력을 행사한 학생은 예전의 정학
조치와 비슷한 출석정지의 처벌을 받게 됩니다. 교육인
적 자원부는 이런 내용의 '학교폭력예방및대책에관한법
률' 시행령을 입법예고하고, 국무회의 의결 등의 절차
를 밟아 8월부터 시행할 예정이라고 밝혔습니다. 이
시행령은 학교 안팎에서 학생이 개인 또는 집단으로
다른 학생에게 폭행, 협박, 따돌림, 상해, 추행, 모욕 등
을 가한 행위를 학교폭력으로 규정하고 있습니다.

이처럼 학교폭력이 점차 사회적인 문제로 대두
됨에 따라 정부에서는 학교폭력과 관련된 법률을
제정하였습니다.

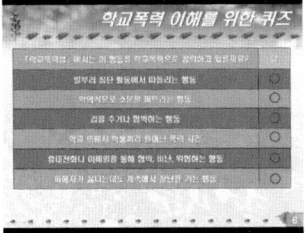

PPT 6 ▶

학교폭력 이해를 위한 퀴즈

우선 2004년 1월 29일에 「학교폭력예방및대책에 관한법률」(이하 '학교폭력법')을 제정하였고, 같은 해 7월 30일에는 동법률에 대한 시행령을 제정하였습니다. 이 학교폭력법에서 학교폭력을 어떻게 정의하고 있는지 다음 OX 퀴즈를 통해 알아보겠습니다. 다음 중에서 학교폭력법에서 학교폭력으로 정의하고 있는 행동은 무엇일까요?

'학교폭력법'에서는 이 행동을 학교폭력으로 정의하고 있을까요?	답
1. 일부러 집단 활동에서 따돌리는 행동	O
2. 악의적으로 소문을 퍼트리는 행동	O
3. 겁을 주거나 협박하는 행동	O
4. 학교 밖에서 학생끼리 일어난 폭력 사건	O
5. 휴대전화나 이메일을 통해 협박, 비난, 위협하는 행동	O
6. 피해자가 싫다는데도 계속해서 장난을 거는 행동	O

의외로 정답은 모두 O입니다.

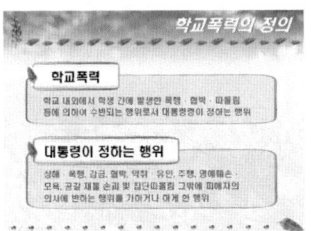

PPT 7 ▶

법에서 말하는 학교폭력의 정의

학교폭력법에 따르면 "학교폭력"이라 함은 학교내외에서 학생 간에 발생한 폭행·협박·따돌림 등에 의하여 신체·정신 또는 재산상의 피해를 수반하는 행위로서 대통령령이 정하는 행위를 말합니다(학교폭력법 제2조제1항). 여기에서 "대통령령이 정하는 행위"라 함은 상해·폭행, 감금, 협박, 약취·유인, 추행, 명예훼손·모욕, 공갈, 재물 손괴 및 집단 따돌림 그 밖에 피해자의 의사에 반하는 행위를 가하거나 하게 한 행위를 말합니다(동법 시행령 제2조).

이처럼 학교폭력은 단순히 학교 안에서 발생한 사건뿐 아니라 학교 밖에서 학생 간에 발생한 행위도 포함되며, 물리적인 행위를 수반하지 않은 명예 훼손과 모욕, 집단 따돌림 등도 역시 학교폭력에 들어간다는 사실을 알 수 있습니다. 즉, 학교폭력의 범위는 생각보다 매우 광범위합니다. 따라서 교사들은 언제나 촉각을 곤두세우고 학교폭력의 징후에 대해서 감지할 수 있도록 노력해야 할 것입니다.

3. 학교폭력과 관련된 법

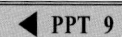

PPT 8

학교폭력과 관련된 법

학교폭력에 대해 어떻게 대처해야 하는가를 살펴보기에 앞서 관련법에서는 학교폭력을 어떻게 이야기하고 있으며 어떻게 대처하라고 되어 있는지를 알아보는 것이 순서일 것입니다. 그럼 학교폭력과 관련된 법, 즉 학교폭력법과 동 법령 시행령의 특징과 주요 내용에 대해서 자세히 살펴보도록 하겠습니다.

1) 학교폭력법의 특징

PPT 9

학교폭력법의 특징

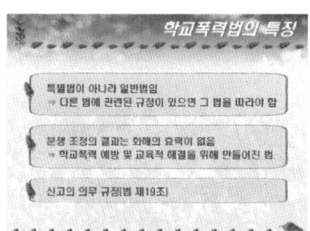

그럼 학교폭력법의 특징부터 알아볼까요? 우선 학교폭력 사건이 발생하면 다른 법률을 먼저 따르며 학교폭력법은 보충적으로 적용하게 됩니다. 이 말은 다른 법률, 즉 형법, 폭력행위 등 처벌에 관한

법률, 소년법 등에 폭력과 관련된 규정이 있을 경우 그 법을 먼저 따라야만 한다는 것을 의미합니다.

다음 특징은 학교폭력법은 학교폭력의 예방뿐 아니라 상황이 발생했을 때 사법기관으로 가기 전에 교육공동체가 자체적으로 먼저 교육적으로 해결해보자는 취지로 만들어졌다는 것입니다. 예를 들어보면 나중에 언급하겠지만 학교폭력으로 인해 발생한 분쟁을 학교폭력대책자치위원회에서 조정할 수 있습니다. 하지만 이 조정의 결과는 법적인 효력이 없고, 단지 사법기관에 가기 전에 가해학생 측과 피해학생 측을 교육적으로 화해시키는 정도의 의미만을 가집니다.

학교폭력법은 또 한 가지 중요한 특징으로 학교폭력 신고의 의무를 규정하고 있습니다(법 제18조). 학교폭력 현장을 보거나 그 사실을 알게 된 사람은 관계기관에 즉시 신고해야 하고, 신고받은 기관은 가해학생과 피해학생의 보호자, 소속 학교의 장에게 알려야 한다는 것입니다. 학교폭력에는 피해자와 가해자 외에 방관자들이 중요한 역할을 하게 됩니다. 따라서 학생들에게 학교폭력법에 학교폭력 신고의 의무가 포함되어 있음을 분명하게 알려 상황을 빨리 감지할 수 있다면 학교폭력의 상황이 심각해지기 전에 초기대응이 가능할 것입니다.

PPT 10 ▶

2) 학교폭력법의 주요 내용

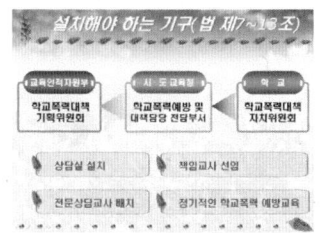

학교폭력법에서 설치하도록 명령하는 기구

학교폭력법의 주요 내용을 살펴보겠습니다. 우선 학교폭력법에 따라 교육인적 자원부에는 '학교폭력대책기획위원회(이하 '기획위원회')'를 설치하고, 시·도

교육청에는 학교폭력예방 및 대책을 담당하는 전
담부서를 설치·운영해야 합니다. 학교에는 '학교
폭력대책자치위원회(이하 '자치위원회')'를 설치하
고, 상담실 설치, 전문상담교사 배치, 학교폭력문제
를 담당하는 책임교사를 선임하고 학교폭력 예방교
육을 정기적으로 실시해야 합니다(법 제7~13조).

자치위원회에서 하는 일

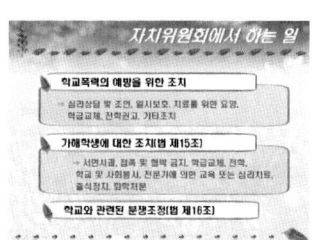

학교에 설치되는 자치위원회에서는 크게 3가지
의 일을 하게 됩니다. 첫째는 피해학생의 보호를
위한 조치, 둘째는 가해학생에 대한 조치, 마지막
은 학교폭력과 관련된 분쟁조정입니다.

우선 피해학생은 담임선생님이나 상담선생님께
해결 방법에 대한 상담을 받을 수 있습니다. 일시
적인 보호를 받고 다쳤을 경우에는 치료를 위해
학교를 잠시 쉴 수도 있습니다. 또 그 학급에 있는
것을 견디기가 힘들 경우에는 다른 반으로 갈 수
도 있고, 아예 전학을 갈 수도 있습니다. 이와 같
은 피해학생의 보호를 위한 조치는 자치위원회가
학교장에게 요청할 수 있도록 되어 있습니다(법 제
14조).

가해학생은 피해학생에 대해서 편지로 사과를
하고, 피해학생과 만나는 것 자체를 금지시킬 수
있습니다. 또 피해학생과 접촉하는 것을 방지하기
위해서 학급을 교체하거나 아예 전학을 보낼 수도
있습니다. 선도를 위하여 학교 및 사회에서 봉사를
하거나, 전문가에 의한 교육 내지는 심리치료를 받
게 할 수도 있습니다. 처벌차원에서는 일정기간 출
석정지를 시키거나, 의무교육과정에 있는 경우가
아닐 경우에는 퇴학처분까지도 가능합니다. 이와

같은 가해학생에 대한 조치도 역시 자치위원회가
학교장에게 요청할 수 있고 학교장은 조치를 해야
합니다(법 제15조).

그런데 가해학생에게 전학처분을 내렸는데 전학
을 가지 않겠다고 버티는 경우에는 어떻게 처리하
면 좋을까요? 많은 분들이 이 부분에 대해 궁금하
게 생각하시는데, 가해학생 또는 학부모가 이를 수
용하지 않는다면, 교육감 또는 교육장에게 학교 재
배정 조치를 요청하여 실현할 수 있습니다(법 제9
조 제7항). 고등학교의 경우는 학교 자체로 학교장
지시 불이행 등의 이유로, 선도위원회를 열어 '퇴
학처분'까지도 가능합니다.

자치위원회는 학교폭력과 관련된 분쟁을 조정할
수도 있습니다. 피해학생과 가해학생 사이 또는 보
호자끼리 손해배상에 관련된 합의조정이 필요하거
나 그 밖에 분쟁에 대한 조정이 필요하다고 인정
되는 사항이 생기면 자치위원회에서 필요한 경우
는 관계기관의 협조를 얻어서 그 분쟁을 조정할
수 있습니다(법 제16조).

3) 학교폭력법 시행령의 주요 내용

시행령의 주요 내용

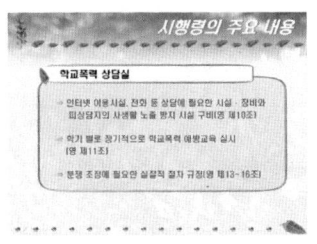

학교폭력법 시행령에서 고려해야 할 몇 가지 내용
을 알아보겠습니다. 학교에 두어야 하는 학교폭력상
담실은 인터넷 이용시설, 전화 등 상담에 필요한 시
설·장비와 피상담자의 사생활 노출 방지를 위한 칸
막이 및 방음시설 등을 갖추도록 해야 합니다(영 제
10조). 그러나 이러한 시설이 되어 있지 않은 경우가 대부분이므로 이에 대한 노력이 있어야 하겠습니다.

학교가 실시하여야 하는 학교폭력 예방교육은 학기별로 정기적으로 실시하도록 하고 강의, 토론, 역할연기 등의 다양한 방법에 의한 교육이 이루어지도록 하고 있습니다(영 제11조). 학교폭력 사건에서 가장 중요한 것이 예방이기 때문입니다.

학교폭력법에서는 자치위원회에서 분쟁이 생겼을 때 조정할 수 있다고 했는데, 이 분쟁에 대한 조정 신청 및 개시 절차, 분쟁 조정의 거부·중지 및 종료 사유와 결과처리에 필요한 실질적인 절차를 규정해 두어 자치위원회가 학교에서 해야 할 일을 명확하게 언급하고 있습니다(영 제13~16조).

4. 교사의 대처방법

교사의 대처방법

◀ PPT 13

학생의 안전을 지키고 더 나아가 행복하고 즐거운 학교를 만들기 위해서는 학교폭력에 대해 학교와 교사가 적절하게 대처해야만 합니다. 따라서 지금부터는 오늘 강의의 핵심이라고 할 수 있는 학교폭력에 대한 교사의 대처방법을 알아보도록 하겠습니다.

위기관리 3단계

◀ PPT 14

안전한 학교를 실현하기 위해서는 위기관리가 필요합니다. 위기관리에는 세 단계가 있습니다. 교사의 위기의식을 향상시키고 적절한 대책을 수립하며 위기(학교폭력)를 미연에 방지하는 단계(사전관리), 위기가 발생한 직후 학교폭력의 피해를 최소화하고 발생한 위기를 해결 내지 극복하는 단계(발생시 관리), 위기가 일단 진정된 이후 위기의 재발방지를 위한 중·장기적 대책을 세우고 위기를 통해 획득한 교훈을 살려 교육활동을 하는 단계(사후관리)입니다.

위기관리의 3단계

사전 관리	위기발생을 사전에 예상하여 미연에 방지함
발생 시 관리	위기가 발생한 직후, 피해를 최소화시키고 신속히 해결하며 위기를 발생 이전의 안전 상태로 조기에 회복시킴
사후 관리	위기가 일단 진정된 이후, 중·장기적 대책을 포함하여 2차 피해와 재발방지를 위한 대책을 수립하고 위기를 통해 획득한 교훈을 살린 위기교육 활동을 함.

PPT 15 ▶

1) 사전 예방을 위해 교사가 할 일[사전관리]

사전 예방을 위해 교사가 할 일

> ◎ 동영상 내용
>   한 중학교에서 학급 전체가 함께 대중목욕탕에서 목욕을 하거나 점심시간에 도시락 대신 각자 준비해 온 반찬을 모아 비빔밥을 해먹으면서 학생들 간의 친밀감과 서로의 이해를 높이는 모습을 통하여 학교폭력을 예방할 수 있는 다양한 행사의 좋은 예를 보여준다.

이렇게 즐겁고 밝은 교실에서 학교폭력이 일어날 여지가 생길 수 있을까요? 이처럼 학교폭력의 예방과 근절은 학교가 중심이 되고 교사들의 세심한 관심과 강한 의지를 가지고 예방활동을 펼치는 것이 무엇보다 중요합니다. 이는 사건 발생을 예방

할 수 있기 때문에 중요하기도 하지만, 여러분들
(학교 및 교사)의 입장에서는 사건이 일어났을 때
예방 교육을 하고, 안 하고는 법적 책임을 면할 수
있는 중요한 사유가 될 수 있기 때문입니다. 즉,
학교폭력 예방뿐만 아니라 여러분 스스로를 보호
하기 위해서라도 예방 교육을 반드시 해야 한다는
것을 인식하셔야 합니다.

  예방을 위해 할 수 있는 일에는 여러 가지가 있
을 수 있으나 학교(또는 교사) 차원에서 할 수 있
는 일은 학교폭력 예방교육과 예방상담을 들 수
있습니다.

  (1) 예방교육   ◀ PPT 16

  법에서 말하는 예방교육

  학교폭력법 제13조과 동법 시행령 제11조에서는
정기적인 학교폭력 예방교육이 실시되어야 한다는
점과 전문단체를 통해 예방교육을 위탁할 수 있다
는 점을 명시하고 있습니다. 학교폭력에 대한 예방
교육을 학기별로 반드시 1회 이상 실시하여야 하
는데 시간, 강사 선정, 강사료, 강의방식 등은 학교
실정에 따라 결정할 사항이며, 각 시·도교육감은
각급 학교의 예방교육 계획 및 실시 여부에 대해
확인 점검해야 합니다.

  대상에 따른 예방교육   ◀ PPT 17

  실질적인 예방교육은 학생뿐만 아니라, 학부모와
교사에게도 실시해야 합니다. 학생 교육은 담임교
사가 직접 실시할 수도 있고, 외부 전문가인 경찰

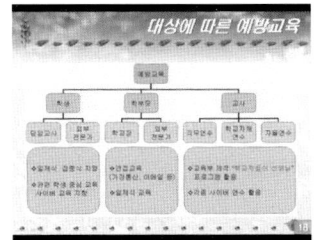

공무원, 학교폭력 전문가, 타 학교 교사 등을 초빙하여 교육하되 일제식, 집중식 강의를 지양하고, 관련 학생 중심 교육, 또는 사이버 교육을 지향해야 합니다. 학부모들은 수시로 만나기가 쉽지 않으므로 가정통신문이나 이메일을 통한 간접교육을 실시하고, 적절한 시기를 선택하여 학교장 또는 전문가를 초빙하여 특강의 형태로 일제식 교육을 실시합니다. 교사의 경우는 교육청에서 주관하는 직무연수에 참가하거나 학교자체 직무연수를 실시합니다. 또 교육부에서 제작한 "학교지킴이 선생님" 프로그램을 활용한 자율연수와 각종사이버 연수를 안내하여 참가할 수 있도록 유도할 수 있습니다.

PPT 18 ▶

예방교육의 시기

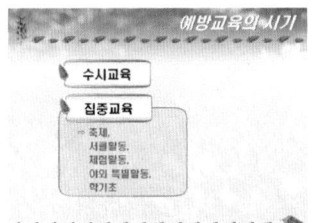

그러면 예방교육을 특별히 해야 하는 시기는 따로 있는 걸까요? 우선 예방교육이 효과를 발휘하기 위해서는 수시 교육 또는 훈화가 빠져서는 안 된다는 사실을 꼭 명심하셔야 합니다. 일시적인 예방교육도 분명히 효과가 있습니다. 하지만 그 효과는 일순간에 지나치지 않습니다. 학교폭력을 학교에서 뿌리 뽑기 위해서는 학교폭력과 관련된 여러 가지 지식과 대처방법을 아는 것만이 중요한 것이 아닙니다. 학교폭력에 대처하는 자세가 생활화되어야 합니다. 이처럼 학생들의 자세를 생활화하기 위해서는 주기적으로 예방교육을 해야 합니다.

또 수시교육 이외에 학교폭력이 잘 일어나는 시기를 예측하여 집중교육을 하는 것도 필요합니다. 그 시기는 축제, 서클활동, 체험활동, 야외 특별활동과 같이 교사의 눈에서 벗어나기 쉬울 때와 학기 초, 저학년에게서 학교폭력이 잘 일어납니다.

이런 시기를 교사가 잘 파악하고 사전에 지도하여 학교폭력을 예방할 수 있도록 해야 합니다.

(2) 학교폭력 예방상담

예방상담

◀ PPT 19

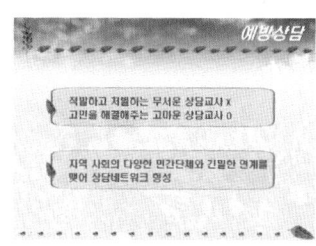

예방상담은 문제를 발견하고 그 문제의 심각성을 평가하며 문제가 더 심각해지는 것을 막기 위해 예방적 개입을 하는 것입니다. 또한 이미 일어난 학교폭력 문제에 연루되어 있으나 아직 크게 표면화되지 않은 침묵하는 피해자나 잠재되어 있는 문제점을 발견하여 더 큰 문제로 확대되는 것을 방지하기 위해 개입하는 것 또한 예방상담에서 큰 비중을 차지하게 됩니다. 그러나 대부분의 학생들은 상담교사가 학교에 있다고 해도 학교주변 폭력이 줄어들 것이라고 생각하지 않습니다. 그럼에도 불구하고 상담교사의 필요성은 매우 중요하다는 것을 아셔야 합니다. 물론 학교폭력 예방에 있어 담임교사의 역할이 가장 중요합니다. 1차적으로 학생들의 학교생활을 확인·상담함으로써 학교폭력을 조기에 발견하고 어느 정도 예방할 수 있습니다. 그러나 전문적인 훈련을 받은 상담교사가 상담만 전담한다면, 그리고 지금과 같이 불량학생을 적발하고 처벌하는 상담교사, 즉 무서운 선생님으로 학생들에게 다가가는 교사가 아니라 우리의 문제를 우리의 입장에서 같이 고민하여 해결하여 주는 고마운 선생님으로 비춰진다면 학교폭력 예방에 더욱 효과적일 것입니다.

하지만 현실적으로 그런 상담교사를 배치하는 것은 쉬운 일이 아닙니다. 전문적 훈련을 받은 상담교사가 모든 상담교사가 모든 학교에 배치된다는 것은 설사 정부 차원에서 실시하려는 의지가 있다 하여도 예산문제는 물론이고 훈련기관 및 자격여부 등 상당한 시간이 소요되는 것이기 때문에 당장 실시할 수도 없습니다. 따라서 이러한 공백을 메울 수 있는 방안 중의 하나로 지역 사회의 다양한 민간단체, 즉 청소년 상담센터, 전문 의료기관, 지역사회복지관, 상담자원봉사센터 등과 긴밀한 연계를 맺어 상담네트워크를 형성하는 것은 매우 중요합니다.

PPT 20 ▶

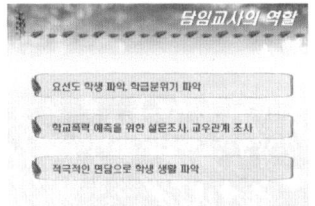

담임교사의 역할

또 담임교사들은 세심한 관심을 가지고 요선도 학생을 파악하고 개인 상담으로 학생 개인이 겪고 있는 학급생활의 어려움과 적응 상태를 알아야 하고, 학급 분위기를 파악하여 학생 개인이 학급에서 어떠한 위치에서 생활하고 있는지 알고 있어야 합니다. 문제행동을 사전에 예방하기 위해서는 '누가 문제행동을 일으킬 가능성이 있는가?'를 예측하는 것이 중요합니다. 따라서 학교폭력 예측요인을 기초로 작성한 학교폭력 조기 감지 질문지를 이용하여 학교폭력 발생 가능성을 조기에 감지하는 것도 큰 도움이 될 것입니다. 부록2에 학교폭력 조기 감지 질문지를 첨부하였으니 참고하시기 바랍니다. 이같이 학교생활 지도에 학생에서 발생하는 금품 갈취나 폭력 발생을 예측할 수 있는 설문조사와 교우관계를 주기적으로 실시하고, 담임교사는 폭력 서클에 소속되어 있는 학생과의 거리를 좁히기 위한 면담을 적극적으로 하면서 학생의 생활을 파악해두는 것이 매우 중요합니다.

사이버 상담

◀ PPT 21

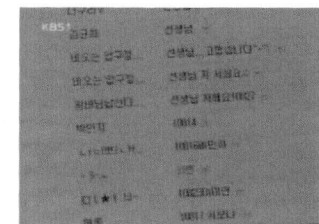

◎ 동영상 내용
　오늘도 선생님의 도움을 원하는 학생들의 이메일이 빼곡합니다. 진학과 두발 문제에서부터 외모와 가정사에 이르기까지 말로 표현하기 힘든 고민들을 스승과 제자가 함께 풀어갑니다.
　<인터뷰> "이메일 상담이나 메신저를 활용해서 채팅을 하거나 다양한 방법으로 아이들 눈높이에서 이야기해야 된다고 생각해요."

　많은 경우 학교폭력의 피해를 경험하고 심리적인 곤란을 겪고 있는 청소년들은 쉽게 상담자에게 접근하지 못하는 특징이 있습니다. 대부분 폭력피해 사실을 숨기고 상담자와는 이메일 상담이나 전화 상담으로 탐색적인 접촉을 하는 게 전부입니다. 따라서 이메일, 쪽지, 채팅 등을 활용한 상담과 지역교육청과 연계하여 사이버 상담망을 구축하는 것도 상담을 활성화하기 위한 좋은 방법입니다.
　피해학생들에게 절실히 요구되는 것은 '믿고 말하면 해결해 줄 수 있는 사람'이며, 설사 피해가 알려져 가해학생이 알게 된다고 하여도 보복만큼은 막아줄 수 있는 사람입니다. '섣불리 말했다가 본전도 찾기 힘들다.'면 말할 학생은 없다는 사실을 명심해야 합니다.

2) 학교폭력 발생 직후 교사가 할 일[발생시 관리]

◀ PPT 22

선도위원회에서 처리하면 안 될까?

　선도위원회는 단순한 학생비행과 관련된 사건을 처리하는 자치기구지만, 자치위원회는 법정기구로서 학교폭력 사건 발생 시는 반드시 소집하여야 합니다. 자치위원회 외부인사의 참석이 어려운 경우도 위임장을 접수하여 회의를 진행하고 회의록을 작성하여 이 사실을 남겨야 합니다.

PPT 23 ▶

선도위원회와 자치위원회의 차이점

구분	성격	구성	처리 방안
선도위원회	자치 기구	교원	학교폭력을 제외한 학생비행
학교폭력대책 자치위원회	법정 기구	교원, 학부모, 외부인사	학교폭력 사건[반드시]

　그럼 우발적이고 경미한 사건에 대해서도 꼭 자치위원회를 열어서 처분해야 할까요? 사실 학교폭력을 접하다 보면 가해학생이 잘못은 했지만 아직 학생이라는 점을 생각하면 참 안타깝게 생각되는 경우가 많이 나타납니다. 특히 교사의 입장에서 내 제자를 단호하게 처벌한다는 것은 쉬운 결단이 아닙니다. 그러다 보면 우발적이고 경미하다고 생각되는 사건은 그냥 덮고 넘어갔으면 하는 것이 선생님의 마음이기 쉽습니다. 하지만 경중의 기준은 피해학생과 가해학생 학부모, 교사에 따라 다르게 마련입니다. 특히 피해학생의 학부모 입장에서는 모든 사건이 중대하다고 생각되기 십상입니다. 따라서 법적 절차에 따라 자치위원회를 열어서 사건을 처리하는 것이 가장 바람직합니다. 실제로 초등학생이 급우들에게 왕따를 당하는 것에 대해 적절한 조치를 취하지 않고 임의로 피해학생을 전학시킨 담임교사와 관할 지방자치단체에 수천만 원의 배상 판결이 내려진 판례[1]도 있습니다. 다시 한번 강조드리지만 자치위원회는 법정기구로 학교장

이나 교사가 임의로 개최유무를 결정할 수 있는 문제가 아님을 명확히 인식해야 합니다.

학교폭력 사건 발생 시 사건 처리과정

◀ PPT 24

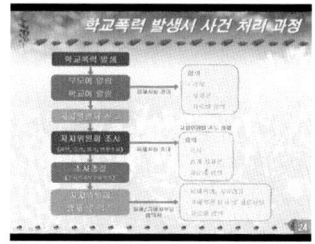

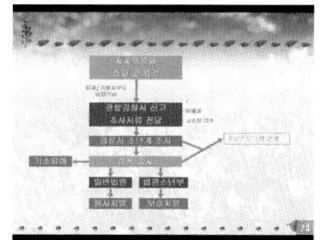

그러면 학교폭력 사건이 일어났을 때의 초기대처방법에 대해서 알아보겠습니다.

학교 내에서 학교폭력 발생 시 피해자들은 피해사실을 숨기거나 가까운 친구에게 알리는 것이 일반적인 상황입니다. 이러한 경우 학교 내에서는 사건을 처리하기가 무척 힘듭니다. 이 외에 부모나 교사에게 알리는 경우와 경찰과 그 밖의 상담기관 등에 알리는 경우가 있는데, 어쨌든 자치위원회는 정식으로 학교에 보고된 학교폭력 사건만을 다룹니다.

따라서 대부분 사건 자체가 경미한 경우에는 담임교사나 생활지도부장하에서 사과문이나 각서, 경우에 따라서는 치료비 등을 배상하고 사건을 종결시킵니다. 이런 경우는 정식으로 학교폭력사건으로 보고되지 않으며 자치위원회에서도 현실적으로 심의대상으로 삼지 않습니다. 그러나 피해사실이 심각하고 중대할 경우는 학교장은 폭력책임교사를 통해 관련 사건에 대한 조사를 할 수 있도록 조치합니다. 그리고 학교장은 자치위원회를 소집하고, 교육감에게 보고해야 합니다. 경우에 따라서는 피해자 측에서 자치위원회의 소집을 학교장에게 요구하여 소집할 수 있습니다.

'자치위원회'가 일단 소집되면 그동안 조사된 사건현황 자료를 가지고 자치위원회에서 가해학생의

---

1) 서울중앙지법 민사합의19부(이원일 부장판사) 2006. 09. 21. 판결

선도 처분과 피해학생의 치료 및 보호 조치를 실시하고 분쟁이 생겼을 경우에는 학교폭력법 시행령에서 제시하고 있는 절차에 의해서 분쟁을 조정하여 합의점을 찾을 수 있도록 돕게 됩니다.

분쟁조정을 요청한다면?

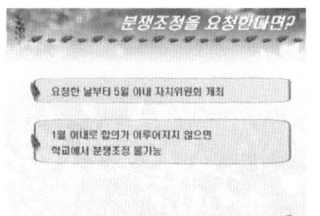

이런 경우는 분쟁조정을 요청한 날로부터 5일 이내에 자치위원회를 개최하여(영 제14조제1항) 분쟁조정을 위하여 노력해야 할 것입니다. 하지만 1월 이내로 합의가 이루어지지 않으면(법 제16조제2항) 학교에서는 더 이상 분쟁조정을 할 수 없으며(영 제15조제2항), 민사소송 등으로 해결하게 됩니다. 이때 학교에서는 피해학생 학부모에게 절차를 안내하며 '공공법률구조공단'이나 변호사를 선임하여 소송을 진행하도록 안내합니다. 또 전국 13개 병원에 설치된 'One Stop System(단일화시스템)'을 안내하도록 합니다.
  마지막으로 분쟁조정 결과는 교육감에게 보고하고 관련기관에 정보를 제공해야 합니다.

〈학교폭력 발생 시 사건 처리 과정〉

```
                          학교폭력발생
                              │
                              ▼
                         부모에 알림          ▶      합 의
                         학교에 알림                 • 각서
                         피해사실 경미          • 사과문
                              │                      • 치료비 합의
                              ▼
                         자치위원회 신고
                              │                  자치위원회 주도하에
                              ▼
                         자치위원회 조사     ▶      합 의
   민사소송              (서면, 증인, 출석,          • 각서
   가 능                 현장조사)                  • 공개사과문
                         피해사실 중대           • 치료비 합의
                              │
                              ▼
                         조사종결             ▶    • 피해학생, 치료상담
                       (조사결과보고서작성)          • 가해학생 봉사 및
                              │                       치료상담
                              ▼                    • 치료비 합의
                         자치위원회
                         중재 및 의결
                         피해/가해자
                         부모 합의시
                       피해/가해자부모
                        비합의 시
                              ▼
                       관할경찰서 신고   피해자
                       조사서류 전달   고소장 접수    전문프로그램 연계
                              │
                              ▼
                       경찰서 소년계 수사
                              │          피해자 고소장
   기소유예 ◀ 검 찰 송 치       취하
                              │
                   ┌──────────┴──────────┐
                   ▼                      ▼
                일반법원              법원 소년부
                   │                      │
                   ▼                      ▼
                형사처벌              보호처분
```

경찰이 수사 중인 사건 처리 과정

◀ PPT 26

피해-가해학생이 사건을 경찰이나 검찰에 고발
또는 민사소송을 제기하여 경찰에서 수사 중이라
면 학교는 어떻게 처리해야 할까요? 자치위원회를
열 필요가 없을까요? 아닙니다. 분쟁조정 요청이
없으면 분쟁조정을 할 수는 없지만, 가해학생에 대
해서는 처분을 해야 합니다. 따라서 신속하게 해당
사안에 대해서 조사하고, 자치위원회를 개최해야
합니다. 이때 가해학생의 폭력행위에 대한 혐의가
명백하다면 자치위원회에서 처분하면 됩니다. 다만,
가해학생의 혐의를 학교조사로는 분명하게 규명할
수 없을 경우는 자치위원회를 열어 가해학생에 대
해 일시 조치를 취하고, 수사나 소송이 종료되어

법적 판결이 나온 후에 최종 처분할 것임을 회의록에 명시해야 합니다.

　이 경우에 자치위원회와 학교의 사건자료는 객관적 법적 판단을 위한 기초자료로 경찰, 검찰에 넘길 수 있습니다. 현재 대부분의 학교에서는 이러한 객관적 자료를 사법당국에 넘기지 않으려 하는데, 이는 법정에서 전혀 엉뚱한 결과를 낳을 수 있기 때문에 되도록 자료를 넘겨주는 것이 좋습니다.

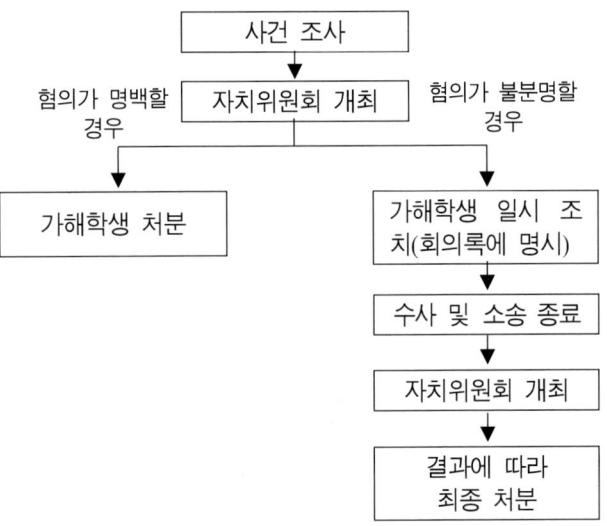

경찰이 수사 중인 사건 처리 과정

3) 사후 관리를 위해 교사가 할 일[사후 관리]

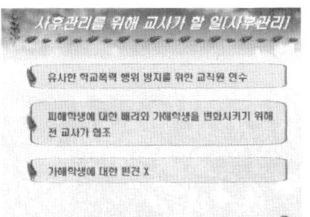

사후 관리를 위해 교사가 할 일

　학교폭력이 발생한 직후에 적절한 대처를 했다고 하더라도 가해학생의 선도와 피해학생의 치유는 물론이며 추가적인 학교폭력을 예방하기 위해서는 사후관리에 있어서도 구체적이고 지속적인 개입이 필요합니다. 우리의 사회현실은 그간 학교폭력이 발생하게 되면 일시적인 개입만을 실천하는데 그치곤 했습니다. 즉 전학, 사회봉사 명령, 보호관찰 명령, 피해·가해학생 부모 간의 합의 등 임시방편적인 개입만이 이루어지는 경우가 대부분입니다. 최근 발표된 경찰청 자료(동아일보, 2005. 6. 13.)에도 가해학생의 90%가 계속 폭력을 행사하는 것으로 나타났는데 이는 피해·가해학생에 대한 지속적인 사후관리 개입이 이루어지고 있지 않기 때문입니다.

유사한 학교폭력 행위 방지를 위해 교직원 연수를 실시하고, 피해학생에 대한 배려와 학생을 변화시키기 위해 전 교사가 협조하도록 노력해야 합니다. 가해학생에 대해서는 장기간에 걸친 지속적인 지도를 통해 합리적인 변화 유도가 필요합니다.

사후교육 프로그램 예시

◀ PPT 28

그럼 구체적인 사후교육 프로그램을 몇 가지만 살펴보도록 하겠습니다.

우선 피해학생을 위한 프로그램으로는 '수호천사' 프로그램이 있을 수 있습니다. '수호천사'는 동급생이나 상급생을 짝 지워주어 항상 챙겨줄 수 있도록 하는 방법입니다. 학부모나 교사, 수호천사가 직접 등하교를 시켜주는 것도 좋은 방법입니다. 전문상담기관을 소개시켜주어 학교폭력으로 받은 정신적인 문제를 해결할 수 있도록 도와줄 수도 있습니다.

가해학생을 위한 프로그램은 '지역인사 멘토제', '사제동행 등산', '학부모 봉사' 등이 있습니다. '지역인사 멘토제'는 가까운 곳에서 항상 지켜보며 가해학생을 발전적인 방향으로 이끌어 줄 수 있는 지역인사를 선정해 주는 방법입니다. '사제동행 등산'은 가해학생과 교사 사이의 친밀감을 유지하고 관계를 돈독히 함으로써 행동을 수정할 수 있도록 유도하는 방법입니다. '학부모 봉사'는 가해학생이 처벌로 사회봉사 등을 명령받았을 때, 가해학생의 학부모도 봉사활동에 함께 참여하도록 하는 것입니다. 깊게 참회하는 부모의 모습으로부터 아이들도 반성하기 시작합니다. 또 가해학생 및 요선도 학생을 모아 운동팀을 구성하여 교내·외 경기를 진행하게 하는 것도 좋은 방법입니다. 운동을 통해 스트레스를 발산하고, 규칙준수와 소속감, 애교심을 고양시켜 학교생활에 충실히 임할 수 있도록 유도할 수 있습니다.

　그 밖에도 여러 가지 다양한 프로그램들이 있습니다만, 짧은 시간 안에 모두 소개시켜 드리기는 어렵고 학교폭력과 관련된 각종 자료와 프로그램에 대한 도움을 얻을 수 있는 사이트를 유인물 뒤쪽에 첨부해 두었으니 참고하시기 바랍니다(붙임4).

PPT 29 ▶　　　동영상 – 꿈을 찾은 아이들

◎ 동영상 내용
〈앵커〉 음악과 연기를 가르치면서 문제아들을 교화하는 소년원이 있습니다. 아이들은 지난해에만 각종 대회에서 20여 차례 이상 상을 탔고 7명은 전공을 살려서 대학에 진학하기도 했습니다. 박영회 기자가 다녀왔습니다.
〈기자〉 폭행죄로 소년원에 들어온 이요신 군, 처음 잡은 기타에 푹 빠져 들었습니다. 애잔한 선율에는 소년원에 갇혀 임종도 못한 아버지에 대한 그리움이 배어 있습니다.
〈이요신(19세, 안산예술학교 실용음악반)〉 아버지나 누나나 죽은 사람들한테 안 좋은 모습만 보여 줬으니까 내가 용서받는 길은 이것 밖에 없다고 생각해서……

> <기자> 기타를 잡은 지 1년 남짓, 남 못지않은 실력으
> 로 대학 실용음악과에 합격했습니다. 지난
> 2004년 예능과정을 개설하면서 예술학교로
> 탈바꿈한 안산 소년원, 70여 명의 원생들이
> 전문 강사로부터 음악과 연극, 미술 등을 배우
> 고 있습니다.
> <박결(19세, 안산예술학교 연극영화반)> 극 속에서만
> 큼은 진짜 제 마음대로 해도 누가 뭐라고 할
> 사람이 없잖아요. 제 감정을 자유롭게, 연극은
> 답이 없잖아요.
> <기자> 지난해에만 각종 대회에서 20여 차례 상을 탔
> 고 7명이 전공을 살려 대학에 진학했습니다.
> <박결(19세, 안산예술학교 연극영화반)> 사회복지사가
> 제 꿈이거든요, 청소년 사회복지…… 저같이 방
> 황하고 안 좋은 길로……
> <기자> 창살 속의 답답한 생활, 그렇지만 꿈을 키워가
> 는 아이들의 얼굴에 더 이상 그늘은 없었습니
> 다. MBC뉴스 박영회입니다.

대체로 학생들은 물론이고 교사들도 보호처분 및 소년원에 대한 선입견을 가지고 있고, 심지어는 학교의 징계 정도만 받은 학생도 곱지 않은 시선으로 지켜보곤 합니다. 따라서 이런 가해학생들을 알게 모르게 다르게 대하게 됩니다. 이는 그 학생들이 다시 탈선의 길로 가게끔 만드는 원인을 제공하기도 합니다. 따라서 여러분들은 소년보호제도에 대해 정확히 인식할 필요가 있습니다. 소년보호제도를 구체적으로 설명하려면 본 주제에서 벗어나는 듯하여 가장 강력한 처분인 소년원에 대해서만 알아보도록 하겠습니다.

소년보호제도에 대한 이해   ◀ PPT 30

소년원은 법원에서 보호처분을 받고 송치된 비행청소년을 보호하고 교육하는 곳이지만, 일반학교

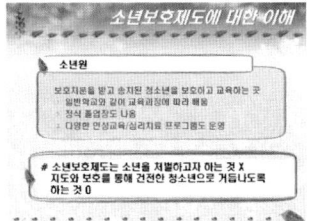

와 똑같이 선생님들이 학생들에게 중·고등학교 과정의 특성화 교육을 실시하며, 졸업하게 되면 정식 졸업장도 받을 수 있습니다. 또한 학생 개개인의 심리적 특성에 알맞은 다양한 인성교육 프로그램을 운영하여 바람직한 인성발달을 유도하고 나아가 건전한 청소년으로 사회에 복귀할 수 있도록 다양한 심리치료 프로그램도 운영하고 있습니다.

중요한 것은 소년보호제도는 소년을 처벌하고자 하는 것이 아니라 지도와 보호를 통해 건전한 청소년으로 거듭나도록 하는 것입니다. 따라서 보호처분을 받은 학생에 대해 편견을 가지지 말고 다른 학생들과 똑같은, 아니 더 깊은 관심과 애정을 가지고 아이들을 이끌어야 할 것입니다.

5. 학교 및 교사의 책임(판례를 중심으로)

PPT 31 ▶

판례를 통해 알아보는 학교 및 교사의 책임

이번에는 학교폭력 사건이 발생했을 때, 법에서는 학교나 교사의 책임은 어떻게 묻고 있는지 실제 판례를 중심으로 알아보도록 하겠습니다. 우선 민사재판과 형사재판의 차이는 대부분 아실 거라고 생각됩니다. 민사재판은 개인 간의 사사로운 문제로 권리 다툼이 생겼을 때, 판가름을 해주어 개인의 권리를 찾게 해주는 재판을 말하고, 형사재판은 타인의 생명과 재산에 피해를 끼치는 행위로부터 국민들을 보호하고 사회 질서를 바로잡기 위한 재판을 말합니다. 학교폭력과 관련된 학교 및 교사의 책임 문제에 있어서 형사재판으로 가는 경우는 거

의 없습니다. 대부분 민사재판에서 책임 여부를 판
단하여 손해배상을 청구하는 형식으로 가게 됩니다.

미리 결론부터 말씀드린다면 학교 및 교사의 책
임에 가장 큰 영향을 미치는 것은 '교사가 학생들
을 보호·감독할 의무를 다 했는가'와 '사건이 일
어날 수 있으리라는 예측이 가능했는가'의 여부입
니다. 즉, 교사가 학교폭력이 일어나지 않도록 충
분히 노력을 하지 않았거나, 사건을 예측할 수 있
었음에도 불구하고 사건이 일어났다면 여러분들은
책임을 면하기 어렵다는 말입니다. 다음에 말씀드
리는 상황들도 이 두 가지를 염두에 두고 들으시
면 좋을 거라고 생각됩니다. 다음에 나오는 명칭은
모두 가칭이라는 점을 참고해주시기 바랍니다.

1) 집단 괴롭힘을 당한 학생   ◀ PPT 32

집단 괴롭힘을 당한 학생

상황1

고등학생인 영수는 심장병 환자입니다. 영수 어머니
는 학교에 찾아가 선생님께 건강상태를 말하며 특별배
려를 요청하였고, 학교에서는 영수를 요양호자 명단에
올려 체육시간 등에서 특별배려를 했습니다. 그러던 중
같은 반 친구 3명이 영수가 몸이 약하고 친구들과 잘
어울리지 않는다며 1년 동안 집단적으로 폭행, 협박,
놀림 등을 행했습니다. 이 사건에 대해 가해자 부모,
담임교사 그리고 서울시에 소송을 제기했습니다.

영수는 특별한 보호가 필요하다는 것을 모든 교
사들이 알고 있었고, 아직 나이가 어리고 장난기가
심한 학생들로부터 영수가 위해를 받을 수 있다는
것을 충분히 예상할 수 있습니다. 게다가 영수 어머

니는 담임교사에게 영수가 집단 괴롭힘을 당한다는 사실을 이야기했으므로, 담임교사는 적어도 더 이상의 집단 괴롭힘을 막기 위해 영수와도 자주 상담하고, 취약한 장소를 수시로 돌아보면서 항상 주의를 하며 감독해야 합니다. 또한 가해학생들에게 훈계를 한 후에 혹시 이에 대한 보복성 폭행이 없는지 유의하면서 학급 반장 등에게 보고체계를 만드는 등의 조치를 취해야 하며, 교장과 다른 교사들에게 이 사실을 알리고 대책을 함께 상의하며 적절한 사후 조치나 감독 등 특별 관리를 요청하여 다른 교사들로 하여금 영수에 대한 세심한 배려와 주의를 부탁했어야 합니다. 그러나 담임교사는 그러지 못했으므로 보호·감독의무 위반의 책임을 져야 합니다.

여기서 한 가지 의문이 생길 수 있습니다. 왜 교사가 잘못했는데 서울시에도 소송을 제기했을까요? 이는 공립학교 교사는 지방자치단체에 소속된 공무원이기 때문입니다. 공무원이 직무를 수행하던 중 보호감독의무를 위반하여 학생에게 손해를 입혔다면 국가배상법 제2조 제1항[2])에 의하여 지방자치단체가 손해배상책임을 지게 되는 것입니다.

PPT 33 ▶

2) 학교 내 학생 간 폭행사건

학교 내 학생 간 폭행사건

다음은 학교 내에서 학생 간에 폭행사건이 일어

---

2) 국가배상법 제2조제1항: 국가 또는 지방자치단체는 공무원이 그 직무를 집행함에 당하여 고의 또는 과실로 법령에 위반하여 타인에게 손해를 가하거나, 자동차손해배상보장법의 규정에 의하여 손해배상의 책임이 있는 때에는 이 법에 의하여 그 손해를 배상하여야 한다.

난 상황입니다.

상황2

　고등학교 3학년인 준이는 집안사정으로 학교를 1년 간 자퇴했다가 복학했습니다. 복학 첫날 오전 8:50경 1층 복도에서 우연히 마주친 제명에게 "기분 나쁘게 쳐다본다."는 이유로 화장실로 불려가서 대걸레 등으로 구타를 당하게 되었습니다. 이 사고로 상해를 입고 불안과 우울 증세를 보여 정상적인 학교생활을 할 수 없는 상태에 도달하자 교장, 담임교사, 서울시를 상대로 소송을 제기했습니다.

　학교의 교장이나 교사는 학생을 보호·감독하는 의무를 집니다. 하지만 이런 의무는 학생의 법정감독의무자, 즉 학부모 등을 대신하여 감독하여야 하는 것입니다. 따라서 학교 내에서의 학생의 모든 생활관계에 미치는 것이 아니라 학교에서의 교육활동 및 이와 불가분의 관계가 있는 생활관계에 한합니다. 또 그 의무 범위 내라고 하더라도 사고가 학교 내에서 발생할 수 있다는 것이 예측 가능성이 있는 경우에 한해서 교장이나 교사는 보호·감독의무를 집니다. 이 사건은 정규 수업이 시작되기 전에 화장실에서 발생했고, 그 시간에 전교직원이 참석하는 교직원 회의가 열리고 있었습니다. 또 준이는 새로 복학한 친구로서 제명이와 모르는 사이였음을 인정할 수 있고, 제명이는 특별한 사고를 일으킨 적이 없는 학생이었으므로 학교에서는 이 사건은 사전에 예측할 수 있었다고 보기 어려웠습니다. 따라서 이 사건은 학교와 교사의 책임이 없는 것으로 판결이 내려졌습니다.

PPT 34 ▶

3) 미성년자의 폭행사건

미성년자의 폭행사건

다음은 미성년자의 폭행사건의 경우도 법적인 책임을 묻는지에 대해서 알아보겠습니다.

상황3

중학교 1학년인 천석이가 같은 학년의 친구 5명에게 집단 폭행을 당했습니다. 이로 인해 천석이는 신체 상해를 입었고, 천석이의 부모는 가해학생의 못된 버릇을 반드시 고치고야 말겠다면서 법에 호소할 생각을 가지고 있습니다. 그런데 문제는 가해학생의 나이가 전부 만 12, 13세로 법망에서 피해 갈 수 있다는 것입니다.

가해학생은 미성년자이므로 당연히 형사상의 처벌이 불가능합니다. 또 가해학생의 학부모나 교사도 역시 천석이에 대한 폭행을 지시하거나 사주하지 않았으므로 처벌받지 않습니다. 하지만 민사상의 손해배상은 청구할 수 있습니다. 미성년자가 사람을 폭행하거나 물건을 부순 경우, 본인은 배상할 능력이 없으므로, 법정감독의무자가 감독 의무를 다하였다는 것을 입증하지 못하면 손해 배상 책임을 져야 합니다. 즉, 감독자인 담임교사의 경우도 손해배상의 대상이 될 수 있다는 말입니다. 실제로 가해학생과 부모, 교사, 교육청 등은 피해학생에게 배상금을 물어주어야 한다는 판결이 나온 바 있습니다.

이처럼 학교폭력과 관련된 학교 및 교사에 대한 사건에 대한 판례를 살펴보면 학교폭력에 대한 예측 가능성이 있는 부분에 대해서는 교사들이 미리 조치를 하는 것이 가장 중요하다는 것을 알 수 있습니다. 즉 앞에서 말씀드렸던 것처럼 예방교육과 예방상담 등의 조치를 충분히 하고, 근거를 남겨둔다면 법적인 책임 문제에서 안전할 수 있습니다.
또 단지 법으로 처벌을 받아서가 아니라 학생들의
즐겁고 행복한 학교생활을 위해서 반드시 학교폭
력을 예방할 수 있도록 애써야 할 것입니다.

6. 나가는 말

동영상 – 10대 소녀 집단폭행

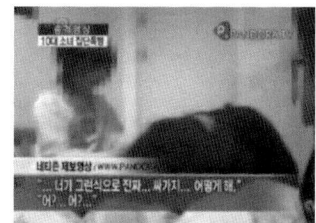

◎ 동영상 내용
  여중생 2~3명이 한 동기생을 집단 폭행하는 동영
상. 2006년 말, 본 동영상이 인터넷에 급속히 퍼졌고
당시 사회적 파장을 일으켰다.

PPT 35

  2006년 말에 이슈가 되었던 '여중생 학교폭력 동영
상 사건'입니다. 학교 현장에서 이러한 모습이 사라지
지 않고 오히려 더욱 심각한 사회 문제로 대두되고
있다는 사실은 참으로 가슴 아픈 일이 아닐 수 없습
니다. 모든 교사들이 사명감과 확고한 신념을 가지고
학교폭력에 적절히 대처하고, 모든 사람들이 각자의
영역에서 한 마음으로 노력하다 보면 언젠가는 이와
같은 학교폭력이 자연스럽게 사라질 수 있지 않을까
생각해봅니다. 따라서 진정으로 학생들을 학교폭력의
위기에서 구하고자 한다면 학생들에게 따뜻한 관심과
세심한 배려를 바탕으로 관찰하고 올바른 인성을 가
질 수 있도록 일회성에 머무르지 않고 꾸준히 지속될
수 있도록 모든 교사들이 노력해야 할 것입니다.
  마지막으로 더욱 관심 있으신 분들은 법무부와
교육부가 함께 제작한 "학교폭력 대처 매뉴얼"을
참고하시면 많은 도움이 되실 것입니다.

[부록 1] 학교폭력관련법률

◎ **학교폭력예방및대책에관한법률**

제1조 (목적) 이 법은 학교폭력의 예방과 대책에 관하여 필요한 사항을 규정함으로써 피해학생의 보호, 가해학생의 선도·교육 및 피해학생과 가해학생 간의 분쟁조정을 통하여 학생의 인권을 보호하고 학생을 건전한 사회구성원으로 육성함을 목적으로 한다.

제2조 (정의) 이 법에서 사용하는 용어의 정의는 다음 각 호와 같다.

1. "학교폭력"이라 함은 학교내외에서 학생 간에 발생한 폭행·협박·따돌림 등에 의하여 신체·정신 또는 재산상의 피해를 수반하는 행위로서 대통령령이 정하는 행위를 말한다.

2. "학교"라 함은 초·중등교육법 제2조의 규정에 의한 초등학교·중학교·고등학교·특수학교 및 각종학교와 동법 제61조의 규정에 따라 운영하는 학교를 말한다.

3. "가해학생"이라 함은 학교폭력을 행사하거나 그 행위에 가담한 학생을 말한다.

4. "피해학생"이라 함은 학교폭력으로 인하여 피해를 입은 학생을 말한다.

제3조 (해석·적용의 주의의무) 이 법을 해석·적용함에 있어서 국민의 권리가 부당하게 침해되지 아니하도록 주의하여야 한다.

제4조 (국가 및 지방자치단체의 책무)

① 국가 및 지방자치단체는 학교폭력을 예방하고 이를 근절하기 위하여 조사·연구·교육·계도 등 필요한 법적·제도적 장치를 마련하여야 한다.

② 국가 및 지방자치단체는 청소년관련단체 등 민간의 자율적인 학교폭력 예방활동과 피해학생의 보호 및 가해학생의 선도·교육활동을 장려하여야 한다.

③ 국가 및 지방자치단체는 제2항의 규정에 의한 청소년관련단체 등 민간이 건의한 사항에 대하여는 관련시책에 반영하도록 노력하여야 한다.

④ 국가 및 지방자치단체는 제1항 내지 제3항의 규정에 의한 책무를 다하기 위하여 필요한 예산을 확보하여야 한다.

제5조 (다른 법률과의 관계) 학교폭력의 규제, 피해학생의 보호 및 가해학생에

대한 조치에 있어서 다른 법률에 특별한 규정이 있는 경우를 제외하고
는 이 법을 적용한다.

제6조 (기본계획의 수립 등)

① 교육인적 자원부장관은 이 법의 목적을 효율적으로 달성하기 위하여
학교폭력의 예방 및 대책에 관한 정책 목표·방향을 설정하고, 이에
따른 학교폭력의 예방 및 대책에 관한 기본계획(이하 "기본계획"이라
한다)을 제7조의 규정에 의한 학교폭력대책기획위원회의 심의를 거쳐
수립·시행하여야 한다.

② 제1항의 기본계획은 다음 각 호의 사항을 포함하여 5년마다 수립하여
야 한다. 이 경우 교육인적 자원부장관은 관계중앙행정기관 등의 의견
을 수렴하여야 한다.

1. 학교폭력의 근절을 위한 조사·연구·교육 및 계도

2. 피해학생에 대한 치료·재활 등의 지원

3. 학교폭력관련 행정기관 및 교육기관 상호간의 협조·지원

4. 학교폭력의 예방과 피해학생 및 가해학생의 치료·교육을 수행하
는 청소년관련단체(이하 "전문단체"라 한다) 또는 전문가에 대한
행정적·재정적 지원

5. 그 밖에 학교폭력의 예방 및 대책을 위하여 필요한 사항

제7조 (학교폭력대책기획위원회의 설치·기능) 학교폭력의 예방 및 대책에 관
한 다음 각 호의 사항을 심의하기 위하여 교육인적 자원부장관 소속하
에 학교폭력대책기획위원회(이하 "기획위원회"라 한다)를 둔다.

1. 학교폭력의 예방 및 대책에 관한 기본계획의 수립 및 시행에 대한
평가

2. 학교폭력과 관련하여 관계중앙행정기관 및 지방자치단체의 장이 요청
하는 사항

3. 학교폭력과 관련하여 교육청, 제10조의 규정에 의한 학교폭력대책자
치위원회, 전문단체 및 전문가가 요청하는 사항

제8조 (기획위원회의 구성)

① 기획위원회는 위원장 1인을 포함한 11인 이내의 위원으로 구성한다.

② 위원장은 교육인적 자원부장관이 되고, 위원장이 사고로 직무를 수행
할 수 없을 때에는 위원장이 지정하는 위원이 위원장의 직무를 대행

한다.

③ 위원은 학식과 경험이 풍부하고 청소년보호에 투철한 사명감이 있는
자로서 다음 각 호의 1에 해당하는 자 중에서 위원장이 위촉한다.
<개정 2005. 3. 24., 2005. 12. 29.>

   1. 청소년보호법 제29조의 규정에 의한 국가청소년위원회 위원장 및
위원

   2. 관계중앙행정기관에 소속된 3급공무원 또는 고위공무원단에 속하
는 일반직공무원으로서 청소년 관련업무를 담당하는 자

   3. 대학이나 공인된 연구기관에서 조 교수 이상 또는 이에 상당한
직에 있거나 있었던 자로서 학교폭력문제에 관하여 전문지식이
있는 자

   4. 판사·검사·변호사의 자격이 있는 자

   5. 전문단체에서 청소년보호활동을 5년 이상 전문적으로 담당한 자

④ 위원의 임기는 2년으로 하고 연임할 수 있다.

⑤ 위원회의 사무를 담당하기 위하여 교육인적 자원부 공무원 중에서
간사 1인을 둔다.

⑥ 그 밖에 기획위원회의 조직 및 운영에 관하여 필요한 사항은 대통령
령으로 정한다.

제9조 (교육감의 임무)

① 특별시·광역시·도의 교육감(이하 "교육감"이라 한다)은 기본계획에
따라 학교폭력의 예방 및 대책에 관한 시행계획(이하 "시행계획"이라
한다)을 수립하여야 한다.

② 교육감은 시·도교육청에 학교폭력의 예방과 대책을 담당하는 전담
부서를 설치·운영하여야 한다.

③ 교육감은 관할구역 안에서 학교폭력이 발생한 때에는 당해 학교의
장 및 관련학교의 장에게 그 경과 및 결과의 보고를 요구할 수 있다.

④ 교육감은 관할구역 안의 학교폭력이 관할구역 외의 학교폭력과 관련이
있는 때에는 관할 교육감과 협의하여 적절한 조치를 취하여야 한다.

⑤ 교육감은 학교의 장으로 하여금 학교폭력의 예방 및 대책에 관한 실
시계획을 수립·시행하도록 하여야 한다.

⑥ 교육감은 제10조의 규정에 의한 자치위원회가 처리한 학교의 학교폭

력빈도를 학교의 장에 대한 업무수행 평가에 부정적 자료로 사용하
여서는 아니 된다.

⑦ 교육감은 제14조제1항제5호 또는 제15조제1항제4호에 의한 전학의
경우 그 실현을 위하여 필요한 조치를 취하여야 하며, 제15조제1항제
9호의 규정에 의한 퇴학처분의 경우 해당 학생의 건전한 성장을 위
하여 다른 학교 재입학 등의 적절한 대책을 강구하여야 한다.

⑧ 교육감은 기획위원회에 관할구역 안의 학교폭력관련 사항을 보고하
여야 한다. 관할구역 밖의 학교폭력관련 사항 중 관할구역 안의 학교
와 관련된 경우도 또한 같다.

⑨ 제2항의 규정에 의하여 설치되는 전담부서의 구성 등에 관하여 필요
한 사항은 대통령령으로 정한다.

제10조 (학교폭력대책자치위원회의 설치 · 기능)

① 학교폭력의 예방 및 대책에 관련된 사항을 심의하기 위하여 학교에
학교폭력대책자치위원회(이하 "자치위원회"라 한다)를 둔다.

② 자치위원회는 학교폭력의 예방 및 대책 등을 위하여 다음 각 호의
사항을 심의한다.

  1. 학교폭력의 예방 및 대책을 위한 학교의 체제 구축
  2. 학교폭력 예방 프로그램의 구성 및 실시
  3. 피해학생의 보호
  4. 가해학생에 대한 선도 및 징계
  5. 피해학생과 가해학생 간의 분쟁조정
  6. 그 밖에 대통령령이 정하는 사항

③ 자치위원회의 설치 · 운영 등에 관하여 필요한 사항은 지역 및 학교
의 규모 등을 고려하여 대통령령으로 정한다.

제11조 (자치위원회의 구성 · 소집)

① 자치위원회는 위원장 1인을 포함하여 5인 이상 10인 이하의 위원으
로 구성한다.

② 위원장은 당해 학교의 장이 되고, 위원장이 사고로 직무를 수행할 수
없을 때에는 위원장이 지정하는 위원이 위원장의 직무를 대행한다.

③ 위원은 다음 각 호의 1에 해당하는 자 중에서 당해 학교의 장이 위
촉한다. <개정 2006. 2. 21.>

　　　1. 학생생활지도의 경력이 있는 자로서 10년 이상의 경력을 가진 교사

　　　2. 초 · 중등교육법 제31조의 규정에 의한 학교운영위원회의 학부모
대표

　　　3. 판사 · 검사 또는 변호사의 자격을 가진 자

　　　4. 해당 학교의 구역을 관할하는 경찰서소속 국가경찰공무원

　　　5. 해당 학교의 구역을 관할하는 제주특별자치도 소속 자치경찰공무원

　　　6. 청소년보호에 지식과 경험을 가진 자

　④ 학교의 장은 다음 각 호의 1에 해당하는 경우에는 자치위원회를 소
집하여야 한다.

　　　1. 학교의 장이 학교폭력관련 사실에 관하여 자치위원회를 소집하여
야 한다고 인정하는 경우

　　　2. 자치위원회 재적위원 3분의 1 이상의 요청이 있는 경우

제12조 (전문상담교사 및 책임교사의 배치)

　① 학교의 장은 학교에 대통령령이 정하는 바에 따라 상담실을 설치하
고, 초 · 중등교육법 제19조의2의 규정에 따라 전문상담교사를 둔다.

　② 전문상담교사는 학교의 장 및 자치위원회의 요구가 있는 때에는 학
교폭력에 관련된 피해학생 및 가해학생과의 상담결과를 보고하여야
한다.

　③ 학교의 장은 교사 중에서 학교폭력문제를 담당하는 책임교사(이하
"책임교사"라 한다)를 선임하여야 한다.

　④ 국 · 공립학교의 학교의 장은 교육감의 승인을 얻어 책임교사에게 적
정한 수당을 지급할 수 있고, 사립학교의 장은 이사장의 승인을 얻어
책임교사에게 적정한 수당을 지급할 수 있다.

제13조 (학교폭력예방교육)

　① 학교의 장은 학생의 육체적 · 정신적 보호와 학교폭력의 예방을 위한
교육을 정기적으로 실시하여야 한다.

　② 학교의 장은 제1항의 규정에 의한 학교폭력예방교육 프로그램의 구
성 및 그 운용 등을 전문단체 또는 전문가에 위탁할 수 있다.

　③ 그 밖에 학교폭력예방교육의 실시와 관련한 사항은 대통령령으로 정
한다.

제14조 (피해학생의 보호)

① 자치위원회는 피해학생의 보호를 위하여 필요하다고 인정하는 때에는 피해학생에 대하여 다음 각 호의 1에 해당하는 조치(수 개의 조치를 병과하는 경우를 포함한다)를 취할 것을 학교의 장에게 요청할 수 있다.

1. 심리상담 및 조언

2. 일시보호

3. 치료를 위한 요양

4. 학급교체

5. 전학권고

6. 그 밖에 피해학생의 보호를 위하여 필요한 조치

② 제1항의 규정에 의한 요청이 있는 때에는 학교의 장은 피해학생의 보호자의 동의를 얻어 당해 조치를 취할 수 있다.

③ 제1항제2호 및 제3호의 규정에 의한 결석은 학교의 장이 인정하는 경우 이를 출석일수에 산입할 수 있다.

④ 학교의 장은 성적 등을 평가함에 있어서 제2항의 규정에 따른 조치로 인하여 학생에게 불이익을 주지 아니하도록 노력하여야 한다.

제15조 (가해학생에 대한 조치)

① 자치위원회는 피해학생의 보호와 가해학생의 선도·교육을 위하여 필요하다고 인정하는 때에는 가해학생에 대하여 다음 각 호의 1에 해당하는 조치(수 개의 조치를 병과하는 경우를 포함한다)를 취할 것을 학교의 장에게 요청할 수 있다. 다만, 퇴학처분은 의무교육과정에 있는 가해학생에 대하여는 적용하지 아니한다.

1. 피해학생에 대한 서면사과

2. 피해학생에 대한 접촉 및 협박의 금지

3. 학급교체

4. 전 학

5. 학교에서의 봉사

6. 사회봉사

7. 학내외 전문가에 의한 특별교육이수 또는 심리치료

8. 출석정지

9. 퇴학처분

② 자치위원회는 제1항의 규정에 의한 조치를 요청하기 전에 가해학생 및 보호자에게 의견진술의 기회를 부여하는 등 적정한 절차를 거쳐야 한다.

③ 제1항의 규정에 의한 요청이 있는 때에는 학교의 장은 당해 조치를 취하여야 한다.

④ 학교의 장이 제3항의 규정에 따라 조치를 취한 때에는 가해학생과 그 보호자에게 이를 통지하여야 한다.

제16조 (분쟁조정)

① 자치위원회는 학교폭력과 관련하여 분쟁이 있는 경우에는 그 분쟁을 조정할 수 있다.

② 제1항의 규정에 의한 분쟁의 조정기간은 1월을 넘지 못한다.

③ 학교폭력과 관련한 분쟁조정에는 다음 각 호의 사항을 포함한다.

1. 피해학생과 가해학생 간 또는 그 보호자 간의 손해배상에 관련된 합의조정

2. 그 밖에 자치위원회가 필요하다고 인정하는 사항

④ 자치위원회는 분쟁조정을 위하여 필요하다고 인정하는 때에는 관계기관의 협조를 얻어 학교폭력과 관련한 사항을 조사할 수 있다.

⑤ 자치위원회가 분쟁조정을 하고자 할 때에는 이를 피해학생·가해학생 및 그 보호자에게 통보하여야 한다.

⑥ 시·도교육청 관할구역 안의 소속학교가 다른 학생 간에 분쟁이 있는 경우에는 교육감이 해당 학교의 자치위원회 위원장과의 협의를 거쳐 직접 분쟁을 조정한다. 이 경우 제2항 내지 제5항을 준용한다.

⑦ 관할구역을 달리하는 시·도교육청소속 학교의 학생 간에 분쟁이 있는 경우에는 피해학생을 감독하는 교육감이 가해학생을 감독하는 교육감 및 관련 해당 학교의 자치위원회 위원장과의 협의를 거쳐 직접 분쟁을 조정한다. 이 경우 제2항 내지 제5항을 준용한다.

제17조 (학교의 장의 의무) 학교의 장은 교육감에게 제14조 내지 제16조의 규정에 의한 조치 및 결과를 보고하여야 한다.

제18조 (학교폭력의 신고의무)

① 학교폭력 현장을 보거나 그 사실을 알게 된 자는 학교 등 관계기관에 이를 즉시 신고하여야 한다.

② 제1항의 규정에 의하여 신고를 받은 기관은 이를 가해학생 및 피해

학생의 보호자 또는 소속학교의 장에게 통보하여야 한다.

③ 누구라도 학교폭력의 예비·음모 등을 알게 된 자는 이를 학교의 장 또는 자치위원회에 고발할 수 있다. 다만, 교원이 이를 알게 되었을 경우에는 학교의 장에게 보고하여야 한다.

제19조 (비밀누설금지 등)

① 이 법의 규정에 의하여 학교폭력의 예방 및 대책과 관련된 업무를 수행하거나 수행하였던 자는 그 직무로 인하여 알게 된 비밀 또는 피해학생 및 가해학생과 관련된 자료를 누설하여서는 아니 된다.

② 제14조 내지 제16조의 규정에 의한 자치위원회의 회의는 공개하지 아니한다.

제20조 (벌칙) 제19조제1항의 규정을 위반한 자는 300만 원 이하의 벌금에 처한다.

◎ **학교폭력예방및대책에관한법률 시행령**

제1조 (목적) 이 영은 학교폭력예방및대책에관한법률에서 위임된 사항과 그 시행에 관하여 필요한 사항을 규정함을 목적으로 한다.

제2조 (학교폭력의 종류) 학교폭력예방및대책에관한법률(이하 "법"이라 한다) 제2조제1호에서 "대통령령이 정하는 행위"라 함은 상해·폭행, 감금, 협박, 약취·유인, 추행, 명예훼손·모욕, 공갈, 재물손괴 및 집단 따돌림 그 밖에 피해자의 의사에 반하는 행위를 가하거나 하게 한 행위를 말한다.

제3조 (기획위원회의 회의운영 등)

① 법 제7조의 규정에 의한 학교폭력대책기획위원회(이하 "기획위원회"라 한다)의 위원장은 기획위원회의 회의를 소집하고 그 의장이 된다.

② 기획위원회의 회의는 반기별로 1회 소집한다. 다만, 재적위원 3분의 1 이상의 요구가 있거나 위원장이 필요하다고 인정하는 경우에는 수시로 소집할 수 있다.

③ 위원장이 회의를 소집하고자 하는 때에는 회의 개최 5일 전까지 회의의 일시·장소 및 안건을 각 위원에게 서면으로 통지하여야 한다. 다만, 긴급을 요하는 때에는 그러하지 아니하다.

④ 기획위원회의 회의는 재적위원 과반수의 출석으로 개의하고, 출석위원 과반수의 찬성으로 의결한다.

⑤ 위원장은 필요하다고 인정하는 때에는 관계인 또는 전문가를 회의에

출석하여 발언하게 할 수 있다.

⑥ 회의에 출석한 위원·관계인 및 전문가에 대하여는 예산의 범위 안에서 수당과 여비를 지급할 수 있다. 다만, 공무원인 위원이 그 소관업무와 직접적으로 관련하여 회의에 출석하는 경우에는 그러하지 아니하다.

제4조 (보궐위원의 임기) 기획위원회 위원의 사임 등으로 인하여 새로이 위촉되는 위원의 임기는 전임위원의 잔여임기로 한다.

제5조 (전담부서의 구성 등)

① 법 제9조제2항의 규정에 의한 전담부서는 다음 각 호의 자로 구성한다.

1. 장학관 1인

2. 초등학교 및 이에 준하는 학교를 담당하는 장학사 1인 이상

3. 중·고등학교 및 이에 준하는 학교를 담당하는 장학사 1인 이상

② 제1항의 규정에 의한 전담부서의 명칭 등에 관하여는 특별시·광역시·도교육감(이하 "교육감"이라 한다)이 당해 특별시·광역시·도교육청(이하 "시·도교육청"이라 한다)의 여건을 고려하여 정한다.

제6조 (자치위원회의 운영 등)

① 법 제10조제1항의 규정에 의한 학교폭력대책자치위원회(이하 "자치위원회"라 한다)의 회의는 재적위원 과반수의 출석으로 개의하고, 출석위원 과반수의 찬성으로 의결한다.

② 자치위원회의 사무를 처리하기 위하여 서기 1인을 두되, 자치위원회의 위원장이 그 소속 교직원 중에서 지명한다.

③ 자치위원회의 회의에 출석한 위원에 대하여는 예산의 범위 안에서 수당과 여비를 지급할 수 있다. 다만, 공무원인 위원이 그 소관업무와 직접적으로 관련하여 회의에 출석하는 경우에는 그러하지 아니하다.

④ 자치위원회는 회의록을 작성·보존하여야 한다.

제7조 (자치위원회 위원의 임기) 자치위원회 위원의 임기는 2년으로 하되, 연임할 수 있다. 다만, 자치위원회 위원의 사임 등으로 인하여 새로이 위촉되는 위원의 임기는 전임위원의 잔여임기로 한다.

제8조 (자치위원회 위원의 제척·기피 및 회피)

① 자치위원회의 위원은 법 제10조제2항제5호의 규정에 의하여 피해학생과 가해학생 간의 분쟁을 조정함에 있어 다음 각 호의 1에 해당하는 경우에는 당해 분쟁조정 사건에서 제척된다.

    1. 위원 또는 그 배우자나 배우자이었던 자가 당해 분쟁조정 사건의 피해학생 또는 가해학생의 부모 등 보호자인 경우

    2. 위원이 당해 분쟁조정 사건의 피해학생 또는 가해학생과 친족관계에 있거나 있었던 경우

    3. 그 밖에 자치위원회가 당해 분쟁조정 사건과 관련이 있다고 인정하는 경우

② 학교폭력과 관련하여 분쟁이 발생한 피해학생, 가해학생 또는 그 보호자(이하 "분쟁당사자"라 한다)는 자치위원회의 위원에게 공정한 심의를 기대하기 어려운 사정이 있다고 인정할 만한 상당한 사유가 있는 경우에는 자치위원회에 그 사실을 서면으로 소명하고 기피신청을 할 수 있다.

③ 제2항의 규정에 의한 기피신청이 있는 때에는 자치위원회는 의결로써 당해 위원의 기피여부를 결정하여야 한다. 이 경우 기피신청을 받은 자는 그 의결에 참여하지 못한다.

④ 자치위원회의 위원이 제1항 또는 제2항의 사유에 해당하는 경우에는 스스로 당해 분쟁조정 사건에서 회피할 수 있다.

제9조 (자치위원회의 심의사항) 법 제10조제2항제6호에서 "대통령령이 정하는 사항"이라 함은 학교폭력의 예방 및 대책과 관련하여 법 제12조제3항의 규정에 의한 학교폭력 문제를 담당하는 책임교사 또는 학생회의 대표가 건의하는 사항을 말한다.

제10조 (상담실 설치) 법 제12조제1항의 규정에 의한 상담실은 다음 각 호의 시설·장비를 갖추어 상담활동이 용이한 장소에 설치하여야 한다.

    1. 인터넷 이용시설, 전화 등 상담에 필요한 시설 및 장비

    2. 피상담자의 사생활 노출 방지를 위한 칸막이 및 방음시설

제11조 (학교폭력예방교육의 실시 등) 법 제13조의 규정에 의한 학교폭력예방교육은 다음 각 호의 기준에 따라 실시한다.

    1. 학기별로 정기적으로 실시하되, 교육횟수·시간 및 강사 등은 학교실정에 따라 학교의 장이 정한다.

    2. 학급단위로 실시함을 원칙으로 하되, 학교실정에 따라 전체 학생을 대상으로 한 장소에서 동시에 실시할 수 있다.

    3. 강의, 토론, 역할연기 등의 방법에 의하되, 다양한 자료나 프로그램

등을 활용하여야 한다.

제12조 (가해학생에 대한 출석정지기간)

① 법 제15조제1항제8호의 규정에 의한 출석정지기간은 자치위원회의 심의를 거쳐 학교의 장이 정한다.

② 학교의 장은 제1항의 규정에 의하여 출석정지된 학생에 대하여는 출석정지기간 중 가정학습에 대한 지원 등 교육상 필요한 조치를 하여야 한다.

제13조 (분쟁조정의 신청) 분쟁당사자는 법 제16조의 규정에 의하여 당해분쟁 사건에 대한 조정권한이 있는 자치위원회 또는 교육감에게 다음 각 호의 사항이 기재된 문서로 분쟁조정을 신청할 수 있다.

1. 분쟁조정 신청인의 주소 및 성명

2. 보호자가 있는 경우에는 그 주소 및 성명

3. 신청의 사유

제14조 (분쟁조정의 개시)

① 자치위원회 또는 교육감은 제13조의 규정에 의하여 분쟁조정의 신청을 받은 때에는 그 신청을 받은 날부터 5일 이내에 분쟁조정을 개시하여야 한다.

② 자치위원회 또는 교육감은 분쟁당사자에게 분쟁조정의 일시 및 장소를 통보하여야 한다.

③ 제2항의 규정에 의한 통지를 받은 분쟁당사자가 불가피한 사유로 인하여 출석할 수 없는 경우에는 자치위원회 또는 교육감에게 분쟁조정의 연기를 요청할 수 있다. 이 경우 자치위원회 또는 교육감은 분쟁조정의 기일을 다시 정하여야 한다.

제15조 (분쟁조정의 거부·중지 및 종료)

① 자치위원회 또는 교육감은 다음 각 호의 1에 해당하는 사유가 발생한 경우에는 분쟁조정의 개시를 거부하거나 분쟁조정을 중지할 수 있다.

1. 분쟁당사자의 일방이 분쟁조정을 거부한 경우

2. 분쟁당사자가 고소·고발을 하거나 민사상 소송을 제기한 경우

3. 분쟁조정의 신청내용이 허위임이 명백하거나 정당한 이유가 없다고 인정되는 경우

② 자치위원회 또는 교육감은 다음 각 호의 1에 해당하는 사유가 발생하는 경우에는 분쟁조정을 종료하여야 한다.

　1. 분쟁당사자 간에 합의가 이루어지거나 자치위원회 또는 교육감이 제시한 조정안을 분쟁당사자가 수락하는 등 분쟁조정이 성립한 경우

　2. 분쟁조정 개시일부터 1월을 경과하도록 분쟁조정이 성립하지 아니한 경우

③ 자치위원회 또는 교육감은 제1항의 규정에 의하여 분쟁조정을 거부 또는 중지하거나 제2항제2호의 규정에 의하여 분쟁조정이 종료된 경우에는 그 사유를 분쟁당사자에게 통보하여야 한다.

제16조 (분쟁조정의 결과처리)

① 자치위원회 또는 교육감은 분쟁조정이 성립된 때에는 다음 각 호의 사항을 기재한 합의서를 작성하여 자치위원회의 경우에는 분쟁당사자에게, 교육감의 경우에는 피해·가해학생 소속학교 자치위원회 및 분쟁당사자에게 통보하여야 한다.

　1. 분쟁당사자의 주소와 성명

　2. 조정대상 분쟁의 내용

　　가. 분쟁의 경위

　　나. 조정의 쟁점(분쟁당사자의 의견을 기술한다)

　3. 조정의 결과

② 제1항의 규정에 의한 합의서에는 자치위원회가 조정한 경우에는 분쟁당사자와 조정에 참가한 위원이, 교육감이 조정한 경우에는 분쟁당사자와 교육감이 서명·날인하여야 한다.

③ 자치위원회의 위원장은 분쟁조정의 결과를 교육감에게 보고하여야 한다.

[부록2] 학급단위 중심 학교폭력 조기 감지 질문지

성명: 학년 / 반: 성별:

영역	내용	문항수	질문내용	조금 → 매우	개인	학급평균	학년평균	개인/평균
폭력적인 학교 환경	신체폭력	1	• 우리 반에 친구를 때리는 아이가 있다.	⓪①②③④				
	따돌림	1	• 우리 반에 왕따가 있다.	⓪①②③④				
	언어폭력	2	• 나는 우리 반 친구에게 심한 욕이나 기분 나쁜 말을 한 적이 있다. • 우리 반 친구가 듣기 싫어하는 별명을 부르거나 놀린 적이 있다.	⓪①②③④ ⓪①②③④				/
위험 행동 징후	불량서클 가입친구	4	• 친한 친구 중에 노는 아이가 있다. • 다른 친구에게 돈을 뺏거나 괴롭히라고 시키는 친구가 있다. • 약물(본드, 가스) 또는 담배나 술을 하는 친구가 있다. • 무단결석하는 친구가 있다.	⓪①②③④ ⓪①②③④ ⓪①②③④ ⓪①②③④				
	가해-피해경험	4	• 나는 친구를 때린 적이 있다. • 나는 친구에게 맞은 적이 있다. • 나는 다른 아이를 따돌린 적이 있다. • 나는 다른 아이에게서 따돌림을 받은 적이 있다.	⓪①②③④ ⓪①②③④ ⓪①②③④ ⓪①②③④				/
	인터넷 과다사용	4	• 인터넷 때문에 숙제를 못한 적이 있다. • 인터넷을 많이 해서 부모님에게 혼난 적이 있다. • 인터넷을 많이 해서 손, 목, 어깨, 허리가 아프다. • 인터넷 사용 때문에 친구와 약속을 어긴 적이 있다.	⓪①②③④ ⓪①②③④ ⓪①②③④ ⓪①②③④				
	폭력매채 (영화·게임)	2	• 야한 영화, 동영상, 사진을 본 적이 있다. • 내용이 좋은 영화보다 싸우고 부수고 스피드한 영화가 재미있다.	⓪①②③④ ⓪①②③④				
성격 문제	공격성 충동성 성향	4	• 나는 흥분을 잘한다. • 나는 고칠 점을 지적받으면 짜증이 난다. • 내가 잘한 일에 대해 평가가 나쁘면 노발대발한다. • 나는 몹시 속상할 때면 누군가를 때리고 싶어진다.	⓪①②③④ ⓪①②③④ ⓪①②③④ ⓪①②③④				/
	스트레스	4	• 선생님에게 인정을 받지 못해서 스트레스를 받는다. • 공부한 만큼 성적이 나오지 않아서 스트레스를 받는다. • 학교에 있으면 스트레스를 받는다. • 친구들의 인정을 받지 못해서 스트레스를 받는다.	⓪①②③④ ⓪①②③④ ⓪①②③④ ⓪①②③④				/
	합계점수							/

영역	내용	문항 수	질문내용	조금 → 매우	개인	학급 평균	학년 평균	개인/ 평균
자아	자아 존중감	4	• 나는 내 자신을 사랑한다. • 나는 모든 일에 자신이 있는 편이다. • 나는 내가 할 수 있는 일에 최선을 다한다. • 나는 친구들에게 인기가 있다.	⓪①②③④ ⓪①②③④ ⓪①②③④ ⓪①②③④				/
교사 관계	교사의 지지도 및 교사 선호도	4	• 담임선생님이 나를 인정하고 신뢰한다고 느낀다. • 나는 어려운 일을 당하면 선생님에게 말하겠다. • 나는 담임선생님을 존경한다. • 담임선생님은 우리 반 아이들을 차별 없이 공평하게 대해 주신다.	⓪①②③④ ⓪①②③④ ⓪①②③④ ⓪①②③④				/
가정	부모와의 관계	4	• 부모님은 나의 걱정이나 두려움을 함께 나누어준다. • 나는 부모님과 사소한 일이라도 이야기를 자주 한다. • 부모님은 자신의 생각이나 느낌을 나에게 이야기하신다. • 나는 부모님을 존중한다.	⓪①②③④ ⓪①②③④ ⓪①②③④ ⓪①②③④				/
교우 관계	사회적 기술	4	• 내가 먼저 말을 꺼내서 나는 친구를 쉽게 사귄다. • 나는 어려운 일이 있을 때 친구나 선생님에게 도움을 청한다. • 책상을 깨끗하고 단정하게 유지한다. • 학급회의에 적극적으로 참여한다.	⓪①②③④ ⓪①②③④ ⓪①②③④ ⓪①②③④				/
	학급 선호도	4	• 즐겁게 느낀다. • 우리 반에 소속된 것을 만족하게 생각한다. • 우리 반 친구들은 내 이야기를 잘 들어준다. • 우리 반 친구들은 어려운 친구를 잘 도와준다.	⓪①②③④ ⓪①②③④ ⓪①②③④ ⓪①②③④				
	친한 친구 수	2	• 과학시간에 3명씩 조를 편성한다면 함께 조가 되고 싶은 친구 3명 이름을 쓰시오 • 내가 힘든 일을 당했을 때 말하고 싶은 친구는 몇 명인가?	( ) ( ) ( ) ____명				
	합계점수							/

〈학교폭력 조기 감지 질문지 활용 방법〉

1. 질문지의 구성

질문지는 학교폭력 발생의 직접적인 요인으로 폭력적인 학교환경, 위험 행동징후, 성격 문제로 분류하고, 간접적인 요인으로 자아존중감, 교사와의 관계, 가정생활, 교우관계로 나누었다.

2. 활용 방법

교사는 질문지에 학생 개인이 답변한 내용을 가지고 직·간접적인 요인을 나누어서 개인 점수와 평균 점수(학급, 학년)를 비교하여 학생 개인적 상황과 학급 분위기를 파악할 수 있다.

① 질문지에 학교폭력 발생에 직접적인 요인인 폭력적인 학교환경, 위험행동징후, 성격 문제 합계 점수를 구한다. 직접적인 요인 점수가 높을수록 위험 가능성이 높다고 볼 수 있다.

② 나머지 간접적인 요인인 자아, 교사관계, 가정, 교우관계 합계점수를 구한다. 간접적인 요인은 전체 합산 점수와 세부 질문 점수를 활용 학생 상담자료로 활용한다.

③ 교사 자신도 학생들이 인식하고 있는 교사와의 관계를 점검 확인할 수 있다. 교사는 질문지 자료를 기초로 학생 개인상담, 학급분위기 파악, 교사 본인의 지도력을 평가하여 학급운영에 기초자료로 활용한다.

* 출처: 장맹배(2005). 학교폭력 조기 감지의 중요성. 새교육7월호. 한국교육신문사.

[부록3] 부모가 체크하는 '피해자 징후'와 '가해자 징후'

피해자 징후

<행동상 징후>
▶ 집에 돌아오면 피곤한 듯 주저앉는다.
▶ 부모와 눈을 잘 마주치지 않고 피한다.
▶ 자기 방에 틀어박혀 있는 시간이 많다.
▶ 같이 어울리는 친구가 거의 없다.
▶ 내성적이고 소심하며 초조한 기색이 보인다.
▶ 다른 아이의 괴롭힘에 대한 피해를 자주 말한다.
▶ 작은 일에도 깜짝깜짝 놀란다.
▶ 머리나 배 등이 자주 아프다고 호소한다.
▶ 전보다 용돈을 자주 달라고 요구하며 때론 훔치기도 한다.
▶ 무슨 생각에 골몰해 있는지, 정신이 팔려 있는 듯하다.
▶ 학교에 가기 싫어하고 학교를 그만두거나 전학가고 싶다고 말한다.
▶ 수련회, 수학여행 및 체육대회 등 행사에 참석하기 싫어한다.
▶ 학교에 가거나 집에 올 때 엉뚱한 교통노선을 택한다.
▶ 악몽을 꾸거나 잠을 설치면서 꿈을 꾸면서 울기도 하고 식은땀을 흘린다.

<외견상 징후>
▶ 옷이 더럽혀져 있거나 찢겨져 있는 일이 자주 있다.
▶ 잠을 잘 못 자거나 악몽을 자주 꾼다.
▶ 노트나 가방, 책 등에 낙서가 많이 써있다.
▶ 학용품이나 소지품이 자주 없어지거나 망가져 있다.
▶ 학교성적이 떨어진다.
▶ 몸에 상처나 멍이 들어 있다.
▶ 전화를 받고 갑자기 외출을 하는 경우가 자주 있다.

가해자 징후

▶ 육체적 활동, 체육 등을 좋아하며 힘이 세다.
▶ 화를 잘 내고 이유와 핑계가 많다.
▶ 부모에게 이유 없이 반항을 한다.
▶ 참을성이 없고 말투가 거칠다.
▶ 밤늦도록 잠을 자지 않는다.
▶ 돈 씀씀이가 커진다.
▶ 친구에게 받았다고 하면서 비싼 물건을 가지고 다닌다.
▶ 비밀이 많고 부모와 대화가 없다.
▶ 외출이 잦고 친구들의 전화에 신경을 많이 쓴다.
▶ 귀가시간이 늦어지고 불규칙하다.
▶ 성미가 급하고 화를 잘 낸다.
▶ 부모를 무시하고 공격적이다.
▶ 자기자신에 대한 자존심이 강하다.

* 출처: 경상북도 영덕교육청, 학교폭력예방지침서

[부록4] 도움을 구할 수 있는 학교폭력전문기관

기관명	사이트	전화번호
청소년상담원	http://www.kyci.or.kr	02) 730 – 2000
청소년폭력예방재단	http://www.jikim.net/	대표: 02) 585 – 0098
자녀안심하고 학교보내기운동 국민재단	http://www.1318love.net	02) 3453 – 5227
청소년종합지원센터	http://www.1388.or.kr	대표: 02) 734 – 1388
방배유스센터청소년상담실	http://www.bb1318.or.kr/index4.htm	02) 3487 – 6161 (내선 300, 301, 302)
학교폭력상담전문 왕따닷컴	http://www.wangtta.com	02) 793 – 2000
한국폭력대책국민협의회	http://www.ttastop.org	02) 325 – 2542
한국자살예방협회	http://www.suicideprevention.or.kr	02) 413 – 0892~3
우리아이학교폭력피해자가족협의회	http://www.uri – i.or.kr	–
밝은청소년지원센터	http://www.eduko.org	02) 776 – 4818
십대들의 쪽지	http://www.teen4u.co.kr	02) 783 – 7978
아름다운학교운동본부	http://www.school1004.net	02) 765 – 5778
YMCA청소년상담네트워크	http://counsely.ymca.or.kr	02) 2677 – 9220
금란교실	http://keumnan.gen.go.kr	062) 956 – 2291 – 2
대한법률구조공단	http://www.klac.or.kr	02) 532 – 0132
사이버 경찰청	http://www.police.go.kr	02) 363 – 0112
국립경찰병원	http://www.nph.go.kr	02 – 3400 – 1700, 1117
대안교육종합센터	http://www.daeancenter.or.kr	02) 871 – 2733

[5차시 강의안]

학교폭력,
설마 우리 아이가?

〈학교폭력 5차시 강의안〉

1. 들어가는 말

학교폭력, 설마 우리 아이가?

◀ PPT 1

언론에서 연일 학교폭력에 대해 떠들고 있습니다. 많은 학부모님들은 그런 기사를 접할 때마다 불안함을 느끼면서도 '그래도 설마 내 아이가 학교폭력의 피해자일 리가 없어.', '가해자일 리는 더더욱 없어.'라고 믿고 싶어 합니다. 하지만 대부분의 학부모님들은 학교폭력에 대해 서로 다른 잣대를 가지고 판단하기 때문에 자신의 아이들은 학교폭력에서 멀리 떨어져 있는 듯 생각하는 경우가 많습니다. 이 시간에는 학교폭력에 대하여 확실하게 알고 과연 우리 아이들이 학교폭력의 행동을 보이고 있는지 점검해 보는 시간을 갖도록 하겠습니다. 다음 영상을 보도록 합시다.

PPT 2 ▶

보고싶다……보고싶어……

> ◉ 동영상 내용
> 학교폭력 피해로 자살한 학생의 어머니의 모습이다. 가슴을 치며 보고싶다라는 말을 외치는 모습에서 학교폭력의 피해의 아픔을 느낄 수 있다.

이 동영상은 학교폭력 피해로 자살한 학생의 어머니가 가해학생 부모와 마주친 후 오열하는 장면입니다. 자식을 떠나보낸 어머니의 마음을 모두 헤아릴 수 없지만 이 영상을 통해 조금은 느낄 수 있을 것 같습니다. 학교폭력에서 가해학생과 마찬가지로 가해학생 학부모님들도 학교폭력 피해에 대한 고통을 학교폭력 피해 가족들과 나누지 못하는 경우가 많습니다. 하지만 학교폭력의 피해는 한 개인의 고통을 뛰어 넘어 가족을 흔들어 놓는 엄청난 것입니다. 따라서 학교폭력이 단순히 자라나는 아이들 간의 다툼 정도로 여기시는 분들이 계시다면 절대로 그것은 아니라고 말씀드립니다. 학부모님들도 언론에서 계속 접하고 계시지만 근래 학교에서 발생하고 있는 학생 간의 폭력은 다양하고 흉포화된 범죄입니다. 다음 영상을 보시면서 우리 주변의 학교폭력이 얼마나 만연하고 있는지 그 심각성을 알아보도록 합시다.

학교폭력의 심각성

◀ PPT 3

> ◉ 동영상 내용
>   학교폭력에 관한 Rbs 뉴스 모음이다. 흉기뿐만 아
> 니라 다양한 범죄의 모습을 보여주고 있는 학교폭력의
> 심각성을 보여주고 있는 뉴스보도 영상이다.

학교폭력의 심각성을 보도하는 뉴스들과 폭력으로 상처받은 학생들의 모습을 보았습니다. 부모님들께서 이제 조금 학교폭력의 심각성을 느끼셨는지 모르겠습니다. 학교폭력의 근절을 위해 학교, 교사 그리고 학생뿐만 아니라 가정에서 많은 도움과 지원을 해주셔야 합니다. 학교폭력이라는 범죄를 근절시키는 데 막중한 책임이 있는 학부모님들께서 지금부터의 학교폭력 관련 내용을 잘 숙지하시어 큰 힘이 되어 주실 거라 믿어 의심치 않습니다.

지금부터 학교폭력이란 무엇인지, 과연 우리 아이와 학교폭력이 관계가 있는 것인지 점검해보도록 하겠습니다.

2. 학교폭력, 그것이 알고 싶다!

학교폭력, 그것이 알고 싶다

우리는 학교폭력을 생각할 때 단순히 때리고 맞는 상황을 떠올리게 됩니다. 하지만 학교폭력은 그 개념이 굉장히 다양해서 부모가 학교폭력에 대해 정확히 모른다면 자녀들에게 학교폭력에 대한 올바른 교육을 시키는 것이 어려울 수밖에 없습니다.

그래서 지금부터는 학교폭력에 관하여 기존에 알고 있던 지식을 확인하고 점검하는 시간을 가져보도록 하겠습니다.

1) 학교폭력의 장소

학교폭력의 장소

PPT 4 ▶

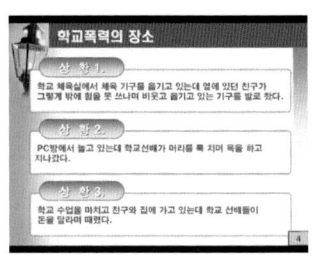

어떤 장소에서 일어나는 것을 학교폭력이라 할 수 있을까요? 다음에 제시하는 세 가지 상황 중에서 학교폭력이라 생각되는 것은 무엇이며 학교폭력과 관련이 없는 상황이라 생각되는 것은 무엇인지 확인해 보도록 합시다.

상황1

학교 체육실에서 체육 기구를 옮기고 있는데 옆에 있던 친구가 그렇게밖에 힘을 못 쓰냐며 비웃고 옮기고 있는 기구를 발로 찼다.

이 상황은 학교폭력이 맞습니다. 학교폭력의 대부분은 교실 내에서 이루어지게 됩니다. 또한 학교 내에서의 인적이 드문 학교 옥상, 담벼락 그리고 체육실 등에서 발생하기 쉽습니다.

상황2

PC방에서 놀고 있는데 학교 선배가 머리를 툭 치며 욕을 하고 지나갔다.

이 상황도 학교폭력입니다. 최근 PC방에서도 학교폭력의 장소가 되어 가고 있습니다. PC방은 학

생들의 출입이 빈번하여 학생들끼리 또는 학생과 일반인간의 충돌이 잦을 수 있는 공간입니다. 이 상황은 장소가 학교가 아닌 PC방이어도 가해자와 피해자가 모두 학생이기 때문에 학교폭력이라 하겠습니다.

상황3

학교 수업을 마치고 친구와 집에 가고 있는데 학교 선배들이 돈을 달라며 때렸다.

학교 선배들이 돈을 달라며 때리기는 했지만 학교에서 집으로 귀가하던 도중 학교 외부에서 일어난 일이기 때문에 학교폭력인지 애매한 상황일 수도 있습니다. 하지만 이 상황에서 역시 학교가 아닌 집에 가는 길이기는 하지만 가해자와 피해자 모두가 학생이므로 학교폭력이라 말할 수 있습니다.

학교폭력의 79%가 학교 내에서 일어나며 약 21%의 학교폭력 사건이 그 외의 장소에서 발생한다고 합니다. 대부분의 학교폭력 사건이 학교 내에서 이루어지고 있는 점을 생각해 보면 학교폭력이 장기적으로 이루어질 가능성이 많고 또한 피해학생이 학교를 떠나지 않는 한 혹은 가해학생이 학교를 나오지 않는 한 학교폭력에서 벗어나는 것이 힘들 것으로 예상됩니다. 이러한 특성으로 학교폭력의 피해자는 일회적인 범죄 피해보다 더 큰 신체적·정신적 고통을 겪게 될 가능성이 높습니다.

2) 학교폭력의 유형

신체적인 폭력

그렇다면 다른 사람에게 고통을 주는 행동에는 어떠한 것들이 있을까요? 일반적으로 생각할 수 있는 것이 신체적인 폭력입니다. 물론 신체적 폭력은 폭력행위의 일부일 뿐입니다. 근래의 학교폭력은 친구들과의 의견이 달라 다투는 정도를 넘어 사람에게 해를 가하고 더 이상 삶을 지속할 수 없을 정도의 고통을 주는 범죄로써 행해지고 있는 것이 사실입니다. 얼마 전 4만 원을 빌리고 갚지 않았다는 이유로 여중생에게 벌레를 먹이고 가슴과 등을 담뱃불로 지지는 사건도 있었습니다. 이것은 우리 형법에서 규정하고 있는 폭력행위로 인한 상해죄에 해당되는 범죄인 것입니다.

PPT 5 ▶

사이버 공간에서의 따돌림

◎ 동영상 내용
미국에서 사이버 공간 내 집단 따돌림, 일명 "왕따"를 견디다 못한 14살짜리 소년이 스스로 목숨을 끊었습니다. 이 소년을 괴롭혔던 것은 사이버 공간에서의 이방인도 음란물도 아닌, 같은 학교 동료들의 욕설과 모욕적인 표현들이었습니다. 통계에 따르면 미국의 10대 중 무려 77%가 인터넷상의 따돌림을 경험했다고 응답했습니다.

학교폭력은 사이버 공간에서도 이루어지고 있습니다. 이 뉴스는 미국에서 집단 따돌림을 당한 학생이 자살한 사건을 보도하고 있는데요, 피해학생은 다른 학생들에게 직접적인 폭행을 당한 것이 아니라 사이버 공간에서 친구들의 욕설과 모욕 등의 학교폭력 피해를 겪었습니다. 최근 우리나라도 인터넷 카페 또는 클럽 등을 개설하여 한 학생을 집중적으로 욕을 하거나 험담하여 사이버상에서도 왕따를 만드는 것을 자주 볼 수 있습니다. 인터넷상에서 왕따를 만드는 학생들은 아무 생각 없이 하는 행동이지만 그것이 피해학생에게 괴로움과 상처를 줄 수 있다는 것을 알아야 하며 그러한 사이버상의 따돌림도 학교폭력이라는 것을 알아야 할 것입니다. 따라서 컴퓨터는 공개된 자리에 놓고 자녀가 컴퓨터를 이용해서 무엇을 하는지에 항상 관심을 가지고 지켜볼 수 있어야 하겠습니다.

학교폭력의 유형은 점점 더 다양화되어 가고 있습니다. 하지만 정작 가해학생들은 자신들이 가해행위를 하고 있는지조차도 모르는 경우가 많습니다. 학생들조차 자신들의 행동 중 학교폭력 행위가 없다고 생각하기 때문입니다. 따라서 부모님들께서 학교폭력에 해당하는 행위에는 무엇이 있는지를 알고 자녀들을 잘 지도해주셔야 할 것입니다.

학교폭력의 유형

◀ PPT 6

폭력의 유형

구 분	직접적인 괴롭힘	간접적인 괴롭힘
신체적 폭력	-구타 및 폭행 -돌 던지기 -침 뱉기	-다른 사람에게 누군가를 해치도록 시키기
언어적 폭력	-언어적 모욕 -별명 부르기 -험담하기	-누군가를 모욕하도록 다른 사람을 설득하기 -악성소문을 퍼뜨리기

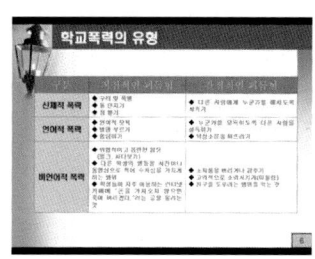

구 분	직접적인 괴롭힘	간접적인 괴롭힘
비언어적 폭력	-위협적이고 음란한 몸 짓 (윙크, 쳐다보기) -다른 학생의 행동을 사진이나 동영상으로 찍어 수치심을 가지 게 하는 행위 -학생들이 자주 이용 하는 인터넷 카페에 "돈을 가져오지 않으 면 죽여 버리겠다." 라는 글을 올리는 것	-소지품을 버리거나 감 추기 -고의적으로 소외시키 기(따돌림) -친구를 도우려는 행위 를 막는 것

결국 학교폭력은 그 상황이 중요합니다. 피해자가 위협이라 느끼는 모든 행동은 모두 학교폭력이 될 수 있습니다. 따라서 학교폭력의 상황이라는 판단은 가해자 입장이 아닌 피해자 입장에서 생각되어야 합니다. 우리 아이들이 장난이라 생각하는 언행 또는 신체적으로 해를 가하지 않는 따돌림 등은 가해자가 폭력행위를 가하고 있다는 생각을 하기 어려운 것이 큰 문제인 것입니다. 자신의 말과 행동이 다른 사람에게 상처를 주지 않을지 생각하는 사려 깊은 아이들이 될 수 있도록 부모님께서 함께 노력하셔야 할 것입니다.

3) 학교폭력의 실태 및 심각성

학교폭력의 실태(피해기간)

PPT 7 ▶

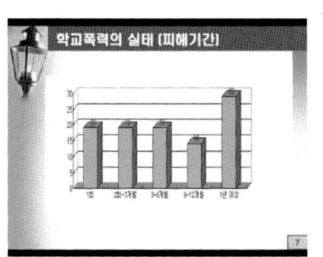

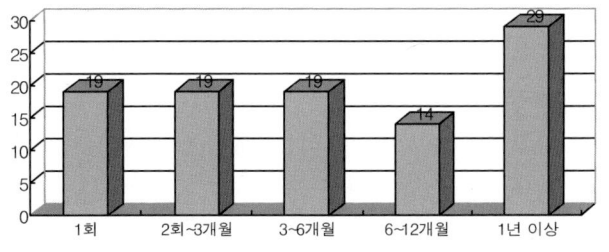

이러한 학교폭력이 심각한 이유는 인간의 존엄성을 해치는 수준의 행위라는 점도 있지만 학교폭력의 피해가 오래 지속된다는 점에서도 심각하다 할 것입니다. 다음 그래프를 보면 학교폭력은 한 명의 학생에게 장기간에 걸쳐 지속되고 있다는 것을 알 수 있을 것입니다. 한 번의 폭력행위도 오랜 시간 동안 피해학생의 상처로 남게 되는데 오랫동안 여러 번에 걸쳐 이루어지는 학교폭력은 심지어 한 사람의 삶을 포기할 정도의 고통을 줍니다. 그런데 가해자들은 대부분 자신의 가해행동을 부인하거나 그저 장난으로밖에 생각을 하지 않습니다. 자신들의 행동에 문제가 있음을 아무도 가르쳐 주지 않고 또한 그들도 그것이 문제라고 생각하지 않기 때문입니다.

또한 가해학생들은 자신들의 폭력을 정당화하려는 경향도 보이고 있습니다. 이러한 정당화는 가해학생들 주변에 있는 친구들에 의해 더 강화가 됩니다. 즉, 그 친구들이 그러한 학교폭력 행위를 말리지 않고 그것을 용인함으로써 더더욱 심해지는 것입니다. 특히 이런 문제는 여학생의 학교폭력 상황에서 더욱 큰 문제가 됩니다.

여학생과 남학생의 차이

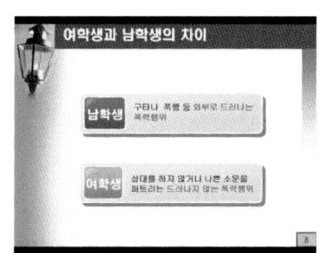

남학생들은 구타 및 폭행 등 밖으로 드러나는 폭력행위를 한다면 여학생들은 상대를 해주지 않거나 나쁜 소문을 퍼뜨리는 등 드러나지 않는 행위들을 폭력행사보다 더 많이 사용하고 있습니다. 통계에 의하면 여학생들은 이러한 행위가 학교폭력이라 생각하지 않는다고 하는 응답이 많습니다. 하지만 그런 행위도 엄연한 학교폭력임을 명심해야 할 것입니다. 또한 여학생들의 학교폭력은 날로 증가하는 양상을 보이고 있습니다. 특히, 여학생들 사이에서 벌어지는 폭력은 집단으로 행사되며 평균 4명 정도의 학생들이 한 명의 학생을 가해하는 모습으로 나타나고 있습니다. 1999년 여학생의 가해자율이 2.2%였는데 2006년에는 14.2%로 무려 7배나 늘었습니다. <출처: 청소년폭력예방재단, 2006년>

그런데 이러한 학교폭력의 피해를 당한 학생들이 가해자가 되는 경우가 종종 발생하고 있습니다. 다음 PPT를 보도록 합시다.

끊을 수 없는 학교폭력의 고리

우리나라 55만 명의 학교폭력 피해학생이 생기고 그들 중 약 56%가 자신이 당한 폭력을 그대로 다른 사람에게 행사하고 있다는 사실이 밝혀졌습니다. 즉, 한 명의 가해학생의 폭력행사로 인해 1차적인 피해학생이 생기고 그 피해학생이 다른 학생들에게 그 폭력행위를 고스란히 물려주는 이러한 문제가 바로 학교폭력을 근절해야 하는 중요한 이유인 것입니다. 아직 우리 아이가 학교폭력의 피해자가 아니라고 안심할 수 없습니다. 내 주변에서 일어나고 있는 학교폭력이 계속되는 한 언젠가 우리 아이도 학교폭력의 피해자가 될 수 있음을 알아야 할 것입니다.

3. 학교폭력 속 우리 아이의 유형은?

학교폭력 속 우리 아이의 유형은?

대부분의 아이들은 학교폭력과 나와는 상관이 없

다고 느낄지도 모릅니다. 내 주변에는 뉴스에서 보이는 학교폭력 상황이 발생하고 있지 않다고 생각할지도 모릅니다. 하지만 학교폭력이 다양하게 이루어지고 있는 현실을 감안하면 자신도 인식하지 못한 채 학교폭력의 가해자로써 누군가에게 상처를 주고 있을지 모릅니다. 지금부터 볼 내용을 통해 과연 우리 아이가 학교폭력과 얼마만큼 관련이 있는지, 자신도 모르게 다른 학생에게 폭력을 행사하고 있지는 않은지 한 번 점검해 보는 시간을 가지도록 합시다.

1) 가해자

가) 모르는 새 빠져버린 학교폭력

학교폭력 가담 사례

◀ PPT 9

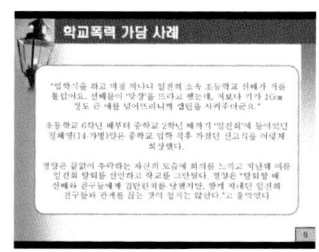

일진회에 가입하거나 혹은 학교 내의 조직을 만들어 짱이 되는 학생들은 한순간에 그런 위치에 올라가지 않습니다. 그런 조직을 가입하고 또 조직 활동을 함으로써 조금씩 자신의 서열을 높여 가는 것입니다. 그런데 이러한 조직의 가입이 자신의 자발적 의도로 가입하는 경우도 있지만 대부분의 경우 친구들과 어울리다 자연스레 조직 활동에 개입하고 나아가 개인 혹은 집단으로 폭력을 행사하게 됩니다. 이렇게 학생들은 일진회 등 학교폭력조직에 가담하게 되는 일정한 경로를 보여주고 있습니다. 다음 사례를 보도록 합시다.

학교폭력 가담 사례

"입학식을 하고 며칠 지나니 일진회 소속 초등학교 선배가 저를 불렀어요. 선배들이 '맞장'을 뜨라고 했는데, 저보다 키가 10㎝ 정도 큰 애를 넘어뜨리니까 캡틴을 시켜주더군요."

초등학교 6학년 때부터 중학교 2학년 때까지 '일진회'에 들어 있던 정혜영(14·가명) 양은 중학교 입학 직후 가졌던 신고식을 이렇게 회상했다. 정 양은 끝없이 추락하는 자신의 모습에 회의를 느끼고 지난해 여름 일진회 탈퇴를 선언하고 학교를 그만뒀다. 정 양은 "탈퇴할 때 선배와 친구들에게 집단린치를 당했지만, 함께 지내던 일진회 친구들과 관계를 끊는 것이 쉽지는 않았다."고 울먹였다

일진회라는 조직은 여러분들도 다 알다시피 학생들이 금품갈취 등을 위한 학교폭력조직입니다. 일진회 특성은 자신이 가입하고 싶다고 해서 가입되는 경우는 거의 없으며 주변 친구들이나 선배들의 권유에 가입되는 것이 특징입니다. 그래서 가입 권유인지도 모르고 친구들과 어울리다가 일진회에 가입이 되고 그 후 어쩔 수 없이 학교 내에서 학생들에게 폭력을 행사하거나 괴롭히는 범죄행위에 가담할 수밖에 없게 되어 버립니다. 그리고 일진회를 탈퇴하고 싶어도 보복으로 인해 쉽게 탈퇴하지 못하는 상황이 발생합니다. 정리하면 일반적 학교폭력 가해자의 경로는 다음과 같습니다.

학교폭력 가담 경로

◀ PPT 10

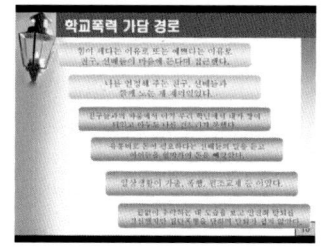

```
┌─────────────────────────────────────────────┐
│  힘이 세다는 이유로 또는 예쁘다는 이유로      │
│  친구, 선배들이 마음에 든다며 접근했다.       │
└─────────────────────────────────────────────┘
                      ↓
┌─────────────────────────────────────────────┐
│  나를 인정해 주는 친구, 선배들과              │
│  함께 노는 게 재미있었다.                     │
└─────────────────────────────────────────────┘
                      ↓
┌─────────────────────────────────────────────┐
│  친구들과의 싸움에서 이겨 우리 학년에서 내가 짱이 │
│  되었고 아무도 나를 건드리지 못했다.          │
└─────────────────────────────────────────────┘
                      ↓
┌─────────────────────────────────────────────┐
│  유흥비로 돈이 필요하다는 선배들의 말을 듣고   │
│  아이들을 협박하여 돈을 빼앗았다.             │
└─────────────────────────────────────────────┘
                      ↓
┌─────────────────────────────────────────────┐
│  일상생활이 가출, 폭행, 원조교제 등이었다.    │
└─────────────────────────────────────────────┘
                      ↓
┌─────────────────────────────────────────────┐
│  끝없이 추락하는 내 모습을 보고 일진회 탈퇴를 │
│  결심했지만 집단폭행을 당하며 탈퇴가 쉽지 않았다. │
└─────────────────────────────────────────────┘
```

이러한 경로로 만들어지는 학교폭력 조직과 가해학생들의 더 큰 문제는 성인폭력조직과 연계가 되고 있는 상황 때문입니다. 2005년 교육부 조사에 따르면 일진회 중 70%가 성인폭력조직과 연결이 되어 학교폭력의 유형과 정도가 점점 더 심해지고 있다고 합니다. 더 큰 문제는 일진회에 가담했던 가해학생들이 나중에 탈퇴를 하여 새로운 삶을 살아보려 해도 이러한 조직과의 연계로 인해 범죄자가 되어 버리는 경우가 많다는 것입니다. 이렇게 일진회에 가입하여 활동을 하던 학생들 중에는 뒤늦게 후회하는 학생들이 많습니다.

PPT 11 ▶   학교짱의 최후

◎ 동영상 내용
　중학생인 혁진이는 선배 형들로부터 일진회 가입을 권유받고 조직 활동을 하던 중 싸움을 하다가 상대학생을 죽음에 이르게 한다. 혁진이를 지켜주겠다던 일진회 선배들은 없고 결국 13년형을 선고받고 교도소에 수감되어 살아가고 있다. 혁진이 어머니도 고통 속에 하루하루를 보내고 있다.

　선배 형들의 권유에 의해 일진회를 가입했던 혁진이의 삶을 보았습니다. 다른 사람들이 건드리지 못하는 막강한 파워를 가진 일진회의 삶을 살아가던 혁진이는 싸움이 일상이 되어 버렸고 그러던 와중에 혁진이에게 폭력의 피해를 당한 학생이 숨지는 사고가 일어났습니다. 결국 13년형이라는 선고를 받고 소년교도소에 복역하고 있는 혁진이는 후회와 반성을 해보지만 이미 그 후회는 너무 늦어버린 것 같습니다. 이 영상을 통해 또한 가해자 부모님의 심정을 느낄 수 있었습니다. 피해학생, 피해학생의 부모님뿐만 아니라 학교폭력의 고통을 받는 사람은 가해학생과 그의 부모님입니다. 학교폭력은 가해자, 피해자 모두에게 상처만 남기는 일이라는 것을 이 사례를 통해 분명히 알았으면 좋겠습니다.

나) 피해자에서 가해자로

피해자에서 가해자로 - 살인 부른 학교폭력

◀ PPT 12

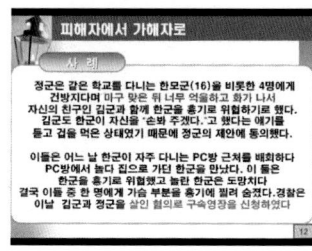

사례

현수는 지난 7월 중순쯤 같은 학교에 진학한 준서 등 중학교 친구 4명으로부터 건방지다며 마구 맞은 뒤 상우와 함께 준서를 흉기로 위협하기로 했다. 상우도 준서가 자신을 "손봐주겠다."고 했다는 얘기를 듣고 겁을 먹은 상태였기 때문에 현수의 제안에 동의했다. 이들은 어느 날 준서가 자주 다니는 PC방 근처를 배회하다 PC방에서 놀다 집으로 가던 준서를 만났다. 이들이 흉기로 위협하자 놀란 준서는 달아났으나 결국 이들 중 한 명에게 가슴 부분을 흉기에 찔려 숨졌다. 경찰은 이날 중 상우와 현수를 대질 조사한 뒤 13일 살인 혐의로 구속영장을 신청하였다.

위 사례는 학교폭력을 당한 피해학생 둘이 자신들을 위협하고 폭행한 가해학생을 살해한 사건이었습니다. 하지만 결국 학교폭력의 피해 당사자였던 두 명의 학생이 살인혐의로 구속되었습니다. 물론 학교폭력을 행한 가해학생의 행동은 잘못이 지적되어야 하고 반성해야 하지만 위의 사례에서 학교폭력의 피해학생들은 도리어 학교폭력의 가해자로 법의 심판을 받게 되었습니다. 만약 현수가 학교폭력 때문에 위협받고 있다는 사실을 부모님이나 선생님께 알렸다면 상황은 크게 바꿨을 겁니다. 부모님들은 평소 자녀의 행동을 관심 있게 지켜보고 언제든지 편안하게 대화할 수 있는 분위기를 만들어 주어야 하겠습니다.

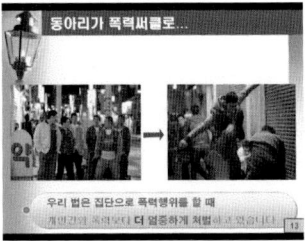

다) 동아리가 학교폭력 가해자로

영화 '폭력서클'에서는 축구로 인해 친해진 친구들끼리 만든 '타이거'라는 모임을 중심으로 이야기가 전개 됩니다. '타이거'의 회장이 좋아하는 또래의 여자아이가 나타나면서 다른 학교아이들과 싸우게 되는 내용입니다. 이 영화의 중요내용은 친목도모를 위해 만들었던 축구모임이 폭력서클로 변해가는 모습입니다.

이러한 예는 현실에도 많이 발생합니다. 친구들과 모임을 갖거나 혹은 학교 동아리 활동을 하다가 학교폭력의 가해자가 되는 경우입니다. 단순히 친구들끼리 같은 취미활동을 하며 만나다가 어떤 사건을 계기로 다른 사람들에게 폭력행위를 하는 경우입니다. 그런데 문제는 이러한 폭력이 일회적으로 끝나는 경우가 드물다는 것입니다. 한번 집단 간의 싸움이 나면 친목 도모를 위한 모임의 목적이 변질되어 자신도 모르게 학교폭력의 가해자가 되어버리는 경우가 있습니다. 여러 명이 같이 가해행위를 하면 그 책임이 나누어질 것이라 잘못 생각할 수도 있을 것입니다. 하지만 우리 법은 집단으로 폭력행위를 할 때 개인 간의 폭력보다도 더 엄중하게 처벌하고 있습니다.

폭력행위등처벌에관한법률
제2조(폭행등) ① 상습적으로 다음 각 오의 죄를 범한 자는 다음의 구분에 따라 처벌한다,
폭행, 협박, 주거침입·퇴거불응 또는 재물손괴의 죄를 범한 자는 1년 이상의 유기징역
존속폭행, 체포·감금, 존속협박 또는 강요의 죄를 범한 자는 2년 이상의 유기징역
상해·존속상해, 존속체포·존속감금 또는 공갈의 죄를 범한 자는 3년 이상의 유기징역

> ② 2인 이상이 공동하여 제1항 각 오에 열거된 죄를 범한 때에는 각 형법 본조에 정한 형의 2분의 1까지 가중한다,
>
> **제4조 (단체등의 구성·활동)** ① 이 법에 규정된 범죄를 목적으로 한 단체 또는 집단을 구성하거나 그러한 단체 또는 집단에 가입하거나 그 구성원으로 활동한 자는 다음의 구별에 의하여 처벌한다,
> 1. 수괴는 사형, 무기 또는 10년 이상의 징역에 처한다
> 2. 간부는 무기 또는 7년 이상의 징역에 처한다
> 3. 그 외의 자는 2년 이상의 유기징역에 처한다
> ② 제1항의 단체 또는 집단을 구성하거나 그러한 단체 또는 집단에 가입한 자가 단체 또는 집단의 위력을 과시하거나 단체 또는 집단의 존속·유지를 위하여 다음 각 오의 1의 행위를 한 때에는 그 죄에 대한 형의 장기 및 단기의 2분의 1까지 가중한다,

　　우리 법은 '폭력행위등처벌에관한법률'을 제정하여 상습적이고 집단적인 폭력을 강화하여 규제하려 합니다. 일반적인 형법에서의 처벌은 기간의 상한이 정해져 있는 반면 '폭력행위등처벌에관한법률'은 '0년 이상'이라는 표현을 사용함으로써 더욱 무거운 처벌을 하고 있는 것입니다. 또한 폭력을 위한 집단을 구성하거나 가입만 하더라도 처벌될 수 있는 규정을 두고 있습니다. 즉, 조직이나 집단을 만드는 것 자체가 큰 범죄라는 것입니다. '폭력행위등처벌에관한법률'은 형법에 대한 특별법으로 어떠한 행위가 형법에서도 처벌가능하고 '폭력행위등처벌에관한법률'에서도 처벌이 가능하다면 '폭력행위등처벌에관한법률'이 우선하여 적용됩니다. 집단적이고 상습적인 폭행이 더욱더 큰 책임이 뒤따른다는 것을 아셔야 할 것입니다.

2) 방관자

방관자

하지만 학교폭력 상황의 대부분은 주변에 학교 폭력 상황을 목격하고 있는 친구들이 있다는 것입 니다. 즉, 학교폭력이 지속되고 유지되는 데 있어 방관하는 학생들이 많다는 것이지요. 이로 인해 학 교폭력의 피해는 가중되고 가해행위는 멈추지 않 는 상황이 계속됩니다. 학교폭력의 뿌리를 뽑을 수 있는 핵심은 바로 학교폭력 피해를 목격하고 있는 많은 학생들의 의지입니다. 따라서 학부모님들께서 는 자신의 아이들이 학교폭력 피해를 당하지 않게 하기 위한 첫걸음으로 주변의 학교폭력 상황에 대 해 아이가 관심을 갖고 그러한 폭력이 옳지 않다 는 것을 알려주셔야 합니다. 학부모님들의 학교폭 력에 대한 지속적 관심은 자연스레 학생들의 주변 학교폭력 상황에 대한 인식 증가로 이어지고 그로 인해 방관으로 인한 학교폭력의 강화는 멈추어질 수 있기 때문입니다. 따라서 지금부터 방관학생들 의 특징과 상황을 살펴보고 자녀들에게 어떻게 교 육하셔야 하는지 알려드리도록 하겠습니다.

PPT 14 ▶

방관자의 특징

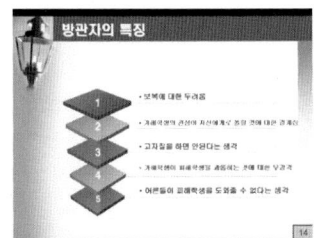

학교폭력의 방관자들 특징은 대체적으로 다음과 같습니다.

☞ 보복에 대한 두려움
☞ 가해학생의 관심이 자신에게로 쏠릴 것에 대한 경계심
☞ 고자질을 하면 안 된다는 생각
☞ 가해학생이 피해학생을 괴롭히는 것에 대해 무감각함
☞ 어른들이 피해학생을 도와줄 수 없다고 생각함

이런 두려움과 여러 가지 생각으로 인해 학교폭력은 우리 눈앞에서 계속 일어나고 있는 것입니다. 폭력상황 발생 시 대다수의 학생들은 그 상황을 그냥 방관하거나 심지어는 즐기는 경향이 있습니다. 영화 "6월의 일기"에서 한 학생이 "우리만의 카페를 알려준 거 알면 나도 역시 왕따가 된다."라는 말을 합니다. 이 말은 대다수 학교폭력을 방관하고 있는 아이들의 갈등을 보여주고 있는 것이라 할 수 있습니다.

하지만 자신도 같이 따돌림을 당할까 봐, 혹은 보복을 당할까봐 가만히 학교폭력 상황을 보고 있으면 피해자는 가해자에게 폭력을 당하는 것뿐만 아니라 방관하는 학생들로 인해 또다시 고립되는 이중의 학교폭력을 경험하게 되는 것입니다. 직접적으로 학교폭력의 피해학생을 때리지 않았고 욕하지 않았다는 그 이유 하나만으로 학교폭력과 관련이 없다고 생각할 수 있는데 그것은 잘못된 생각이라는 것을 알려주셔야 합니다.

그 상황을 바라보고만 있어도 학교폭력의 가해자라는 것을 알려주세요.

특히, 인신공격적인 별명을 만들어 부르는 경우 대부분의 학생들은 가해학생들에게 환호와 지지를 보냄으로써 가해학생들이 잘못을 저지르고 있다는 생각을 못하도록 하고 있습니다. 가해학생이 처음

행사한 폭력 즉, 별명부르기에 대해 다른 학생들이 아무런 제지를 하지 않는 경우 그 가해학생은 죄책감을 느끼지 못하며 폭력적 행위를 반복할 여지가 많습니다. 따라서 가해학생들의 익살, 재치, 야유는 학급 내에서는 즐거움을 줄 수 있고 가해학생은 박수를 받고 명성을 얻을 수 있지만 피해학생에게는 모욕감과 스트레스를 남긴다는 사실을 알아야 합니다.

PPT 15 ▶

피해자를 방관하는 학생들

사 례

중학교 2학년 나피해 학생은 학급에서 4~5명의 학생들에게 계속해서 언어적·신체적 폭력 등을 당해왔다. 그러한 폭력상황이 반복되면서 두려움과 공포가 생기고 그로 인해 나피해 양은 학교에 가는 것이 두려워 지각하거나 조퇴하는 경우가 늘어갔다. 학교에 나와서도 숨이 가쁘고 머리가 아프다고 하는 등 여러 가지 이유를 대며 양호실에 가 있는 등 학교 수업을 거의 받지 않았다. 학급의 다른 학생들도 폭력을 행사하는 행위에 침묵으로 동조하면서 나피해 양을 기피하고 무시하게 되자 이를 견디지 못해 학교를 그만두었다.

위 사례는 전형적인 학교폭력의 상황을 보여주고 있습니다. 사례를 보면 나피해 양이 학교에 나오지 않게 된 1차적 이유는 물론 가해학생들의 폭행이 원인이었습니다. 하지만 학급의 다른 학생들의 도움이 있었다면 결과는 달라질 수 있었을 것입니다. 하지만 나머지 학급 친구들은 '침묵' 또는 그 상황을 '모르는 척'을 함으로써 4~5명의 가해학생의 행동을 지지하고 격려하는 역할을 한 것입니다.

많은 분들이 위와 같은 경우는 아니라도 학창시절에 큰 죄책감 없이 방관자 역할을 하셨던 분

들도 계실 겁니다. 만약 이런 상황을 그냥 지나쳤
었던 경험이 있다면 그런 분 역시 학교폭력의 가
해자 중 한 사람이었다는 것을 기억해야 합니다.
피해자와 가해자 간의 문제가 작은 불씨라면 학급
내 친구들은 그 불씨를 크게 만들어 무서운 불덩
이로 만들어 버릴 수도 있고 또한 그 작은 불씨를
꺼버릴 수 있는 힘을 가진 사람들이기도 합니다.
따라서 학교폭력의 고리를 끊는 힘과 책임은 가해
자·피해자뿐만 아니라 나머지 학생들에게도 있는
것입니다.

3) 피해자

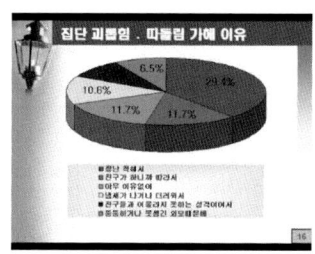

집단 괴롭힘·따돌림 가해 이유

학교폭력의 피해자들이 처음부터 피해자일 리는
없을 것입니다. 어느 날 일어난 조그마한 학급 내
친구 간의 갈등 혹은 단지 적절하지 않은 시간에
적절하지 않은 장소에 있었다는 이유만으로 목표
가 될 수도 있습니다.

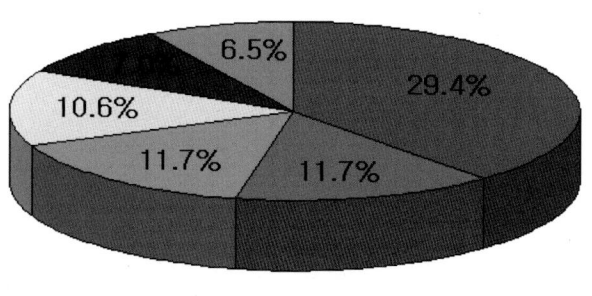

■ 잘난 척해서
■ 친구가 하니까 따라서
■ 아무 이유없이
□ 냄새가 나거나 더러워서
■ 친구들과 어울리지 못하는 성격이어서
■ 뚱뚱하거나 못생긴 외모때문에

부모님들께서 생각하시기에 집단 괴롭힘을 당하는 이유가 무엇이라 생각하십니까? 다음 표는 학교폭력의 가해학생들을 대상으로 설문조사를 한 결과입니다. 가해학생들에게 왜 집단 따돌림을 하는지 물었는데 제일 큰 이유가 잘난 척 때문이라고 합니다. 그러한 이유가 피해학생을 비난하고 험담하면서 집단적으로 따돌리는 합당한 이유가 되지 않겠지만 피해학생들도 자신의 행동을 점검해 보고 자신의 언행과 행동이 다른 친구들의 기분을 상하게 하고 있지는 않은지 생각해 보아야 할 필요가 있습니다. 다른 친구들과의 원만한 관계를 위해서 자주 대화를 하는 것도 좋은 방법일 것입니다. 그런데 이러한 집단 괴롭힘이 문제가 되는 것은 뚜렷한 이유 없이 학교폭력 행위를 하는 가해학생들입니다. 가해학생들은 친구가 하니까 따라서, 아무 이유 없이라는 명목으로 가해행위를 하고 있습니다. 이렇게 이유 없는 가해행위는 피해자에게 굉장한 고통을 주고 있으며 이러한 행동들이 더 큰 폭력상황을 불러올 수 있습니다.

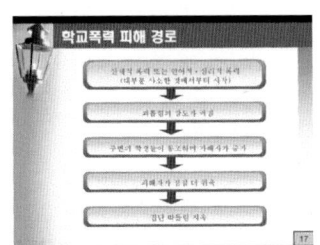

PPT 17 ▶

학교폭력 피해 경로

그런데 집단 따돌림을 비롯한 학교폭력 피해자들이 가출, 또 다른 비행 그리고 극단적인 선택을 하는 이유는 이런 피해의 고통뿐만 아니라 학교폭력의 벗어날 수 없다는 비관적인 생각을 하기 때문입니다. 왜 학교폭력의 피해에서 벗어날 수 없을까요? 다음 그림을 보면서 알아보도록 합시다. 일반적으로 학교폭력은 다음과 같은 경로를 거치게 됩니다.

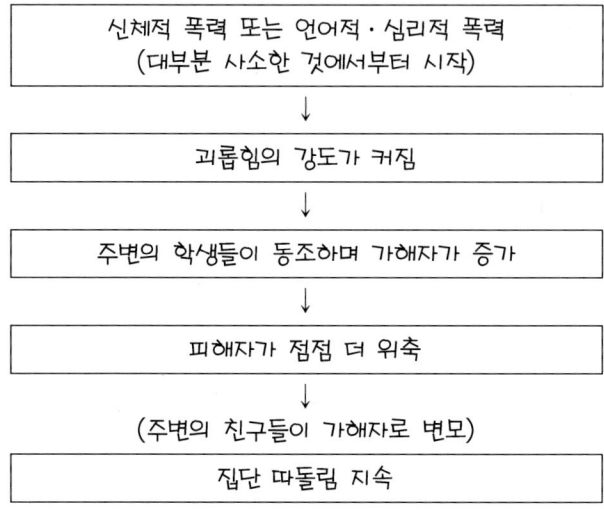

신체적 폭력 또는 언어적 · 심리적 폭력
(대부분 사소한 것에서부터 시작)
↓
괴롭힘의 강도가 커짐
↓
주변의 학생들이 동조하며 가해자가 증가
↓
피해자가 점점 더 위축
↓
(주변의 친구들이 가해자로 변모)
집단 따돌림 지속

학교폭력이 발생한 후 주변 학생들이 동조하면서 가해자가 증가되고 있는 것이 학교폭력의 특징입니다. 바꾸어 말하면 학교폭력을 끊을 수 있는 열쇠는 주변 학생들이 가지고 있다는 것입니다. 학교폭력 상황 발생 시 주변 학생들이 피해자를 도와주고 그러한 폭력 행위를 방관하지 않겠다는 의지만 보여주어도 피해자는 쉽게 학교폭력 상황에서 벗어날 수 있는 것입니다.

4. 학교폭력의 고통과 아픔

별명과 차별로 인한 고통

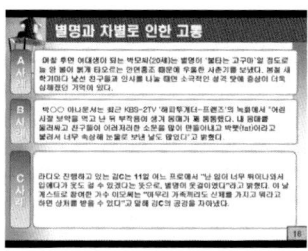

♣ A사례 - [닥터칼럼] 中에서
며칠 후면 여대생이 되는 박 모 씨(20세)는 별명이 '불타는 고구마'일 정도로 늘 양 볼이 붉게 타오르는 안면홍조 때문에 우울한 사춘기를 보냈다. 봄철 새 학기마다 낯선 친구들과 인사를 나눌 때면 소극적인 성격 탓에 증상이 더욱 심해졌던 기억이 있다.

♣ B사례-[한국일보] KBS 아나운서 '뚱뚱한 몸매'
   눈물로 밤 지샌 사연
   박○○ 아나운서는 최근 KBS-2TV '해피투게더-
프렌즈'의 녹화에서 "어린 시절 보약을 먹고 난 뒤 부
작용이 생겨 몸매가 꽤 통통했다. 내 몸매를 둘러싸고
친구들이 이러저러한 소문을 많이 만들어내고 박팻
(fat)이라고 불러서 너무 속상해 눈물로 보낸 날도 많
았다"고 밝혔다.

♣ C사례-[한 연예인의 인터뷰]
   라디오 진행하고 있는 김C는 11일 어느 프로에서
"난 입이 너무 튀어나와서 입에다가 옷도 걸 수 있겠다
는 뜻으로, 별명이 옷걸이였다"라고 밝혔다. 이 날 게스
트로 참여한 가수 이 모 씨는 "아무리 가족끼리도 신체
를 가지고 뭐라고 하면 상처를 받을 수 있다"고 말해
김C의 공감을 자아냈다.

   위 사례는 학생들뿐만 아니라 우리 주변에서 자
주 가해자가 되거나 피해자가 되는 '놀림'에 관한
이야기입니다. 단지 별명을 만들어 놀리는 친구들
은 재미있다는 이유만으로 계속 별명을 부르지만
다른 친구들과 조금 특이하다는 이유만으로, 단지
실수로 한 행동 때문에 인신공격적인 별명으로 불
리는 것은 굉장한 스트레스이며 상처가 됩니다. 따
라서 부모님들께서는 자녀들이 이러한 스트레스를
받고 있지는 않은지 한번 점검해보시길 바랍니다.
더욱 중요한 것은 이러한 행위가 학교폭력이며 우
리 아이가 다른 학생에게 이러한 행동을 하고 있
지는 않은지 점검해보시고 놀림과 같은 드러나지
않는 폭력도 피해자에게 고통과 피해를 줄 수 있
는 행위임을 반드시 알려주셔야 할 것입니다. 다음
영상은 학교폭력 피해를 당한 학생의 모습입니다.
학교폭력이 왜 근절되어야 하는지 알 수 있는 영
상입니다.

학교폭력 피해의 고통

◀ PPT 19

◎ 동영상 내용
　학생들의 집단 폭행으로 뇌의 심각한 손상을 입은 여학생의 이야기입니다. 지능은 초등학생 정도로 떨어졌지만 그날의 악몽은 여전한지 그 기억을 떠올리며 계속 눈물을 흘립니다. 피해자뿐만 아니라 피해자의 어머니 역시 학교폭력으로 인한 슬픔으로 고통의 나날을 보내고 있습니다.

　이 영상을 보니 어떠한 생각과 느낌이 드셨는지 궁금합니다. 지금까지 학교폭력 피해에 대한 고통을 느껴보고 그의 가족이 되어 그들의 심정을 조금이나마 알아보는 시간을 가져보았습니다. 또한 학교폭력이 또 다른 폭력을 낳고 결국 내 아이가 학교폭력의 고통을 겪을 수 있다는 사실을 알았습니다. 따라서 주변에서 일어나고 있는 학교폭력 상황을 그냥 지나친다면 학교폭력의 피해자가 우리 아이, 혹은 나의 가족이 될 수 있다는 것을 명심하셔야 합니다. 반드시 학교폭력을 뿌리 뽑아야 한다는 의지를 가지셨으면 좋겠습니다.

5. 우리아이를 위해 어떻게 해야 하죠?

　학교폭력은 한 개인의 존엄성을 침해하는 심각한 범죄입니다. 가장 지켜야 할 권리를 짓밟는 학교폭력으로부터 우리 자녀들을 구하고 그들이 자신의 의지대로 삶을 꾸려나갈 수 있도록 해주어야 할 것입니다. 그런데 만약 우리 아이에게 이런 일이 생긴다면 어떻게 대처해야 할까요?

1) 우리 아이가 피해자라면……

학교폭력 피해학생의 대처 방식

PPT 20 ▶

대처 방법을 알아보기에 앞서 현재 우리나라에서 학교폭력으로 피해를 당하고 있는 학생들은 어떠한 대처를 하는지 알아보도록 하겠습니다. 다음 표를 보면 6가지 정도의 방식으로 대처를 하고 있습니다. 과연 우리 아이들이 학교폭력 피해자라면 학교폭력을 피하기 위해 어떻게 대처를 할 것이라 생각됩니까? 다음 표의 빈칸에는 어떠한 대처 방식이 들어갈까요? (학부모들이 quiz 형태로 맞춰 보도록 한다.)

무시했다	48,5%
혼자 고민했다	43,3%
선생님이나 부모님께 말씀드렸다	26,1%
친구들과 상의했다	12,9%
가출이나 자살을 시도했다	7,7%
다른 아이들 또는 동생을 괴롭히거나 때렸다	5,1%

현재 피해학생들의 대처방식을 알아보았습니다. 통계를 살펴보면 학생들은 "무시했다"라는 응답이 가장 많았고 그 다음으로 "혼자 고민했다"라는 응답이 많았습니다. 문제를 해결하기 위해 선생님이나 부모님께 말한 경우는 불과 26.1%밖에 되지 않았습니다. 그 외에 "가출이나 자살을 시도했다(7.7%)" "다른 아이들 또는 동생을 괴롭히거나 때렸다(5.1%)"라는 응답으로 학교폭력이 다른 폭력을 낳고 있는 모습을 보여주었습니다.

학교폭력 피해자의 징후

◀ PPT 21

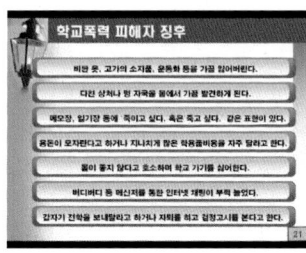

이러한 아이들의 대처 방식을 살펴보면 부모에게 말하는 경우가 1/4 정도밖에 되지 않기 때문에, 부모는 아이들이 피해자라는 사실을 알지 못하다가 나중에 상황이 심각해지면 그때서야 알게 되는 것이 현실입니다. 따라서 부모는 우리 아이가 학교폭력의 피해를 입고 있지 않은지 조기에 발견하기 위해 평소 자녀의 행동을 관심 있게 지켜보아야 합니다. 이것은 밤낮으로 감시하라는 것이 아닙니다. 학교폭력을 식별할 수 있는 징후를 알고 그에 따라 대처할 수 있어야 합니다.

◆ 징후 1: 비싼 옷, 고가의 소지품, 운동화 등을 가끔 잃어버린다.

학교폭력 가해자들이 가장 좋아하는 물품이 고가의 운동화입니다. 여자아이는 비싼 옷을 **빼앗길** 때도 있습니다. 새 운동화를 헌 운동화로 바꿔 신고 오면 반드시 그 이유를 확인해야 합니다. 신기한 기념품이나 고가의 소지품을 잃어버렸다고 둘러대는 태도를 보일 때도 잘 달래서 추적해 보아야 합니다.

◆ 징후 2: 다친 상처나 멍 자국을 몸에서 가끔 발견하게 된다.

석연치 않은 상처를 발견하고 물어보면 그냥 넘어졌다는 식으로 얼버무리는 경우도 있습니다. 이 때는 폭력 피해를 예측해 볼 수 있습니다. 흔히 목을 졸릴 때 입는 상처는 손가락 자국이 앞에서 볼 때 V자 형으로 납니다. **뺨**을 심하게 맞으면 귀밑이 무엇에 긁힌 것처럼 **빨갛습니다.** 만약 상처가 심하면 대답을 하든지 안 하든지 가까운 병원에 가서 상해진단서를 받아놓는 것이 좋습니다. 나중에 학교폭력 피해가 확인되면 진단서는 중요한 증거가 될 수 있습니다.

◆ 징후 3: 교과서, 메모장, 일기장 등에 '죽이고 싶다.' 혹은 '죽고 싶다.'와 같은 표현이 있다.

아이는 무의식중에 자기표현을 합니다. 수업을 하다가도 가해자가 떠오르면 교과서에 낙서를 하게 됩니다. 일기장에는 구체적인 복수의 방법을 기록해 두기도 합니다. 이러한 물증이 발견되면 꼭 원본을 보관하거나 곤란할 경우 복사라도 해 두어야 합니다. 부모가 학교를 찾아가거나 법적인 절차를 밟을 때 이것은 중요한 증거로 제시될 수 있습니다.

◆ 징후 4: 용돈이 모자란다고 하거나 지나치게 많은 학용품비용을 자주 달라고 한다.

용돈을 올려달라고 자주 떼를 쓰거나 준비물, 참고서 비용을 고가로 요구하는 일이 있으면 한 번쯤 금품피해의 가능성을 점쳐 보아야 합니다. 일진회에게 바칠 상납금을 마련하기 위해 군고구마 장사를 했던 사례도 있습니다.

◆ 징후 5: 몸이 좋지 않다고 호소하며 학교 가기를 싫어한다.

몸이 아프다고 하소연하면서 기회만 있으면 학교에 가기를 기피하거나, 담임선생님에게 아이가 별이유도 없이 지각, 조퇴가 잦아지고 있다는 연락을 받게 되면, 심각한 학교폭력 피해를 의심해 볼 수밖에 없습니다. 아이가 견딜 수 없는 피해를 지속

적으로 당하게 되면 당연히 피해가 일어나는 현장
인 학교를 기피합니다.

◆ 징후 6: 버디버디 등 메신저를 통한 인터넷
채팅이 부쩍 늘었다.

왕따 피해자나 가해자에게 공통점이 있다면 바
로 이 채팅 부분입니다. 채팅을 통해서 피해와 가
해의 과정이 이루어질 수 있습니다. 의외로 피해자
는 갑자기 평소에 쓰지 않던 공격적인 말씨나 행
동을 보입니다. 가해자의 거친 말투나 공격적인 행
동에 시달리면서 자신도 그 모습을 투사하여 동일
시하게 되는 경우입니다. 채팅을 통해 이루어지는
자녀의 변화를 살펴보고 피해의 가능성을 진단해
볼 수 있습니다.

◆ 징후 7: 갑자기 전학을 보내달라고 하거나 자
퇴를 하고 검정고시를 보겠다고 한다.

아이가 뚜렷한 이유도 없이 전학을 간다고 하거
나 자퇴를 하고는 자력으로 검정고시를 보겠다고
고집을 부리면 도대체 왜 그런 생각을 하는지 점
검해 보아야 합니다. 보통 공부를 잘하거나 자존심
이 강한 아이에게 이러한 현상이 나타날 수 있습
니다. 학교현장을 떠나면서 새로운 출구를 열 수
있다는 가능성을 스스로 가질 때 전학과 자퇴를
생각할 수 있기 때문입니다. 이럴 때는 동기를 잘
파악하여 대화를 나누고 전문가에게 상담을 구하
는 것이 좋습니다.

자녀가 피해사실을 알렸을 때

◀ PPT 22

그럼 피해자녀가 어려움을 스스로 부모에게 털

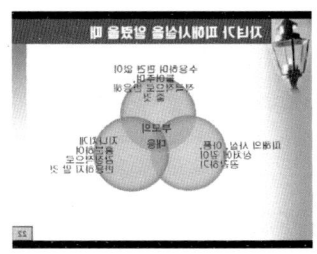

어 놓았을 때는 어떻게 반응하는 것이 좋을까요? 보통 그런 어려움을 이야기하기란 결코 쉬운 일이 아닙니다. 따라서 일단 수용하며 편견 없이 들어주며, 적극적으로 반응해 주는 것이 매우 중요합니다. 그래서 아이가 이야기를 잘했다고 느끼게 하고 그것이 고자질이 아님을 알게 해야 합니다.

우선 잘잘못을 따지지 말고 피해의 사실, 아픔, 상처에 깊이 공감해야 합니다. 경우에 따라서는 자녀에게도 잘못이 있을 수 있습니다. 하지만 현재 중요한 사실은 자녀에게 잘못이 있다는 사실이 아니라 학교폭력에 의해서 고통받고 있다는 사실입니다. 어렵게 이야기를 꺼낸 아이에게서 오히려 잘못을 끄집어낸다면 아이는 절망하고 말 것입니다. 아이의 고통에 공감해주는 것만으로도 자녀는 굉장한 위안과 정신적인 치유가 될 수 있습니다. 더 나아가 아이의 고백을 용기 있는 행동이라고 칭찬해 주는 것은 부모님께 이야기하기를 잘했다는 안도감을 주게 되고 부모에 대한 신뢰감이 생기게 됩니다.

지나치게 흥분하여 감정적으로 반응하는 부모도 있습니다. "누구야. 학교를 다 뒤집어 놓고 말 테야." 이런 반응은 문제를 해결하는 데에 아무런 도움이 되지 못합니다. 아이는 부모님을 화나게 하려고 이런 이야기를 하는 것이 아니라 자신의 고통을 가능하면 진통 없이 잘 해결해 달라고 이야기하는 것입니다. 피해학생들은 비록 문제가 해결될지라도 그 이후에 학교를 계속 다니면서 선생님, 친구들과의 생활을 계속해야 합니다. 부모가 불같이 화를 내며 교장실로 달려가서 일을 크게 만들기를 과연 바랄까요?

감정적으로 반응하기보다는 사건에 대해 신중하

게 생각하고 문제의 해결과정을 아이와 상의하며 부모가 어떻게 해 주기를 바라는지 물어볼 필요가 있습니다. 이이의 의사를 존중할 것임을 밝혀야만 아이는 더 쉽게 반응할 것입니다.

모든 피해학생들은 피해사실을 밝혔을 때의 주변 반응에 따라 회복 상태가 결정됩니다. 아이의 피해사실을 전 가족의 수치처럼 느끼면, 아이는 절망하고 맙니다. 가족마저 따뜻한 품이 되어 주지 못하면 갈 곳이 없고, 마음 둘 곳도 없습니다. 아이가 당할 때의 아픔을 생각하면서 아이를 한없이 보호해 줄 것임을 말해야 합니다. 상처를 최소화하는 길은 여기서부터 시작됩니다.

물증을 확보하자.

◀ PPT 23

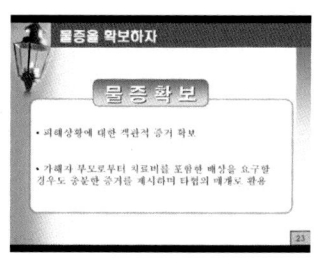

부모님이 이처럼 피해사실을 알았다면 가장 먼저 '물증'을 확보해야 합니다. 피해에 대한 일체의 진술서와 주변 친구들의 증언서, 녹음 등 작은 것 하나라도 빼놓지 않고 챙겨 두어야 합니다. 이 모든 것은 학교 측에서 피해 상황을 편견 없이 객관적으로 받아들이고 조치할 수 있게 도와줄 수 있을 뿐만 아니라 만약의 경우 법률적 증거로도 활용될 수 있습니다.

대부분의 학부모는 이 부분을 흔히 간과합니다. 학교에 이야기하면 학교에서 알아서 처리해 주겠거니 하고 증거를 채취하는 일에 소홀해서는 절대로 안 됩니다. 담임교사나 생활지도 교사가 증거 수집을 위해 노력할 수도 있지만, 그렇지 않을 수도 있다는 사실을 염두에 두어야 합니다. 가해학생도 교사에게는 제자이기 때문에 교사는 학부모와는 입장이 다를 수밖에 없습니다. 따라서 학부모 입장에서 아무것도 없이 그냥 말로만 피해상황을 호소할 경우 교사는 자의적으로 판단하고 미봉책을 쓸 확률이 높아집니다. 그러나 물증을 제시해가며 문제제기를 할 경우 교사와 학교장은 대부분 피해 학부모의 입장에서 사건을 공정하게 다루려고 최선을 다할 것입니다. 때문에 효과적으로 교사의 협조를 구하는 지름길은 치밀한 사전준비와 물증 위주의 증거제시입니다. 또 가해자 부모로부터 치료비를 포함한 배상을 요구할 경우도 충분한 증거를 제시하며 타협의 매개로 활용한다면 가해자 측의 사과와 배상을 이끌어내는 일은 그리 어려운 일이 아닙니다.

그러므로 교사를 만나기 전에 피해자녀와 주변 친구들의 증언을 차분히 경청하고, 그 내용을 문건과 녹취 등으로 수집하는 일이 선행되어야 합니다. 가능하다면 가해자 아이의 객관적 가해 사실도 확보하는 것이 좋습니다.

2) 우리 아이가 가해자라면

내 아이가 일진회에 소속되어 있다면 어떻게 구별할 수 있을까요? 무슨 증거로 일진회임을 인지할 수 있을까요? 한 전문적인 조사에 의하면 학교폭력 가해자가 20세 이후 10년 안에 전과자가 될 확률은 80%를 상회한다고 합니다. 가해자 자녀를 두었다는 것은 그 자체가 재앙인 셈이죠. 그렇다고 가해학생이 스스로를 밝히는 경우는 거의 없습니다. 따라서 가해자 특히 일진회 학생을 구별할 수 있는 징후들을 꼭 알아두실 필요가 있습니다.

일진회 소속 학생의 징후

◀ PPT 24

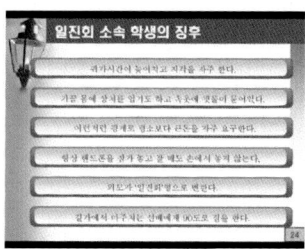

◆ 징후 1: 귀가시간이 늦어지고 지각을 자주 한다.
일진회의 선후배 의식은 대개 밤늦은 시간까지
이어집니다. 그들은 밤에 모여서 낮에 수금한 돈을
상납하고, 군기를 잡고, 함께 소주를 마시며 의리
를 다집니다. 당연히 귀가 시간이 늦어지겠죠? 아
침에는 일찍 일어나서 등교를 하더라도 일진회의
특성상 모두 교문 앞에 모여 복장을 통일하고, 여
자 아이들은 헤어스타일을 점검하는 등 분주하게
행동하다가 나란히 지각을 합니다. 이런 경우는 자
녀가 왜 지각을 하는지 몰래 따라가서 확인도 하
고, 자녀의 친구를 통해 탐문하여 사실을 인지해야
합니다.

◆ 징후 2: 가끔 몸에 상처를 입기도 하고 속옷
에 핏물이 묻어 있다.
가해자라고 해서 폭행을 당하지 않는 것은 아닙
니다. 오히려 자기들 그룹 내에서 폭력이 일상화되
어 있고, 패싸움을 벌이기도 합니다. 부모님께 들
키지 않으려고 몰래 수돗물에 빨려고 하지만 늘
흔적은 남게 마련입니다. 끈질기게 추궁하여 사실
을 확인해야 합니다.

◆ 징후 3: 이런저런 핑계로 평소보다 큰돈을 자
주 요구한다.
일진회에 가입하면 돈 문제도 큰일입니다. 선배
들에게 수시로 상납을 해야 하고, 가입 30일 기념
회 등 파티도 많습니다. 그것들을 충족하려면 다른
아이들에게 빼앗은 것만으로는 부족할 때가 많으
므로 부모에게 손을 벌리게 됩니다. 자녀가 수상한

이유로 돈을 자주 타가면 용돈 출납장을 만들어 기록한 후 기회를 잡아 들이대고 상담하면, 웬만하면 털어놓게 됩니다.

◆ 징후 4: 항상 핸드폰을 잠가 놓고 잘 때도 손에서 놓지 않는다.

핸드폰 문자메시지를 통해 소식을 주고받는 정도가 평범한 아이들보다 심한 편입니다. 또한 문자 답신이 늦으면 '씹었다.'는 이유로 선배들에게 혼쭐이 나게 되므로 핸드폰을 손에서 놓으려 하지 않습니다.

◆ 징후 5: 외모가 '일진회'형으로 변한다.

모든 일진회가 그런 것은 아니지만 또래 문화를 형성하는 주 도구로써 의복과 헤어스타일을 통일하는 경향이 있습니다. 유별난 스타일, 고가의 옷, 교복의 개조 등의 변화를 눈여겨 살펴보아야 합니다.

◆ 징후 6: 길가에서 마주치는 선배에게 90도로 절을 한다.

선배에게 허리를 깊숙이 숙여서 절을 하는 습관이 생깁니다. 일진회는 특성상 상하관계가 매우 분명합니다. 따라서 선배를 보면 매우 깍듯이 인사를 합니다. 반대로 후배가 자녀를 보고 심하다 싶을 정도로 공손히 인사를 하면 역시 의심해볼 필요가 있습니다.

PPT 25 ▶

아이의 성향을 변화시키자

내 아이가 가해자가 된다면 어떤 반응을 보이시겠습니까? 창피하고 당황스러우시겠지만 그렇다고 아이를 추궁하고 혼내려고만 한다면 문제가 해결될까요? '왜 그런 행동을 했을까?' 그 이유와 과정을 잘 알아보고, 더 이상 괴롭히지 않게 하는 것이 더 중요하므로 감정에 따라 화만 낼 것이 아니라 신중하게 반응해야 합니다.

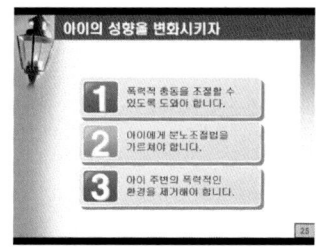

우선 폭력적 충동을 조절할 수 있도록 도와야 합니다. 갈등이 고조되고 폭력적 충동이 느껴지면 차라리 그 자리를 피하게 해야 합니다. 그리고 나중에 그 문제를 다루도록 합니다. 이것은 아주 단순하지만, 폭력을 줄이는 가장 효과적인 방법입니다. 피하는 행동은 비겁한 행동이 아니라 현명한 행동임을 분명히 말해 주어야 합니다.

분노조절법을 가르쳐야 합니다. 우선 아이가 어떨 때 분노하고, 기분이 나빠지며, 약이 오르는지 자신을 알게 합니다. 그 다음엔 자신이 분노하는 상황에 대처하게 하고, 아무리 화가 나도 때리거나 괴롭히는 행동을 하지 않도록 함께 전략을 짭니다. 분노조절법의 목표는 분노를 없애는 것이 아니라, 화가 났을 때 말이나 다른 건강한 방법으로 적절히 표현하는 것입니다. 가장 중요한 것은 어떤 경우에도 폭력은 절대 사용하지 않는 것입니다.

아이 주변의 폭력적 환경을 제거하는 것도 매우 중요합니다. 아이를 폭력적으로 만드는 매체를 멀리하고 폭력을 자극하는 부모의 태도는 없는지 살핍니다. 아이를 혼내기 위해 때리는 것도 중지하고, 모든 것을 말이나 글로 해야 합니다.

어떤 경우에도 폭력은 범죄입니다. 정당한 폭력은 없다는 것을 반복적으로 가르쳐야 합니다. 잘못하면 맞아야 하고, 힘이 최고며, 고치기 위해서는 당해봐야 한다는 식의 사고는 반드시 고쳐져야 합니다. 잘못하면 변화하도록 돕고, 마음에 들지 않는 행동도 참아 주어야 한다는 사고가 자리잡아야 합니다. 만약 부모님께서 그런 생각을 갖고 있지 않다면 부모님부터 변하셔야 합니다.

PPT 26 ▶

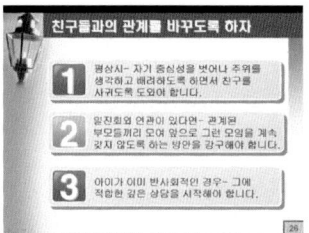

친구들과의 관계를 바꾸도록 하자

아이가 일대일의 관계에서든, 여럿 사이에서든 자기중심성에서 벗어나 또래들을 생각하고 협동, 배려하면서 친구 관계를 만들어 갈 수 있도록 도와주어야 합니다. 말로 먼저하고, 협동하는 모습을 보일 때 칭찬을 아끼지 마십시오. 다른 친구를 배려할 수 있는 기회를 일부러 만들어 주어도 좋습니다. 한 명의 친구에서 시작하여 점점 다른 친구로 늘려가게 합니다.

만약 내 아이가 일진회와 연관이 있다면 비상 상황입니다. 온 가족이 모여 심각하게 대책을 강구해야 합니다. 일진회와 관련된 부모들끼리도 모여야 합니다. 누가 잘못하고 누가 책임을 질 것인지도 말해야겠지만, 앞으로 아이들이 지금의 모임을 계속 갖지 않는 방안을 중심으로 이야기해야 합니다. 필요하면 이사나 전학을 갈 수도 있고, 만일 떠나지 않는다면 아이들의 생활을 철저히 감독해야 합니다. 순진하게 그냥 어울려 다니는 아이들이라고 얕볼 일이 절대로 아님을 명심해야 합니다.

아이가 이미 반사회적이라면 그에 맞추어 깊은 상담을 시작해야 합니다. 분노와 적개심, 규칙을 무시하는 것, 예의와 권위에 대한 반감 등이 어떻게 시작됐고, 어느 정도로 심각한지 잘 평가해서 가족도 함께 치료를 받아야 합니다.

다른 사람을 때리면서 이익을 얻거나 쾌감을 느끼고 인기를 누리려 하지는 않는지 살펴보십시오.

다행히 아이들이기 때문에 더 쉽게 변할 수 있습니다. 아주 깊은 증오의 뿌리가 마음에 퍼져 있지 않으면 아이들은 또 다시 도덕적 재무장을 할 수 있습니다. 깊게 참회하는 부모님의 모습으로부터 아이들도 반성하기 시작합니다. 합의하면 모든 것이 끝나는 것처럼 말하지 마십시오. 그러면 앞으로도 폭력으로 인한 합의는 늘어날 것입니다.

6. 학교폭력 지원기관을 알아봐요.

학교폭력 지원기관의 도움도 받을 수 있어요.

학교폭력이 사회적인 문제로 계속 대두되고 있다는 것은 혹시 그 어느 곳에서도 해결이 되지 않고 있는 것 아닌가라는 불신을 할 수도 있을 것입니다. 하지만 학교폭력이 사회 공동의 문제이며 같이 풀어야 할 해결책이라는 공동의 인식으로 제정된 법이 '학교폭력예방및대책에관한법률'입니다. 이러한 법의 시행은 학교폭력이 개개인의 힘만으로는 완벽히 없앨 수 없음을 뜻하기도 하지만 그로 인해 많은 곳에서 도움을 주고 있다는 뜻도 됩니다. 그러나 학교뿐만 아니라 국가에서 그리고 여러 기관에서 많은 도움을 주고 있음에도 불구하고 방법과 내용을 잘 알지 못해서 우리가 이용을 못하고 있습니다. 여러분들을 도울 수 있는 기관은 생각보다 많이 있습니다. 학교뿐 아니라 국가와 여러 사회단체에서도 체계적으로 학교폭력을 다루고 대처하는 시스템이 구축되어 있으니 문제를 어떻게 해결해야 하는지 고민하지 마세요. 그렇다면 우리를 도와줄 수 있는 곳으로는 어떠한 곳들이 있는지 알아보도록 합시다.

학교폭력 피해 · 가해학생 지원기관

	기관명	사이트	전화번호
상담 및 예방교육 기관 (법률지원 포함)	청소년상담원	http://www.kyci.or.kr	02) 730-2000
	청소년폭력예방재단	http://www.jikim.net/	대표: 02) 585-0098
	자녀안심하고 학교보내기운동 국민재단	http://www.1318love.net	02) 3453-5227
	청소년종합지원센터	http://www.1388.or.kr	대표: 02)734-1388
	방배유스센터청소년상담실	http://www.bb1318.or.kr/index4.htm	02) 3487-6161 (내선 300, 301, 302)
	학교폭력상담전문 왕따닷컴	http://www.wangtta.com	02) 793-2000
	한국폭력대책국민협의회	http://www.ttastop.org	02) 325-2542
	한국자살예방협회	http://www.suicideprevention.or.kr	02) 413-0892~3
	밝은청소년지원센터	http://www.eduko.org	02) 776-4818
	십대들의 쪽지	http://www.teen4u.co.kr	02) 783-7978
	아름다운학교운동본부	http://www.school1004.net	02) 765-5778
	YMCA청소년상담네트워크	http://counsely.ymca.or.kr	02) 2677-9220
	금란교실	http://keumnan.gen.go.kr	062) 956-2291-2
피해자 지원 기관	우리아이 학교폭력피해자 가족협의회	http://www.uri-i.or.kr	-
	117 학교 여성폭력 피해자 긴급지원센터	http://www.117.go.kr	02)3400-1700/117
	국립경찰병원	http://www.nph.go.kr	02-3400-1700/1117
법률지원 기관	대한법률구조공단	http://www.klac.or.kr	02)532-0132
	사이버 경찰청	http://www.police.go.kr	02)363-0112
가해학생 교육기관	대안교육종합센터	http://www.daeancenter.or.kr	02)871-2733

학교폭력의 피해를 받고 있는 학생들을 돕기 위한 지원기관이 굉장히 많이 있습니다. 이러한 상담지원기관은 거의 모든 곳에서 인터넷 상담을 받고 있습니다. 혹시라도 상담받고 싶은데 직접 찾아가서 상담하는 것이 어렵거나 부담스러운 경우 이렇게 게시판을 이용하는 것도 좋을 것 같습니다. 이러한 지원기관은 학교폭력의 피해학생만 지원하는 곳은 아닙니다. 학교폭력 행위에 더 이상 가담하고

싶지 않은 가해학생, 그리고 학교폭력의 가해를 신고하고 싶거나 피해학생을 돕고 싶은 주변 친구들뿐만 아니라 학교폭력으로 고통받고 있는 자녀를 둔 학부모도 이런 지원기관에서 모두 상담을 받을 수 있습니다. 만약 급하게 도움을 요청해야 한다면 117번과 1388번을 기억하세요. 117번은 학교폭력, 여성폭력 피해자 긴급지원센터이고 1388번은 청소년 상담원에 연결됩니다. 그럼 이제부터 학교폭력 피해학생들이 어떠한 지원과 보호를 받을 수 있는지 알아보도록 할까요?

학교폭력 피해자 신변보호 요청하기

◀ PPT 27

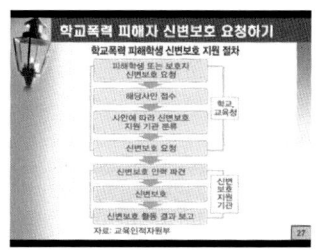

학교폭력 피해학생 신변보호 지원 절차

- 피해학생 또는 보호자 신변보호 요청
- 해당사안 접수
- 사안에 따라 신변보호 지원 기관 분류
- 신변보호 요청

(학교, 교육청)

- 신변보호 인력 파견
- 신변보호
- 신변보호 활동 결과 보고

(신변보호 지원기관)

자료: 교육인적자원부

첫 번째로 살펴볼 것은 국가차원의 학교폭력 피해자 신변보호 서비스입니다. 학교폭력의 피해가 심해짐에 따라 교육인적 자원부에서는 학교폭력 피해자 신변보호를 위한 경호서비스를 지원하고 있습니다. 학교폭력을 당하거나 위협을 느끼는 학생을 보호하기 위해 경찰이나 민간 경호업체, 경호 자원봉사대 등으로부터 인력을 지원받아 등하굣길 및 취약 시간대에 귀가를 돕습니다. 이러한 경호서비스는 피해학생 또는 보호자가 학교나 해당 지역 교육청에 신변 보호를 요청하면 사안에 따라 지원기관을 분류한 뒤 무료로 신변 보호를 받을 수 있도록 합니다.

PPT 28 ▶

학교·여성 폭력 피해자 긴급지원센터

그 다음으로 여성과 학교폭력 피해자를 돕기 위한 ONE-STOP지원센터(http://www.117.go.kr)에 대해 말씀드리겠습니다. ONE-STOP지원센터는 피해자 중심의 지원을 위해 만들어진 것으로 성·가정·학교 폭력피해자 및 성매매피해여성에 대한 신속한 상담 및 의료 수사 법률지원을 위해 설치된 것입니다. 병원 내 여성경찰관, 상담사, 간호사 등이 파견되고 모든 시스템이 한 번에 처리되어 피해자들의 신속한 구제를 해 줄 수 있을 것이라 생각합니다. 그리고 학교·여성폭력 피해자 긴급지원센터는 실질적으로 학교폭력 피해자들의 피해를 구제하기 위하여 무료로 치료를 해주고 있습니다.

PPT 29 ▶

다양한 상담센터

위와 같이 학교폭력 피해자를 위한 국가차원의 지원이 많이 있습니다. 뿐만 아니라 각 학교폭력 관련 단체들에서는 학교폭력 피해자·가해자를 위한 상담 활동을 하고 있는데요. 몇몇 상담기관을 알아보도록 하겠습니다.

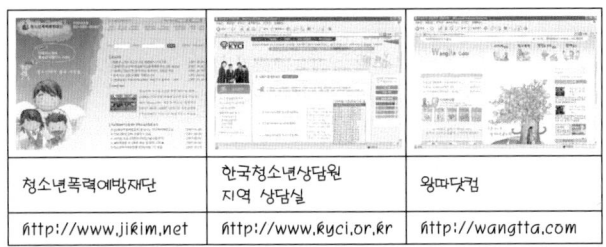

청소년폭력예방재단	한국청소년상담원 지역 상담실	왕따닷컴
http://www.jikim.net	http://www.kyci.or.kr	http://wangtta.com

청소년폭력예방재단은 대표적인 학교폭력 상담

기관으로 전화상담, 사이버상담, 면접상담 등 여러
상담 방법이 있으며 또한 예방 교육과 치료, 무료
법률상담까지 할 수 있는 곳으로 학교폭력에 신속
히 대처할 수 있도록 모든 상담은 원스톱서비스로
이루어지게 됩니다.

한국청소년상담원에서는 지역별 상담기관을 소
개하고 있습니다. 지역별로 많은 상담기관을 만날
수 있으니 도움의 문을 두드리는 것을 주저하지
마세요.

왕따닷컴은 집단 따돌림이나 괴롭힘을 당하는
친구들을 위해 도움을 주기 위한 단체입니다. 이곳
은 특히 사이버 상담이 활발히 이루어지고 있으며
또래 친구들과 상당히 서로의 고민을 공유하고 해
결할 수 있는 곳입니다.

여러분들이 직접 이러한 홈페이지를 방문해 보
면 상담기관의 도움을 받아 문제를 해결한 사례를
직접 접할 수 있을 것입니다. 이러한 전문상담기관
은 학교폭력의 피해에서 벗어나거나 가해를 하는
행위를 멈추는 데 아낌없는 지원을 할 것입니다.

7. 나가는 말

자우림 '낙화'

◀ PPT 30

```
◎ 동영상 내용 - 노래 가사
   모두들 잠들 새벽 세시 나는 옥상에 올라왔죠
   하얀색 십자가 붉은빛 십자가 우리 학교가 보여요
   조용한 교정이 어두운 교실이
   엄마, 미안해요
   아무도 내 곁에 있어주지 않았어요
   아무런 잘못도 나는 하지 않았어요
```

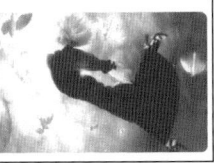

왜 나를 미워하나요?
난 매일 밤 무서운 꿈에 울어요
왜 나를 미워했나요?
꿈에서도 난 달아날 수 없어요.

　이 노래는 집단 따돌림을 당하던 한 여학생의 유언을 토대로 만들어진 노래라고 합니다. 정신적 학교폭력에 시달리던 학생의 고통스러운 심정이 노래로써 전달되니 조금 더 그 학생의 아픔을 느낄 수 있을 것 같습니다. 이번 시간에는 학교폭력에 대한 개념을 알고 학교폭력의 고통을 나누어 보았습니다. 또한 대처와 지원기관에 대한 내용도 점검해 보았습니다. 살펴보셨듯이 학교폭력은 가해든 피해든 개인에 이르러서는 모두 '피해자'일 수밖에 없습니다. 피해자는 엄청난 신체적, 심리적 피해로 신음하고 성장한 후에도 후유증이 심각하지만, 가해자라고 해서 피해자에 비해 상처가 없는 것은 전혀 아닙니다. 전과자 그룹을 대상으로 조사한 한 조사보고서는 전과자들의 90% 이상이 성장기에 학교폭력을 경험한 사실이 있고, 그로 말미암아 전쟁 후 겪는 '외상 후 스트레스 증후군'을 호소하면서 평생을 보낸다고 합니다. 때리고 빼앗는 행위 자체가 부메랑처럼 자신의 심장에 상처를 입히는 것이죠.
　자잘한 생활 문제부터 학습 장애에 이르기까지 요즘 아이들은 다양한 문제 속에서 고통스러워합니다. 어릴 적부터 응석받이로 자라도록 분위기를 만들어 주다가 사춘기가 되어서는 도처에서 어른들의 권위와 부딪히다 보니 정신이 혼란스러울 수밖에 없다는 점을 충분히 이해해 주어야 합니다. 부모가 자식을 이기기는 쉽지 않다는 거 잘 아실

겁니다. 부모가 아이의 눈높이를 맞추는 수밖에 없
습니다. 아이를 독립된 인격체로 대우해 주고, 인
내심을 갖고 대화다운 대화를 나누다 보면 아이들
은 의외로 속마음을 열어놓습니다.

　다음 시간에는 여러 가지 법적인 사례들을 통해
학교폭력이 법에 의해 어떻게 다루어지고 있는지
알아보고 그에 따른 대처방법을 찾아보도록 하겠
습니다.

[6차시 강의안]

학교폭력에 대한
법률과 해결절차

〈학교폭력 6차시 강의안〉

1. 들어가며

학교폭력의 현실

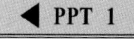

● 동영상 내용
　학교폭력피해자 가족연대 등은 30일 오전 서울 광화문 정부청사 앞에서 학교폭력 대책 마련을 촉구하는 집회를 열고 청와대에 탄원서를 제출했습니다. 피해학생과 부모 등 단체소속 30여 명은 집회 뒤에 "아이들이 학교폭력으로 사망하는 일이 더 이상 없게 해달라."는 내용의 탄원서와 함께 청와대에 '안심사과' 1상자를 전달했습니다.

그동안 부모님들은 과거 학창시절을 생각하며 학교에서 친구들하고 싸우는 것은 그 나이 또래에 누구나 한두 번 있는 일로 대수롭게 여기지 않았습니다. 그러나 지금 학교에서의 폭력은 과거 친구들 간의 단순한 주먹다짐 정도가 아닙니다. 이제는 부모나 학교차원이 아닌 국가 차원에서 이를 해결해 달라는 요구도 높아져만 가고 있습니다.

이런 상황에서 막상 자신의 아들·딸들이 학교폭력의 가해자가 되거나 피해자가 되는 경우에 어찌 할지 몰라 상황을 지연시키기만 하고 어떠한 해결도 하지 못하는 경우가 많습니다. 법에서는 이미 어느 정도 학교폭력에 대해 해결할 수 있는 방안을 마련해 두었음에도 이를 잘 알지 못해서 당황해 하기도 합니다.

여기서는 먼저 학교폭력이 발행한 경우 학교가 자치적으로 해결할 수 있도록 만든 '학교폭력예방및대책에관한법률'(이하 '학교폭력법')이 어떠한 내용을 담고 있는지 살펴보고, 학교폭력의 구체적인 사례를 통해서 어떤 경우에 범죄로 처벌되는지 살펴보도록 합시다. 그런 다음 가해학생에 대한 형사상 처리절차에 대해 살펴보고 형사소송과는 별개로 이루어지는 민사소송의 구체적인 내용에 대해서도 살펴보도록 하겠습니다.

| PPT 2 ▶ | 학교폭력의 현실 |

학교폭력의 현실

● 동영상 내용
  [아나운서] 중학교 3학년 남학생들이 여학생 한 명을 집단적으로 성폭행한 것으로 드러나 충격을 주고 있습니다. 이들은 놀랍게도 학교 안에서 범행을 저질렀습니다.
  [리포트] 같은 반 여학생 한 명을 집단적으로 성폭

행한 혐의로 경찰에 붙잡힌 이들은 중학교 3학년 남학생들입니다. 모두 여섯 명인데요, 경찰은 이 가운데 만 14세 미만으로 형사처벌 대상이 되지 않는 A군과 성폭행에 직접 가담하지 않은 B군을 제외한 4명을 구속했습니다. 이들은 지난 달 초부터 지난 15일까지 5차례 걸쳐 자신들이 다니는 학교 화장실이나 샤워실에서 같은 반 여학생 14살 C양을 돌아가며 성폭행 또는 성추행한 혐의를 받고 있는데요, 경찰 조사결과 A군 등은 C양에게 부모와 관련해 할 말이 있다고 불러낸 뒤 둔기로 위협하고 성폭행해온 것으로 드러났습니다. 경찰은 A군 등이 인터넷에서 성인 비디오를 본 적이 있다는 말에 따라, 학생들의 범행이 음란물과 관련이 있는지를 조사하고 있습니다. 이들은 지난 15일 교내 특별활동교실에서 C양을 또다시 불러내 성폭행하다 우연히 지나가던 같은 반 학생들에게 발견돼 범행이 드러났습니다. C양은 현재 집에서 안정을 찾고 있습니다.

부모님들 세대가 학교를 다닐 때에도 학교에서 폭력은 많이 이루어졌습니다. 그러나 지금 학교에서 이루어지는 학교폭력은 부모님들이 학교를 다닐 때의 수준이 아닙니다. 학생들이 했다는 점 이외에는 성인들이 하는 각종 흉악범죄와 다를 바가 없습니다.

단순히 폭력이나 협박으로 금품을 빼앗는 수준을 넘어 학생들이 '일진회'라는 조직을 만들어 영화에서나 나올 법한 조직폭력배처럼 여러 학교들을 무대로 활동하기도 하고 심지어 집단 성폭행까지 서슴없이 하는 정도에 이르렀습니다. 단순히 애들 싸움이라고 넘어가기에는 그 수위를 넘어선 것입니다.

이렇게 심각해진 학교폭력은 무엇보다 조기에 발견하여 대처하는 것이 가장 중요합니다. 학교와 상담을 하고 협의를 통해서 자율적으로 문제를 해결하는 것이 최선입니다. 그러나 문제를 숨기려고만 하거나 자율적으로 처리하지 못해서 문제가 커지

는 경우에는 부득이 하게 법을 통해 문제를 해결
할 수밖에 없습니다.
　그러면 법에서는 학교폭력을 어떻게 처리하는지
하나씩 살펴보도록 합시다.

　학교폭력에 적용되는 법률

　학교폭력이 발생한 경우 무엇보다 이를 숨겨서
문제를 악화시키는 실수를 하지 않는 것이 중요합
니다. 학교폭력이 알려지면 학교에서 문제를 일으
킨 가해학생에게 취하는 조치로 일반적으로 생각
하는 것이 그 학생을 다른 학교로 전학을 보내는
것입니다. 이렇게 학교폭력이 발생하면 학교에서
가해학생에 대해 필요한 조치를 취할 수 있도록
별도로 '학교폭력예방및대책에관한법률(이하 학교
폭력법)'을 만들었습니다. 이 법을 통해서 학교에
서는 가해학생에 대한 조치뿐만 아니라 피해학생
에 대한 다양한 보호 조치들을 할 수 있도록 하고
있습니다. 그러나 학교폭력은 단순히 학교폭력법에
의한 조치로 그치는 것은 아닙니다. 학교폭력이 중
대한 경우에는 형사처벌 될 수 있습니다. 우리가
크게 문제되지 않는다고 생각하던 학교폭력도 형
사처벌을 받는 경우가 있습니다. 경우에 따라서는
'폭력행위등처벌에관한특별법'이라는 특별법에 의
해 상당히 무거운 처벌을 받는 경우도 많습니다.
이외에도 학교폭력에 의한 손해에 대해 배상책임
을 지는 경우도 있습니다.
　여기서는 우선 학교폭력법의 내용을 살펴보고 실
제 학교폭력의 경우 실제 어떠한 죄가 될 수 있는
지 알아보도록 하겠습니다. 그런 다음 가해학생들
에 대한 형사상 절차는 어떤 과정을 거치게 되는

지 살펴보도록 하겠습니다.

또한 이러한 형사처벌 이외에도 학교폭력에서 가장 문제가 되는 피해학생에 대한 손해배상을 다루는 민사소송에 대해 살펴보도록 하겠습니다. 또한 실제 법원에서 손해배상을 인정한 사건을 구체적으로 살펴보도록 하겠습니다. 우선 학교폭력법의 구체적인 내용부터 하나씩 살펴보도록 합시다.

2. 학교폭력법

학교폭력법은 무엇인가요?

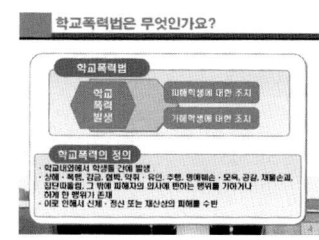

학교폭력은 학교와 가해학생, 피해학생, 그리고 부모님들이 자율적으로 해결하도록 하는 것이 가장 좋습니다. 그러나 학교폭력이 갈수록 심해지고 자율적으로 해결하기가 힘들어지자 이에 대해 효과적으로 대처하기 위해서 학교폭력법이 만들어졌습니다. 이 법은 평상시에는 학교에서 예방에 대한 대책을 마련하고 실제로 학교폭력이 발생한 경우에는 학교가 피해학생과 가해학생에 대해 각각 필요한 조치를 할 수 있도록 하고 있습니다. 특히 학교폭력의 개념에 대해서 학교폭력법에서는 ① 학교내외에서 학생들 간에 발생하고, ② 상해·폭행, 감금, 협박, 약취·유인, 추행, 명예훼손·모욕, 공갈, 재물손괴, 집단 따돌림, 그 밖에 피해자의 의사에 반하는 행위를 가하거나 하게 한 행위가 있으며 ③ 이로 인해서 신체·정신 또는 재산상의 피해를 수반하는 것으로 정의하고 있습니다.

PPT 5 ▶

학교폭력대책자치위원회의 구성

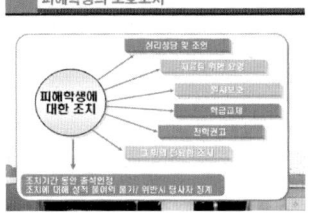

학교폭력이 발생하면 피해학생을 보호하고 가해학생을 처벌하기 위해서 학교는 학교폭력대책자치위원회를 만들게 되어 있습니다. 이 위원회에는 학교의 교장선생님과 다른 선생님들뿐 아니라 피해학생을 치료하기 위한 의사나 심리치료사, 학교폭력에서 법적인 문제들을 조언해 줄 판·검사, 경찰 등 다양한 분야의 전문가들이 들어가게 됩니다. 이 위원회에서는 학교폭력의 피해학생에게 필요한 보호조치들을 결정하고 가해학생의 징계수위를 결정하게 됩니다.

(1) 피해학생의 보호조치

PPT 6 ▶

피해학생의 보호조치

앞에서 말한 위원회에서 피해학생에 대한 다양한 보호조치를 받을 수 있도록 지원하여 줍니다.

① 심리상담 및 조언: 피해학생이 심리치료 등의 전문상담가들을 통해서 학교폭력으로 받은 정신적 충격을 극복할 수 있도록 도와줍니다. 학교폭력이 심해서 학교생활에 적응하지 못하는 경우 대인관계향상치료까지도 해줄 수 있습니다.

② 치료를 위한 요양: 학교폭력의 경우 심리상담으로는 부족할 경우도 있습니다. 이런 경우 피해학생이 의료기관을 통해 심리적, 신체적 진료나 치료를 받게 합니다. 경우에 따라 입원을 하거나 통원치료를 하기도 합니다.

③ 일시보호: 지속적인 폭력이나 보복을 할 우려가 있는 경우 일시적으로 보호시설이나 집 또는

학교상담실 등에서 보호를 받을 수 있습니다.

④ 학급교체: 일시보호 이외에도 학급 내에서의 지속적인 폭력인 경우 가해학생의 학급교체와 함께 피해학생의 학급을 교체할 수 있습니다. 이는 피해학생과 가해학생을 격리하기 위한 조치입니다.

⑤ 전학권고: 다른 조치를 취해도 피해학생을 보호하기 힘든 경우 최후의 조치로 피해학생에게 전학을 가게 할 수 있습니다.

⑥ 그 밖의 필요한 조치: 피해학생이 원하거나 위원회에서 문제되는 학교폭력 사건에서 피해학생에게 필요한 조치라고 결정된 다른 조치들도 할 수 있도록 하고 있습니다.

부모님들이 피해학생이 이런 보호조치를 받는 동안 부모님이 걱정하는 것 중의 하나는 학생이 부득이하게 수업을 결석하게 된다는 점입니다. 그래서 피해학생이 이런 걱정을 하지 않고 치료받을 수 있도록 하기 위해 치료기간 동안은 피해학생이 수업에 출석한 것으로 처리하도록 하고 있습니다. 또한 출석인정뿐 아니라 이런 보호조치로 성적에도 불이익을 주지 못하도록 하고 만약 이를 어기면 해당 책임자를 징계하도록 하고 있습니다. 이런 것은 모두 학교폭력법이 그 누구보다 피해학생을 보호하고 도와주는 것을 최우선으로 하고 있기 때문입니다.

PPT 7

피해학생에 대한 그 밖의 조치

그러면 피해학생에 대한 그 밖의 조치는 어떠한 것이 있을까요? 단순히 피해학생을 위로하는 것에 그치는 것이 아니라 정말 필요한 조치들을 할 수 있도록 해줍니다.

◉ 동영상 내용

앵커: 좀처럼 끊이지 않고 있는 학교폭력에 대한 대책
이 나왔습니다. 새 학기부터 학교폭력 피해학생
에게 등하교시 경호서비스가 지원됩니다.

기자: 밤늦게 혼자 집으로 돌아가는 귀갓길, 학교폭력
에 가장 취약 시간대입니다.

인터뷰: 이웃학교 선배가 5만 원인가 달라고 그랬어
요, 안 주면 때린다고 학원 앞에 찾아오고

기자: 올 새 학기부터 학교폭력 위협에 시달리는 학생
들은 등하굣길에 경호서비스를 받을 수 있게 됩
니다. 피해학생이나 학부모가 학교나 교육청에
요청하면 교육청이 계약을 체결한 경호업체 직
원 등이 출동해 학생의 등하교를 도와주는 것입
니다. 또 학교폭력이 빈발하는 학교에는 아예 전
담경찰관이 배치돼 주변을 순찰하고 폭력예방활
동을 펼칩니다. 경찰관 1명이 3개에서 5개 정
도의 학교를 맡을 예정인데 경찰청은 일단 7 5
개 학교를 대상으로 시범실시하기로 했습니다.

인터뷰: 불량스러운 학생들이 돌아다니고 금품 요구하
는 것도 하고 그런 것들이 빈번한 그런 동네도
사실은 있죠.

기자: 또 휴대전화로 폭행장면을 찍어 곧바로 신고할
수 있도록 경찰청 홈페이지에 동영상 UCC학
교폭력신고코너를 운영하기로 했습니다. 이와 함
께 가해학생은 물론 그 부모에 대해서도 폭력예
방을 위한 특별교육을 실시할 방침입니다.

(2) 가해학생에 대한 선도와 징계

PPT 8 ▶

가해학생에 대한 선도와 징계

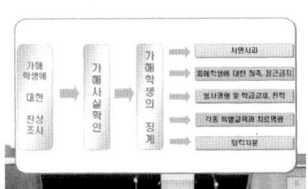

학교폭력법에서 가해학생은 어떻게 처리하는지
살펴보도록 합시다. 피해학생이나 그 부모님이 다
른 학생에게 폭력을 당했다고 주장할 경우에도 피
해학생의 말만 듣고 가해학생이라고 단정 지어서
는 안 됩니다. 학교폭력법에서는 가해학생을 불러
서 그런 사실이 있는지에 대해 답변할 기회를 주
도록 하고 있습니다.

이런 과정을 거쳐서 가해학생인 것이 확인이 되면 위원회에서는 이 학생에 대해 징계를 내리게 됩니다.

① 서면사과: 우선은 가해학생이 피해학생에게 서면으로 그동안의 폭력행동에 대해 사과하도록 합니다. 사과를 통해서 서로 화해하는 것이 가장 좋은 해결방법입니다.

② 피해학생에 대한 접촉 및 협박 금지: 피해사실을 학교에 알렸다고 해서 피해학생에게 더 심한 폭력을 행사하는 경우가 많습니다. 따라서 피해학생에 대해 접촉이나 협박을 금지하게 할 수 있습니다. 외국영화에서 보면 가정폭력을 당한 부인을 보호하기 위해서 법원이 "○○ 양의 100m 내 접근을 금지한다."는 접근금지명령을 내리는 것을 볼 수 있습니다. 이것도 그와 같은 내용입니다.

③ 봉사명령, 학급교체 및 전학: 가해학생이 학교 내 혹은 사회에서 봉사하도록 명할 수도 있습니다. 또한 피해학생뿐만 아니라 가해학생도 반을 바꾸거나 심하면 전학을 보낼 수도 있습니다.

④ 각종 특별 교육과 치료명령: 특별전문가에 의한 특별교육을 받게 하거나 폭력적 행동을 스스로 제어하지 못하는 경우에는 치료를 받도록 할 수 있습니다.

⑤ 퇴학처분: 중학교에서는 의무교육이므로 힘들지만 고등학교의 경우 다른 징계로도 상황이 해결되지 않는다면 최후의 방법으로 가해학생을 퇴학시킬 수도 있습니다.

3. 학교폭력의 형사법상의 문제와 처리절차

(1) 학교폭력의 형사상 문제

학교폭력의 형사상 문제

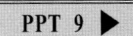

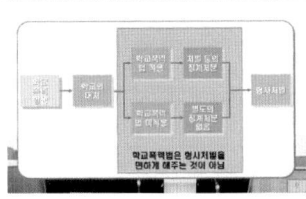

학교폭력법으로 징계를 받았다고 해서 가해학생에 대한 처벌이 끝난 것은 아닙니다. 학교폭력은 형사법상 처벌될 수 있는 경우가 있습니다. 학교폭력법은 단순히 학교폭력 문제에서 학교에서 피해학생과 가해학생에 대해 자율적으로 조치를 취하도록 한 법이지 다른 법적 책임을 면하게 해주는 법은 아닙니다. 따라서 학교폭력법에 의해 징계를 받았다고 하더라도 형사상 처벌의 대상이 될 수 있습니다.

그런데 일반인들은 학교폭력의 경우 폭행죄가 성립한다고 생각하지만 단순히 폭행죄만 성립하는 것은 아닙니다. 일반인들이 보기에는 별것 아닌 것 같은 차이로 인해 매우 무거운 처벌을 받게 되는 경우가 많이 있습니다. 부모님들뿐 아니라 학생들도 어떤 경우에 처벌을 받는지 또 얼마나 엄한 처벌을 받는지 모르는 경우가 많습니다. 그러면 먼저 실제 학교폭력에 대한 사례를 통해서 구체적으로 어떠한 경우에 형사상 책임을 지게 되는지 살펴보도록 합시다.

(2) 구체적인 사례에서의 형법의 적용

1) 폭행죄와 상해죄

학교폭력의 구체적인 사례1

◀ PPT 10

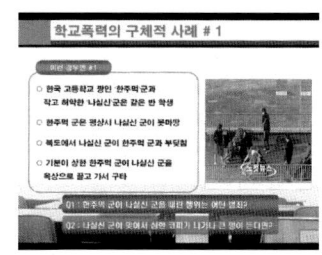

[사 례 1]
  한국 고등학교 짱인 '한주먹' 군과 또래 아이들 보다 작고 허약한 '나실신' 군은 같은 반 학생입니다. 한주먹 군은 나실신 군이 허약하고 남자답지 못해 평상시부터 못마땅해하였습니다. 그러던 어느 날 복도에서 친구와 놀던 나실신 군이 실수로 한주먹 군과 부딪치게 되었습니다. 한주먹 군은 미안하다는 나실신 군에게 "이게 어디서 누구를 치고 난리야, 안 그래도 너 한번 손 좀 보려고 했는데 잘됐다. 옥상으로 따라와." 하며 나실신 군을 옥상으로 끌고 가서 구타하였습니다. 이 경우는 어떤 죄가 될까요? 만약 나실신 군이 코피가 나거나 심한 멍이 들었다면 어떻게 될까요?

이 사례는 힘이 센 친구가 자신보다 약한 친구를 끌고 가서 구타하는 경우로 학교폭력의 가장 일반적인 모습입니다. 이 경우에는 어떤 죄가 되는지 생각해 봅시다.

학교폭력의 구체적인 사례1

◀ PPT 11

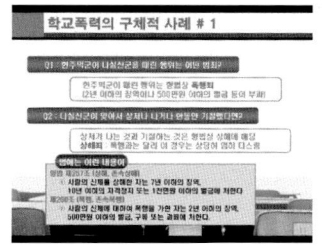

한주먹 군이 나실신 군을 구타한 행위는 법적으로 폭행죄에 해당합니다. 형법상 폭행죄는 2년 이하의 징역이나 500만 원 이하의 벌금을 내도록 하고 있습니다. 주위에서 흔히 보는 폭행사건일지 몰라도 그 처벌을 생각한다면 상당히 무거운 범죄를 저지른 것입니다. 법에서는 폭력의 문제를 심각한 범죄로 다루기 때문에 가혹하게 처벌하고 있는 것입니다.

또 학생들이 싸우다 보면 코피가 나거나 큰 멍이 드는 경우가 많습니다. 그런 경우에는 단순히 폭행죄가 되는 것이 아닙니다. 이런 경우는 폭행죄보다 무거운 상해죄가 됩니다. 상해죄의 경우에는 폭행죄보다 무거운 형인 7년 이하의 징역과 1천만 원 이하의 벌금을 내도록 되어 있습니다. 참고로 폭행으로 기절하는 경우도 상해로 인정하고 있습니다.

폭행죄와 상해죄는 상당히 비슷한 범죄입니다. 비슷함에도 불구하고 상해죄를 폭행죄보다 무겁게 처벌하는 것은 폭행죄와 달리 상해죄는 사람의 신체에 손상을 가했다는 점 때문입니다. 우리가 보기에는 사소한 차이라고 생각되겠지만 법에서는 이러한 학교폭력에 의해 발생된 결과에 따라서 성립되는 범죄와 처벌의 수위가 달라집니다.

2) 위험한 물건을 사용한 경우

PPT 12 ▶ 학교폭력의 구체적인 사례2

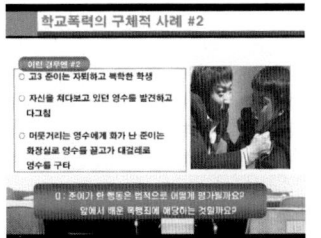

[사 례 2]
고등학교 3학년 준이는 1년간 자퇴하고 복학한 학생입니다. 다시 학교를 다니게 된 준이는 모든 것에 불만이 많습니다. 강의실 뒷자리에 앉아서 먼 산만 보며 시간을 때우던 준이는 우연히 자신을 쳐다보고 있던 영수를 발견하고 "녀 뭔데 그렇게 기분 나쁘게 날 쳐다보냐?"하며 영수에게 따졌습니다. 머뭇거리는 영수에게 화가 난 준이는 화장실로 영수를 끌고 가 화장실에 있던 대걸레로 영수를 구타하였습니다.

PPT 13 ▶ 학교폭력의 구체적인 사례2

앞에서 법은 사소해 보이는 것 하나에 상당한 의미를 부여하고 있다고 알려드렸습니다. 이번의 경우는 앞의 경우와 비슷하지만 차이가 있습니다. 바로 단순히 주먹이 아니라 준이가 대걸레로 영수를 구타했다는 점입니다. 즉 도구를 사용하여 폭행을 한 것이 앞의 사례와 다른 부분입니다. 주먹으로 때리나 대걸레로 때리나 마찬가지로 생각되겠지만 법은 이 차이를 엄격히 구별합니다.

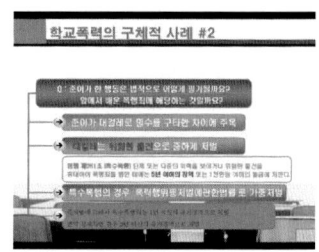

준이가 사용한 대걸레를 법에서는 '흉기 기타 위험한 물건'을 '휴대'하여 폭행한 경우에는 단순히 '폭행죄'로 처리하지 않고 보다 무거운 형벌을 가하도록 형법상 '특수폭행죄'에 해당합니다. 법에서는 형법상 특수폭행의 경우 '폭력행위등처벌에관한법률'을 만들어서 특수폭행의 형을 보다 무겁게 하였습니다. 폭행죄가 2년 이하의 징역이나 500만 원 이하의 벌금인 데 비해 특별법에 의해서 1년 이상의 징역을 받게 됩니다. 만약 상해죄가 되는 경우라면 3년 이상의 징역을 받게 됩니다. 앞에서 배운 폭행죄와 상해죄에 비해 형이 무거운 차이는 '위험한 물건'을 휴대하여 폭행을 하였기 때문입니다. 이런 물건을 사용하면 단순히 주먹을 쓰는 것보다 피해자가 매우 큰 피해를 입게 되기 때문에 더 무겁게 처벌하는 것입니다.

형법상 '위험한 물건'의 '휴대'

그러면 이렇게 법에서 죄를 무겁게 하는 '위험한 물건'을 '휴대'하는 경우는 어떤 것을 말하는 것일까요?
법에서 말하는 위험한 물건이라는 것이 특별난 것을 말하는 것이 아닙니다. 총이나 칼은 당연히 위험한 물건에 해당하겠지만 이것만 해당되는 것

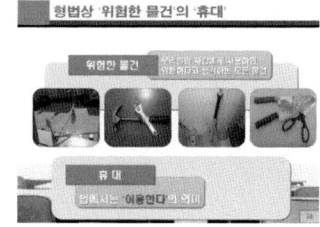

이 아니라 우리들이 사람에게 사용하면 위험하다고 생각하는 모든 물건이 여기에 해당됩니다. 준이가 사용한 대걸레나 각종의 방망이, 빈병, 망치·드라이버 등의 공구들이 위험한 물건에 해당합니다.

다음으로 '휴대'는 무엇일까요? 법이라고 해서 특별히 엄청나게 다른 의미의 단어를 사용하지는 않습니다. 우리가 보통 '들고 다니는 것'이라는 의미로 사용하는데 법에서는 '이용한다'는 의미로 사용하고 있습니다. 따라서 앞에서 말한 대걸레나 방망이 등은 다 사람이 들고 사용하거나 이용하는 것들로 '휴대'에 속하는 것입니다.

그러면 중·고등학생들이 많이 타고 다니는 오토바이로 사람을 치는 식으로 폭행을 하였다면 특수폭행에 해당하는지가 문제됩니다. 보통 일반인들은 오토바이는 타고 다니는 것이지 휴대하는 것은 아니어서 특수폭행은 아닌 것이라고 생각하기 쉽습니다. 그러나 법에서 휴대의 의미를 '이용한다'는 의미로 사용하고 있기 때문에 자동차나 오토바이도 특수폭행에 해당합니다.

3) 친구들이 집단으로 구타한 경우

PPT 15 ▶

학교폭력의 구체적인 사례3

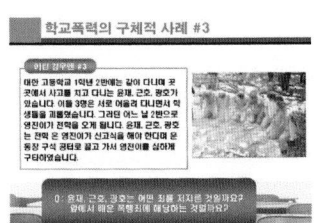

[사 례 3]

대한 고등학교 1학년 2반에는 같이 다니며 곳곳에서 사고를 치고 다니는 윤재, 근호, 광오가 있습니다. 이들 3명은 서로 어울려 다니면서 학생들을 괴롭혔습니다. 그러던 어느 날 2반으로 영진이가 전학을 오게 됩니다. 윤재, 근호, 광오는 전학 온 영진이가 신고식을 해야 한다며 운동장 구석 공터로 끌고 가서 영진이를 심하게 구타하였습니다.

이 사례는 앞서 본 동영상과 약간은 비슷한 경우입니다. 지금까지는 주로 한 학생이 폭력을 행사하는 경우만을 살펴보았습니다. 그러나 실제 학교폭력에서는 학생 여럿이 모여 '일진회' 같은 조직을 만들어 집단적으로 폭력을 행사하는 경우도 많이 일어나고 있습니다. 여기서는 그런 경우에 법적으로 어떤 범죄를 저지르게 되는 것인지 살펴보도록 하겠습니다.

학교폭력의 구체적인 사례3

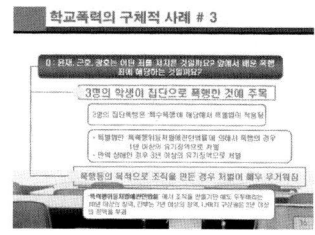

3명의 학생이 영진이를 구타하였다는 점에서 앞에서 본 폭행죄와 비슷해 보입니다. 그러나 앞의 사례와 다른 점이 있습니다. 윤재, 근호, 광호가 서로 어울려 다니면서 같이 영진이를 구타했다는 점입니다. 이렇게 여럿이 모의해서 구타한 경우 '공동정범'이 되어 형법상 '특수폭행'에 해당합니다. '공동정범'은 그 범죄를 모의했다면 설사 망을 보고 있었다고 하더라도 같이 그 범죄를 한 것으로 본다는 것입니다.

그리고 다시 '폭력행위등처벌에관한법률(이하 폭처법)'을 통해 더 무겁게 처벌하도록 하고 있습니다. 이 법률에 의하면 이러한 경우에는 1년 이상의 징역에 처할 수 있도록 하고 있습니다. 그러나 이런 경우 상처가 나는 경우가 많을 것입니다. 그러면 특별법에 의해서 3년 이상의 유기징역을 받게 해서 그 죄를 보다 무겁게 하고 있습니다. 또한 형법에서는 벌금형을 받을 수 있는 것도 이 폭처법이 적용된다면 오직 징역만 부과하도록 하고 있는 것도 큰 차이입니다.

만약 이들이 단순히 여럿이 모여 폭행한 것이

아니라 학생들을 폭행하려고 단체를 만들었다면 죄는 너무나도 높아집니다. 이 폭처법에서는 폭력 등을 행사할 목적으로 단체를 만들기만 하여도 그 단체의 우두머리와 간부, 나머지 구성원에 대해서 매우 무거운 처벌을 하도록 하고 있습니다. 그런 단체를 만들기만 하여도 우두머리의 경우 10년 이상, 간부는 7년 이상, 나머지 구성원은 2년 이상의 징역에 처하도록 하고 있습니다. 법은 학생들이 만든 폭력조직이라고 해도 성인들이 만든 조직폭력배 같은 조직과 같다고 생각합니다. 학생들이 한때의 호기로 만드는 폭력조직이 오히려 본인들이 더 무겁게 처벌되는 이유가 되는 셈입니다.

(3) 가해학생의 형사상 처리절차

PPT 17 ▶

가해학생의 형사상 처리절차

◉ 동영상 내용
　[뉴스내용] 초등학생과 중학생 10명 가운데 3명이 학교폭력을 당한 경험이 있는 것으로 나타났습니다. 한 학습지 전문업체가 초·중학생 온라인 회원 천 명을 대상으로 학교폭력 피해 경험을 설문조사 한 결과 응답자의 30%가 학교폭력에 시달린 적이 있다고 답했습니다. 학교폭력을 당한 횟수는 네 차례 이상이 13%로 가장 많았고 한차례 11%, 두 차례 5% 등이었습니다. 또 가해학생을 묻는 질문에 절반 정도인 48%가 상급 학생을 꼽았고 같은 학년 학생이 35%로 뒤를 이었습니다.

　앞에서 구체적인 사례를 통해서 실제 학교폭력의 경우 어떤 처벌을 받을 수 있는지 살펴보았습니다. 이제 이런 처벌이 어떠한 절차를 통해 이루어지는지 형사상 처리절차에 대해 살펴보도록 하겠습니다.

형법에서는 만 14세가 되지 않은 경우에는 형사처벌을 하지 못합니다. 앞에서 본 영상의 일부 내용처럼 초등학생이나 중학교 저학년이 가해학생인 경우 만 14세를 넘지 않은 경우여서 폭력범죄를 저질러도 형사처벌을 하지 못합니다.

> 형법 제9조(형사미성년자) 14세 되지 아니한 자의 행위는 벌하지 아니한다.

그러나 형사처벌을 하지 못한다고 해서 아무런 조치를 하지 못하는 것은 아닙니다. 12세 미만의 학생의 경우 어떠한 형사상 처벌도 불가능하지만 12세 이상이라면 보호처분 등의 조치를 취할 수 있습니다. 또한 초등학생들같이 나이가 어리더라도 뒤에서 배울 민사상 배상은 지게 됩니다. 여기서는 보호처분이라도 가능한 만 12세 이상의 학생들이 학교폭력을 저지른 경우 어떤 형사절차를 겪는지 알아보도록 하겠습니다.

형사절차 진행과정

◀ PPT 18

피해학생이나 가해학생의 부모님들은 학교폭력이 발생하면 어떤 형사절차가 있는지 모르는 경우가 많습니다. 단순히 교도소에 간다는 생각만 하는 경우도 많습니다. 여기서는 학교폭력의 가해학생이 어떤 형사절차를 거치는지 살펴보도록 하겠습니다.

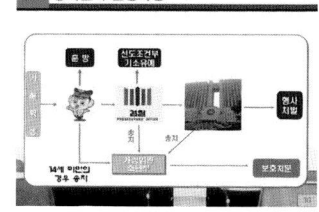

[폭력학생에 대한 형사절차 진행 과정]

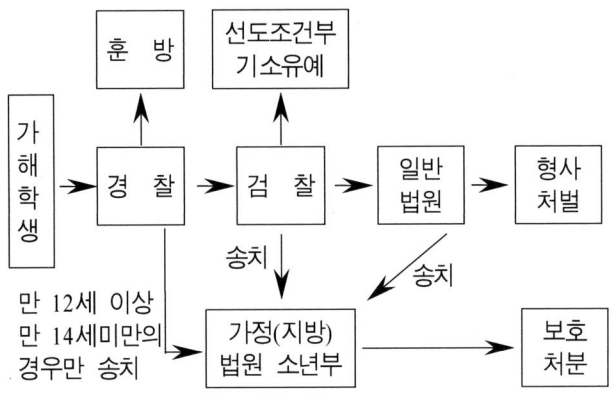

우선 피해학생이나 그 부모님, 해당학교에서 형사고소를 하게 되면, 우선 경찰수사를 거쳐 검찰수사를 받게 되고 재판을 통해서 법원의 판결을 받게 되는 것이 일반적인 과정입니다. 그러나 앞에서 말한 대로 만 14세 미만의 학생들의 경우 형사처벌을 할 수 없습니다. 그래서 형사처벌은 불가능하지만 보호처분은 가능한 만 12세 이상 만 14세 미만의 학생들의 경우 경찰은 바로 가정(또는 일반) 법원 소년부가 사건을 처리하도록 보냅니다. 또한 경찰은 접수된 사건을 보고 사건이 경미하거나 처벌의 필요성이 크지 않다는 판단을 하면 '훈방'조치를 통해 가해학생을 집으로 돌려보냅니다. 아직은 어리니 무조건 처벌하는 것은 옳지 않고 또한 가해학생이 이미 자신의 잘못을 뉘우치는 경우가 많기 때문입니다. 경찰이 판단하기에 사건이 경미하지 않고 처벌을 해야 할 필요성이 있다고 판단되는 사건은 검찰로 보냅니다. 이렇게 사건을 받은 검찰은 무조건 학생을 처벌하는 것이 아니라 다시 한 번 사건을 판단하여 처벌을 해야 하지만 해당 범죄를 저지른 학생이 미성년자인 점을 감안하여 벌금 이하의 형에 해당하거나 보호처분을 부과하는 것이 적절하다고 인정되는 경우(일반 형사사건을 진행하여 처벌하는 것이 교화·교육상 적절하지 못하다고 판단되는 경우) 다시 가정(또는 지방)법원 소년부로 보낼 수 있습니다. 또한 검사는 가해학생이 재범을 저지를 가능성이 희박한 18세 미만의 학생인 경우 '선도조건부 기소유예'를 해주기도 합니다. '선도조건부 기소유예'란 가해학생이 일정 기간 동안 준수사항을 이행하고 범죄예방위원의 선도를 받는 조건으로 기소유예처분을 하는 것을 말합니다. 만약 소년이 선도기간 중 재범을 하지 않고 준수사항을 성실히 이행한다면 선도기간이 경과한 후 설사 재범을 하더라도 유예한 사건을 다시 수사하지 않습니다. 검찰이 사건이 중해서 처벌을 해야 한다고 판단한 경우 법원에서 재판을 통해 사건을 처리하게 됩니다. 법원에서도 법관은 사건을 판단하여 형사처벌을 하는 것이 적당하지 않다고 판단되는 경우 가정(또는 일반)법원 소년부로 보낼 수 있습니다. 이렇게 형사처벌을 하는 과정에서 처벌 이외의 수단을 취할 수 있는 길을 많이 만들어 둔 것은 가해자가 아직은 학생이라는 점 때문입니다. 무조건 처벌만 한다고 학생이 자신의 죄를 뉘우친다고 할 수 없기 때문입니다.

(4) 형사처벌과 보호처분

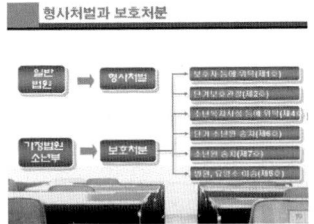

형사처벌과 보호처분

[형사처벌과 보호처분]

　사건이 중대하지 않거나 교화·교육상 소년법으로 처벌하는 것이 적절한 경우 경찰, 검찰, 법원은 학교폭력 사건을 가정(또는 지방)법원 소년부로 보냅니다. 이렇게 보내진 사건에 대해 가정(또는 지방)법원 소년부에서는 소년분류심사원에서의 분류 심사결과를 바탕으로 심사를 하여 가해학생에 대해 소년법 제32조에 의해 소년보호처분을 선고하게 됩니다. 소년분류심사원은 소년보호사건을 조사 또는 심리함에 있어서 의사, 심리학자, 교육자 등의 전문가들이 문제된 소년을 수용하여 소년의 자질을 분류 심사하여 법원에 그 결과를 보내주어 재판자료로 사용하도록 하고 있습니다. 여기서의 소년보호처분이 일반 형사절차와 다른 것은 벌금, 징역 같은 일반 형벌이 선고되는 것이 아니라 소년법상의 보호처분이 내려진다는 점입니다.

　보호처분을 통해서 부과되는 처분에는 ① 보호

자 등에 위탁(제1호) ② 단기보호관찰(제2호) ③ 소년복지시설 등에 위탁(제4호) ⑤ 단기 소년원 송치(제6호) ⑥ 소년원 송치(제6호) 등이 있습니다. 가정(또는 일반)법원 소년부에서 만 12세 이상의 소년에게 보호관찰을 받을 것을 결정하면, 단기의 경우에는 6개월간을, 장기의 경우에는 2년 동안 법무부 공무원인 보호관찰관의 교육과 상담 등의 지도를 받아야 합니다. 이런 보호관찰기간동안 소년은 평상시와 같이 집에서 생활하고 학교도 다닐 수 있습니다.

또한 상황에 따라 가해학생을 치료하기 위해서 병원이나 요양소로 보내는 조치(제5호)를 취하기도 합니다. 만약 처분을 결정할 때 가해학생이 만 16세 이상인 경우에는 사회봉사명령 또는 수강명령을 동시에 부과하기도 합니다.

그러나 사안이 중대하여 금고 이상의 형에 해당하거나 교화·교육상 소년법으로 처벌하는 것이 적절하지 못해서 일반 형사처벌의 필요가 있을 경우에는 일반 법원을 통해서 형사처벌이 이루어집니다. 가정(또는 일반)법원 소년부가 판단하기에 이런 경우에는 다시 검사에게 사건을 이송할 수도 있습니다. 이렇게 사건이 중대하여 가정(또는 일반)법원 소년부에서의 보호처분이 아닌 형사처벌이 불가피한 경우 학교폭력 가해학생은 일반법원을 통해서 징역이나 벌금 등의 형사처벌을 받을 수도 있습니다. 물론 이 경우는 앞에서 말한 대로 가해학생이 만 14세 이상의 경우이어야 합니다.

4. 학교폭력과 민사상의 문제

(1) 학교폭력에서의 민사소송

형사고소와 민사소송

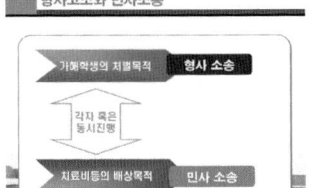

학교폭력이 발생하면 피해학생의 부모님들은 자신의 아들딸들이 폭력에 시달렸다는 사실에 흥분하여 가해학생의 처벌에만 관심을 가지는 경우가 많습니다. 그러다 보니 형사처벌 말고도 학교폭력으로 인해 들어가는 치료비 등의 손해배상 요구는 어느 정도 형사처벌이 이루어지고 난 후에야 생각하는 경우가 많습니다. 이런 손해배상의 경우에는 형사소송과 별도로 민사소송을 제기해야만 받을 수 있습니다. 민사소송과 형사고소에 의한 처벌은 별개여서 형사처벌을 받더라도 민사소송을 통해서 치료비 등의 손해배상을 해야 할 수도 있습니다. 그러면 민사소송과 관련해서 법은 어떤 내용을 정하고 있고 어떤 도움을 받을 수 있는지 알아보도록 합시다.

학교폭력에서의 민사소송

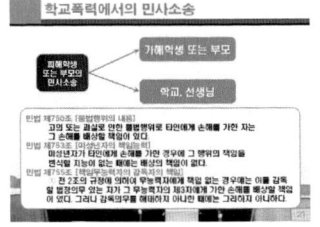

민사소송을 통해서 피해학생은 가해학생을 대상으로 병원비와 정신적인 손해에 대한 손해배상을 요구할 수 있습니다. 앞에서 배운 형법은 가해학생에 대한 처벌만을 정하는 것이었지만 민법의 경우는 가해학생뿐만 아니라 가해학생의 부모에 대해서도 피해학생과 그 부모에게 배상하라고 하고 있습니다.

민법 제750조 [불법행위의 내용]
　고의 또는 과실로 인한 불법행위로 타인에게 손해를
가한 자는 그 손해를 배상할 책임이 있다.
민법 제753조 [미성년자의 책임능력]
　미성년자가 타인에게 손해를 가한 경우에 그 행위의
책임을 변식할 지능이 없는 때에는 배상의 책임이 없다.
민법 제755조 [책임무능력자의 감독자의 책임]
　① 전 2조의 규정에 의하여 무능력자에게 책임 없는
경우에는 이를 감독할 법정의무 있는 자가 그 무능력
자의 제3자에게 가한 손해를 배상할 책임이 있다. 그
러나 감독의무를 해태하지 아니한 때에는 그러하지 아
니하다.

민법은 불법행위로 타인에게 손해를 가한 경우 그 손해를 배상하도록 하고 있습니다. 학교폭력의 경우 가해학생이 형사처벌은 받아도 아직은 학생이어서 경제적인 능력이 없는 상태입니다. 또한 형사미성년자이어서 형사처벌을 받지 않는 경우라면 더욱 경제적인 능력이 없는 상태입니다. 이렇게 경제적인 능력이 없어서 사실상 재판을 통해 승소하더라도 배상을 못 받는 경우가 많습니다. 이런 문제 때문에 민법에서는 미성년자의 경우 그 감독자에게도 책임을 물을 수 있도록 하고 있습니다. 보통 가해학생의 부모가 감독책임을 지게 되어 있어서 가해학생에 대해 요구하는 모든 손해배상은 그 가해학생의 부모가 책임지게 되는 것입니다.

(2) 손해배상과 명예회복

손해배상과 명예회복

◀ PPT 22

이런 금전적 보상 말고도 학교폭력을 통해서 본인의 명예가 훼손되었다면 가해학생이 피해학생에

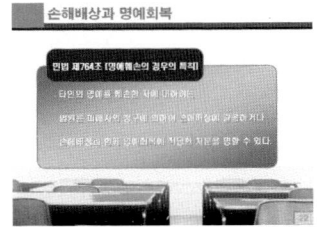

대한 폭행사실과 사과문을 학교게시판에 게시하게 하는 것도 가능합니다. 최근에는 개인의 정보나 명예가 보다 중요시되고 인터넷을 통해서 개인의 명예가 순식간에 심하게 훼손되기도 합니다. 따라서 본인이 구타당하는 사진이나 동영상을 삭제해줄 것과 피해학생의 명예를 회복할 수 있는 게시물을 올리도록 요구할 수 있습니다.

> 민법 제764조 [명예훼손의 경우의 특칙]
> 타인의 명예를 훼손한 자에 대하여는 법원은 피해자의 청구에 의하여 손해배상에 갈음하거나 손해배상과 함께 명예회복에 적당한 처분을 명할 수 있다.

(3) 학교를 대상으로 하는 손해배상

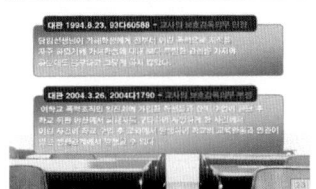

PPT 23 ▶

학교를 대상으로 하는 손해배상

학교에서 이런 학교폭력을 방치한 경우 학교나 선생님을 상대로 배상을 요구할 수도 있습니다. 자신의 자식이 학교폭력을 당하게 된 것을 알고 그 동안의 학교생활을 뒤늦게나마 살펴보면 담임선생님이나 다른 선생님이 이런 사건을 미리 알고 충분히 막을 수 있었는데 방치한 경우가 있습니다. 이런 경우 가해학생에 대해 손해배상을 요구하는 것과 별도로 혹은 같이 학교를 상대로 손해배상을 요구할 수 있습니다. 즉 학교가 사전에 이를 알고 막을 수 있었는데 그렇게 하지 않았다는 것, 즉 보호감독의무를 위반한 것에 대해 책임을 지라는 것입니다.

그렇다고 학교폭력이 발생하였다고 무조건 학교가 책임을 지는 것은 아닙니다. 학교가 학교폭력에 대해 책임을 지는지에 대해서 법원은 '예견가능성'을 통해 판단하고 있습니다.

여기서의 '예견가능성'은 일반인이 생각하기에 학생들 간에 그런 폭력사건이 일어날 것으로 예상할 수 있었는가를 말합니다.

실제사건을 보면 청소시간에 같은 반 학생에게 시비를 걸어 구타하고 밀어 붙여 칠판모서리에 머리를 부딪치게 하여 사망하게 한 사건에서 담임선생님이 가해학생에게 전부터 이런 폭력으로 지적을 자주 하였기에 가해학생에 대해 보다 특별한 관심을 가져야 하는데도 불구하고 그렇게 하지 않았다고 해서 교사의 보호감독의무를 인정하였습니다(대판 1994. 8. 23., 93다60588). 그러나 여학교폭력조직인 일진회에 가입한 학생들과 함께 수업이 끝난 후 학교 뒤편 야산에서 피해자를 구타하여 사망하게 한 사건에서 이런 사건이 학교 수업 후 교외에서 발생하여 학교의 교육활동과 연관이 있는 생활관계에서 발생할 수 없다고 학교의 보호감독의무를 부정하였습니다(대판 2004. 3. 26., 2004다1790).

(4) 판례에서의 구체적인 배상내용

앞에서 말한 대로 예견가능성이 있다고 인정되는 경우 손해배상을 해야 합니다. 여기서는 최근의 판결(울산지법 2006. 12. 21. 선고 2005가단35270)을 통해서 실제에서는 어느 정도의 손해배상을 인정하는지 알아보도록 하겠습니다. 공립중학교 내에서 7명의 중학생들이 같은 반 급우를 자율학습시간이나 청소시간에 집단적으로 폭행한 사건이 있었습니다. 이 폭행으로 피해학생은 3주의 상해를 입고

◀ PPT 23

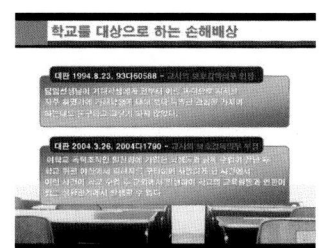

정신과 치료를 받았습니다. 이 사건에서 담임선생님이 한 학생이 다른 학생을 폭행한다는 것을 알고 이미 불러서 경고를 하였던 경우입니다. 그러나 그 외에 별다른 조치를 취하지 않고 있었습니다. 그래서 발생한 폭행에 대해 법원은 7명의 가해학생들 부모 각각과 학교에 대해 불법행위로 인한 손해배상 책임을 인정하였습니다. 이 경우에 학교는 7명의 가해학생 부모 각각(총 14명)과 같이 공동으로 피해학생에게는 6백만 원, 치료비 약 9백만 원과 피해자 부모님 각각 2백만 원씩을 배상하라고 하였습니다. 이 사건에서 비록 법원은 이 사건에서 피해자가 주장한 폭행으로 인해 근로능력이 상실된 부분이 있다며 4천만 원의 손해배상을 부정하고 피해학생과 그 부모의 위자료만 인정하였지만 법원은 학교폭력에 대해 전보다 더 적극적으로 손해배상을 인정하고 있습니다.

5. 마치며

PPT 24 ▶

법은 학교폭력에 관대함이 없습니다.

> ◉ 동영상 내용
> 　학생들의 집단 폭행으로 뇌의 심각한 손상을 입은 여학생의 이야기입니다. 지능은 초등학생 정도로 떨어졌지만 그날의 악몽은 여전한지 그 기억을 떠올리며 계속 눈물을 흘립니다. 피해자뿐만 아니라 피해자의 어머니 역시 학교폭력으로 인한 슬픔으로 고통의 나날을 보내고 있습니다.

이제 학교폭력은 부모님들이 학교 다닐 때처럼 단순히 사소한 다툼 정도로 가볍게 생각할 문제가 아닙니다. 학교폭력은 그 정도도 갈수록 심각해지고 그 가해연령까지 낮아지고 있습니다. 앞에서 배운 대로 법적인 절차를 통해 문제를 해결하는 것도 좋겠지만 무엇보다 좋은 방법은 학교폭력을 조기에 발견하여 학교와 상담을 통해 가해학생과 피해학생이 자율적으로 해결할 수 있도록 하는 것입니다. 그러나 그렇지 못한 경우 자신의 소중한 아들·딸이 학교폭력에 시달렸다는 것에 무작정 흥분하기보다는 앞에서 본 법적인 절차를 하나씩 취하는 것이 피해를 입은 자신의 아들·딸들을 위한 최선의 선택임을 명심해야 할 것입니다. 또한 학교폭력 사실을 주위 사람들이 모르게 숨기는 것도 문제를 전혀 해결하지 못하고 오히려 상황만 악화시키는 것입니다. 오히려 이를 알려서 공식적인 절차를 통해 빨리 해결책을 모색하는 것이 효과적입니다. 학교라는 울타리를 아름답고 평화롭게 만드는 것은 학생뿐 아니라 부모님의 노력도 있어야만 만들어갈 수 있습니다.

[선도조건부 기소유예(선도유예) 시 부과되는 준수사항]

1. 석방 후 늦어도 3일 내 범죄예방위원을 방문할 것
2. 선도기간 중 임의로 주거지를 이동·이탈하지 아니하고, 주거지를 이동하거나 장기 출타 시는 범죄예방위원에게 신고할 것
3. 선도기간 중 범죄예방위원과 수시접촉을 갖고 선도 상의 지시에 순응할 것
4. 일정한 직업에 종사하여 맡은 일을 태만히 하지 아니할 것
5. 과거의 잘못을 반성하고, 각오를 새롭게 할 것
6. 피해자의 손해를 보상하는 데 전력을 다하고 항상 사죄하는 마음을 가질 것
7. 이상의 사항을 위반하였을 때 유예사건의 재기 등 여하한 불이익한 처분을 받더라도 이의 없이 이를 감수할 것

[선도조건부 기소유예의 활용현황]

구 분 \ 연 도	기소유예 인원	기소유예 중 선도유예 인원
1999	59,540	7,076(11.9)
2000	63,122	7,045(11.2)
2001	54,384	3,397(11.8)
2002	48,155	6,479(13.5)
2003	43,207	6,122(14.2)
2004	41,617	4,977(12)

단위: 명(%), 출처: 청소년 백서 2004, 2005

[가해자들의 학교폭력 처분관련 경험들, 단위: 명(%)]

		응 답 범 주	빈 도
이제까지 살면서 학교폭력으로 학교에서 받은 처분경험	학교폭력 가해경험 (해당사례: 138)	없다	11(8.0)
		있다	125(90.6)
		무응답	2(1.4)
	폭력행동으로 인한 학교징계 처분경험 (해당사례: 138)	없다	76(60.8)
		있다	45(36.0)
		무응답	4(3.2)
	학교징계처분 횟수 (해당사례: 45)	1회	21(48.8)
		2회	11(25.6)
		3회 이상	11(25.3)
		무응답	2(4.4)

		응 답 범 주	빈 도
이제까지 살면서 학교폭력으로 학교에서 받은 처분경험	최초 징계연령 (해당사례: 45)	14세 미만	19(42.2)
		15~16세	19(42.2)
		17~18세	6(13.3)
		무응답	1(2.2)
	최근 처분결과 (해당사례: 45)	별다른 징계 없음(화해)	4(8.9)
		교내봉사(청소 등)	17(37.8)
		특별교육이수(위탁, 보호관찰 등)	12(26.7)
		정학, 근신(징계)	6(13.3)
		전학	1(2.2)
		무응답	5(11.1)
사법처분 경험	학교폭력으로 인한 사법처벌경험 (해당사례: 125)	아니요	64(50.4)
		있다	56(44.1)
		무응답	7(5.7)
	학교폭력 사법처분횟수 (해당사례: 6)	1회	39(69.5)
		2회	7(12.5)
		3회 이상	6(10.9)
		무응답	4(7.1)
최근 2년 내 학교폭력여부	최근 2년 내 상해 및 금품갈취 (해당사례: 138)	없다	86(62.3)
		있다	48(34.8)
		무응답	4(2.9)
	폭력사건이 학교교사에 알려졌는가? (해당사례: 48)	아니요	19(39.6)
		예	27(56.6)
		무응답	2(5.8)

[출처: 학교폭력대응방안으로서 회복적 소년사법 실험연구(Ⅰ), 한국형사정책연구원, 2007, 130면]

[학교폭력 피해학생 보호를 위한 활용조치들]

응 답 범 주		교사(125명)	피해학부모(35명)
폭력사안 발생한 적 없음		44(36.1)	-
폭력사안발생	소 계	78(62.4)	25(71.4)
	특별한 조치를 취한 적이 없음	18(23.1)	9(36.0)
	심리상담	22(28.2)	8(32.0)
	일시보호	14(17.9)	7(28.0)
	치료요양(출석일수 산입)	7(9.0)	3(12.0)
	학급교체	-	2(8.0)

응 답 범 주		교사(125명)	피해학부모(35명)
폭력사안발생	전학권고	19(24.4)	5(20.0)
	기 타	4(5.1)	–
무응답(모른다)		2(1.6)	10(28.6)

[출처: 학교폭력대응방안으로서 회복적 소년사법 실험연구(Ⅰ), 한국형사정책연구원, 2007, 145면]

[집단별 사건의 사법절차 경험여부]

응답범주	피해학부모	가해학부모	가해학생
아니요	29(58.0)	42(33.3)	74(53.6)
예	17(34.0)	69(54.8)	57(41.3)
무응답	4(8.0)	6(11.9)	7(5.1)
소 계	50(100.0)	126(100.0)	138(100.0)

[출처: 학교폭력대응방안으로서 회복적 소년사법 실험연구(Ⅰ), 한국형사정책연구원, 2007, 158면]

[본문에서 언급한 구체적인 보호감독의무 인정여부 관련 판례]

○ 대법원 1994. 8. 23. 선고 93다60588판결
(청소시간에 같은 반 학생에게 시비를 걸어 구타하고 밀어 붙여 칠판모서리에 머리를 부딪치게 하여 사망케 한 경우): <u>교사의 보호감독의무 긍정</u>

[사안] 남○○이 서울 구로구 독산동 소재 가산중학교 2학년 3반의 담임교사로서 1987. 5. 18. 15:30경 청소시간에 학생들에게 청소를 시키고 교실을 떠나 교무실로 간 사이, 위 교실에서 청소 중이던 이○○가 같은 반 급우인 김○○에게 공연히 시비를 걸어 김○○의 옆구리를 수회 때리고 칠판 쪽으로 강하게 밀어 붙여 칠판모서리에 김○○의 머리를 부딪치게 하여 앞머리에 두피하출혈상태를 입게 하고 뇌어 충격을 주어 김○○가 사망하였음.(가해자인 이○○는 당시 13세 6개월 남짓한 미성년자로서 1987년 4월 16일에도 피해자인 김○○을 화장실 콘크리트 바닥에 넘어뜨려 4주간의 치료를 요하는 상해를 가하였고, 평소에도 자기보다 약한 급우들을 괴롭히는 일이 많아 교사로부터 자주 꾸중을 들어왔으며, 본드를 흡입하는 등 행실이 불량한 학생이었음)

[판단] 책임능력 있는 미성년자의 불법행위에 대하여 부모들의 감독의무해태의 과실과 담임교사의 보호·감독의무의 해태로 인한 과실이 경합하여 사고가 발생하였음. 대법원은 담임교사부분에 대해 미성년자인 학생들을 그 친권자를 대신하여 보호·감독하고 교육하여야 할 담임교사로서 평소 가해학생의 품행이 방정하지 못하여 급우들을 괴롭히는 일이 잦았으므로 특별히 관심을 갖고 주의 선도하는 등으로 교육하여야 함에도 이를 게을리 한 과실이 경합하여 사고가 발생하였다고 본 사안임.

○ 대법원 2004. 3. 26. 선고 2004다1790 판결
(학교폭력조직인 일진회에 가입한 학생들과 함께 수업이 끝난 후 학교 뒤편 야산에서 피해자를 구타하여 사망하게 한 경우): <u>교사의 보호감독의무 부정</u>

[사안] 김○○은 경상북도 산하 성주중학교 2학년에 재학 중이던 2002. 8. 26. 16:40경 성주중학교 교사 뒤편(성주중학교에서 약 300m 정도 떨어진 곳)에 위치한 경북 성주읍 예산리 속칭 새록골마을 야산 오솔길에서 같은 학교 3학년에 재학 중이던 소외

유○○(1987년 7월 7일생) 등으로부터 주먹으로 가슴부위를 구타당하여 심장진탕으로 사망.

[구체적 사실관계] 유○○는 김○○이 여름방학 중인 2002년 7월 중순경 컴퓨터 채팅 도중 자신이 상급생임을 알면서도 "너는 어떤 새끼냐"라고 하는 등 욕을 하였다는 이유로 개학일인 같은 해 8월 26일 15:30경 망인을 성주중학교 강당에 불러 야단을 치고 있던 중 같은 학교 3학년인 학생2와 학생3이 이 사건 사고 장소에 같은 학교 학생인 학생 4, 5, 6, 7, 8, 9, 10 등(이하 '학생 4등'이라 함)을 불러 모아 폭행할 것이라는 이야기를 듣고 김○○을 데리고 학교 운동장 스탠드로 간 사실, 한편 성주중학교 3학년에 재학하면서 폭력조직인 '일진회'에 가입한 학생3은 학생 4등이 자신의 말을 듣지 않았다는 등의 이유로 이들을 폭행하기로 마음먹고, 같은 날 15:10경 학생2를 시켜 학생 4등에게 수업을 마친 후 학교 운동장 스탠드로 모이라고 이야기를 한 사실, 성주중학교 3학년에 재학 중이던 학생11은 같은 날 15:10경 위 학교 교실에서 학생2로부터 위와 같은 이야기를 듣고, 학생 2, 3, 12와 함께 학생 4등을 폭행하기로 하고 같은 날 16:10경 학생 1, 2, 12와 함께 이 사건 사고 장소로 가서 같은 날 16:40경 그곳에 도착한 학생3과 함께 학생 4등을 일렬로 세워놓고 주먹과 발로 폭행하여 그들로 하여금 약 4주 내지 2주간의 치료를 요하는 부상을 입게 한 사실, 위와 같이 학생11 등이 학생 4등을 폭행하고 있던 도중 학생2는 학생1이 김○○을 폭행하지 아니하고 머뭇거리고 있는 것을 보고 김○○에게 다가가 양손으로 김○○의 양쪽얼굴을 1회 때렸고, 학생1은 학생3으로부터 김○○를 때리라는 이야기를 듣고 주먹으로 김○○의 가슴부위를 3회 때려 김○○가 사망한 사실, 이 사건 사고 장소는 성주중학교에서 약 300m 정도 떨어진 곳인데, 인적이 드물어서 학생3 등이 다른 학생들을 폭행하는 장소로 자주 이용하는 곳이었던 사실, 학생3 등 성주중학교 학생 8명은 폭력조직인 이른바 '일진회'에 가입하여 아무런 이유 없이 같은 학교 학생들을 폭행하여 학생들의 두려움의 대상이었던 사실, 성주중학교에서는 매년 분기별로 학교폭력 예방 및 근절계획을 세워 실시하였는데, 2002년도에는 학교폭력추방위원회 및 선도위원을 구성하고 폭력현황을 위한 설문 조사 및 실태파악, 폭력 피해신고센터의 설치·운영, 등·하교시 교내·외 순회지도반 편성 운영, 선도대상 학생 특별관리 및 결연지도 강화 등을 내용으로 하는 세부계획을 수립하여 실시한 사실, 위 교내·외 순회지도반 편성운영 방침에 의한 교내·외 특별생활지도반 편성계획

에 따르면, 취약지대로서 교외에서는 이 사건 사고 장소인 오솔길, 성밖 숲, 정류장 등을, 교내에서는 체육관 뒤편 등을 열거하면서 이를 순찰 또는 순시하도록 되어 있고, 교사들이 요일별로 지도반을 편성하여 학생들이 하교하기 전부터 하교한 후까지 교외지도를 실시하도록 한 사실, 이 사건 폭행에 가담한 학생 12의 경우 폭력성향으로 인하여 선도대상 학생으로 분류되어 위 학교 교사와 결연지도를 통해 특별관리를 하도록 하였던 사실, 이 사건 사고 장소는 학교에서 멀지 않은 곳이고 학생들이 이 사건 사고 장소에 가기 전에 모였던 학교 운동장 스탠드는 교사들이 근무하는 교무실에서도 내다보이는 곳이었던 사실 등이 인정되는 사안임.

[판단] 이 사건 사고 당일은 성주중학교의 여름방학 끝난 후의 개학 첫날이었고, 학생이 학교 운동장 스탠드로 김○○을 데리고 간 이후의 일들은 모두 학교 수업이 끝난 후에 일어났음을 알 수 있다. 그리고 이 사건 당일 학생 1, 2, 3, 12 등이 학교 운동장 스탠드에 김○○과 학생 4등을 모이게 한 후 그들을 데리고 이 사건사고 장소로 갈 때까지의 과정에서 교사들이 이 사건과 같은 폭력사태를 예상하여 학생들에 대한 지도·감독을 위하여 개입하여야 할 만한 특별한 정황이 있었다고 볼 만한 증거를 찾아볼 수 없고, 이 사건 사고 장소를 학생3 등이 다른 학생들을 폭행하는 장소로 자주 이용하였고, 학생3 등 성주중학교 학생 8명이 폭력조직인 이른바 '일진회'에 가입하여 같은 학교 학생들을 폭행한 적이 있다는 사실에 대하여 성주중학교의 교사들이 이를 알았다거나 알지 못한 데에 과실이 있다고 볼 만한 증거 역시 찾아볼 수 없다.

따라서 원심이 성주중학교 교사들이 이 사건 사고를 예방할 수 있었음에도 과실로 이를 예방하지 못하였다는 근거로 내세운 것 중 성주중학교가 작성한 폭력예방계획서에 이 사건 사고 장소가 취약지대의 하나로 열거되어 있는 점, 성주중학교가 자율적으로 학교폭력예방 및 근절을 위하여 교내·외 특별생활지도반 편성운영 방침을 정하여 교내·외 순찰 또는 순시를 행하도록 정하였음에도 이 사건 사고 당일 그와 같은 순찰 또는 순시를 하지 않았던 점, 가해학생들 중의 1인인 학생 12에 대하여 성주중학교에서 선도대상 학생으로 분류하여 특별관리를 하고 있었는데 학생 12가 이 사건 사고 현장에서의 폭행에 가담하였던 점을 제외하고는 모두 정당한 근거로 삼기 어렵다고 할 것이고, 위와 같이 근거로 삼을 수 있는 것들을 종합한다고 하더라도, 학교 수업 후 교외에서 발생한 이 사건 사고가 학교에서의 교육활동 과정 또는 이와 밀접 불가분의 관계에 있는 생활관계에서 발생한 것이라고 보기 어려울 뿐 아니라 학교생활에서 통상 발생할 수 있다고 예측되거나 그 예측가능성이 있었다고 보기도 어렵다고 할 것이다.

[별첨] 학교폭력 관련 법령

○ 형 법

제9조 (형사미성년자) 14세 되지 아니한 자의 행위는 벌하지 아니한다.

제30조 (공동정범) 2인 이상이 공동하여 죄를 범한 때에는 각자를 그 죄의 정범으로 처벌한다.

제32조 (종범)

① 타인의 범죄를 방조한 자는 종범으로 처벌한다.

② 종범의 형은 정범의 형보다 감경한다.

제257조 (상해, 존속상해)

① 사람의 신체를 상해한 자는 7년 이하의 징역, 10년 이하의 자격정지 또는 1천만 원 이하의 벌금에 처한다.

② 자기 또는 배우자의 직계존속에 대하여 제1항의 죄를 범한 때에는 10년 이하의 징역 또는 1천500만 원 이하의 벌금에 처한다.

③ 전2항의 미수범은 처벌한다.

제260조 (폭행, 존속폭행)

① 사람의 신체에 대하여 폭행을 가한 자는 2년 이하의 징역, 500만 원 이하의 벌금, 구류 또는 과료에 처한다.

② 자기 또는 배우자의 직계존속에 대하여 제1항의 죄를 범한 때에는 5년 이하의 징역 또는 700만 원 이하의 벌금에 처한다.

③ 제1항 및 제2항의 죄는 피해자의 명시한 의사에 반하여 공소를 제기할 수 없다.

제261조 (특수폭행) 단체 또는 다중의 위력을 보이거나 위험한 물건을 휴대하여 제260조제1항 또는 제2항의 죄를 범한 때에는 5년 이하의 징역 또는 1천만 원 이하의 벌금에 처한다.

제350조 (공갈)

  ① 사람을 공갈하여 재물의 교부를 받거나 재산상의 이익을 취득한 자
  는 10년 이하의 징역 또는 2천만 원 이하의 벌금에 처한다.

  ② 전항의 방법으로 제삼자로 하여금 재물의 교부를 받게 하거나 재산
  상의 이익을 취득하게 한 때에도 전항의 형과 같다.

○ 폭력행위등처벌에관한법률

제1조 (목적) 이 법은 집단적 또는 상습적으로 폭력행위 등을 범하거나 흉기
  그 밖의 위험한 물건을 휴대하여 폭력행위 등을 범한 자 등을 처벌함을
  목적으로 한다.

제2조 (폭행등)

  ① 상습적으로 다음 각 호의 죄를 범한 자는 다음의 구분에 따라 처벌
  한다.

    1. 「형법」 제260조제1항(폭행), 제283조제1항(협박), 제319조(주거침
      입, 퇴거불응) 또는 제366조(재물손괴등)의 죄를 범한 자는 1년
      이상의 유기징역

    2. 「형법」 제260조제2항(존속폭행), 제276조제1항(체포, 감금), 제283
      조제2항(존속협박) 또는 제324조(강요)의 죄를 범한 자는 2년 이
      상의 유기징역

    3. 「형법」 제257조제1항(상해)·제2항(존속상해), 제276조제2항(존속
      체포, 존속감금) 또는 제350조(공갈)의 죄를 범한 자는 3년 이상
      의 유기징역

  ② 2인 이상이 공동하여 제1항 각 호에 열거된 죄를 범한 때에는 각
  형법 본조에 정한 형의 2분의 1까지 가중한다.

  ③ 이 법 위반(「형법」 각 본조를 포함한다)으로 2회 이상 징역형을 받
  은 자로서 다시 제1항에 열거된 죄를 범하여 누범으로 처벌할 경우
  에도 제1항과 같다.

  ④ 제2항 및 제3항의 경우에는 「형법」 제260조제3항 및 제283조제3항

을 적용하지 아니한다.

제3조 (집단적 폭행등)

① 단체나 다중의 위력으로써 또는 단체나 집단을 가장하여 위력을 보임으로써 제2조제1항에 열거된 죄를 범한 자 또는 흉기 기타 위험한 물건을 휴대하여 그 죄를 범한 자는 제2조제1항 각 호의 예에 따라 처벌한다.

② 삭제

③ 상습적으로 제1항의 죄를 범한 자는 다음 각 호의 구분에 따라 처벌한다.

　　1. 제2조제1항제1호에 열거된 죄를 범한 자는 2년 이상의 유기징역

　　2. 제2조제1항제2호에 열거된 죄를 범한 자는 3년 이상의 유기징역

　　3. 제2조제1항제3호에 열거된 죄를 범한 자는 5년 이상의 유기징역

④ 이 법 위반(「형법」 각 본조를 포함한다)으로 2회 이상 징역형을 받은 자로서 다시 제1항의 죄를 범하여 누범으로 처벌할 경우도 제3항과 같다.

제4조 (단체등의 구성·활동)

① 이 법에 규정된 범죄를 목적으로 한 단체 또는 집단을 구성하거나 그러한 단체 또는 집단에 가입하거나 그 구성원으로 활동한 자는 다음의 구별에 의하여 처벌한다.

　　1. 수괴는 사형, 무기 또는 10년 이상의 징역에 처한다

　　2. 간부는 무기 또는 7년 이상의 징역에 처한다

　　3. 그 외의 자는 2년 이상의 유기징역에 처한다

② 제1항의 단체 또는 집단을 구성하거나 그러한 단체 또는 집단에 가입한 자가 단체 또는 집단의 위력을 과시하거나 단체 또는 집단의 존속·유지를 위하여 다음 각 호의 1의 행위를 한 때에는 그 죄에 대한 형의 장기 및 단기의 2분의 1까지 가중한다.

　　1. 「형법」 제8장 공무방해에 관한 죄 중 제136조(공무집행방해)·제141조(공용서류등의 무효·공용물의 파괴)의 죄, 동법 제24장 살인의 죄 중 제250조제1항(살인)·제252조(촉탁, 승낙에 의한 살인등)·제253조(위계등에 의한 촉탁살인등)·제255조(예비, 음모)

의 죄, 동법 제34장 신용, 업무와 경매에 관한 죄 중 제314조(업무방해)·제315조(경매, 입찰의 방해)의 죄, 동법 제38장 절도와 강도의 죄 중 제333조(강도)·제334조(특수강도)·제335조(준강도)·제336조(약취강도)·제337조(강도상해, 치상)·제339조(강도강간)·제340조제1항(해상강도) 및 제2항(해상강도상해, 치상)·제341조(상습범)·제343조(예비, 음모)의 죄를 범한 자

2. 이 법 제2조 또는 제3조의 죄를 범한 자

③ 타인에게 제1항의 단체 또는 집단에 가입할 것을 강요하거나 권유한 자는 2년 이상의 유기징역에 처한다.

④ 제1항의 단체 또는 집단을 구성하거나 그러한 단체 또는 집단에 가입하여 단체 또는 집단의 존속·유지를 위하여 금품을 모집한 자는 3년 이상의 유기징역에 처한다.

제5조 (단체등의 이용·지원)

① 제4조제1항의 단체나 집단을 이용하여 이 법 또는 기타 형벌법규에 규정된 죄를 범하게 한 자는 그 죄에 대한 형의 장기 및 단기의 2분의 1까지 가중한다.

② 제4조제1항의 단체 또는 집단을 구성하거나 그러한 단체 또는 집단에 가입하지 아니한 자로서 그러한 단체 또는 집단의 구성·유지를 위하여 자금을 제공한 자는 3년 이상의 유기징역에 처한다.

제6조 (미수범) 제2조, 제3조·제4조제2항(「형법」제136조·제255조·제314조·제315조·제335조·제337조후단·제340조제2항후단 또는 제343조의 죄를 범한 경우를 제외한다) 및 제5조의 미수범은 이를 처벌한다.

제7조 (우범자) 정당한 이유 없이 이 법에 규정된 범죄에 공용될 우려가 있는 흉기 기타 위험한 물건을 휴대하거나 제공 또는 알선한 자는 3년 이하의 징역 또는 300만 원 이하의 벌금에 처한다.

제8조 (정당방위등)

① 이 법에 규정된 죄를 범한 자가 흉기 기타 위험한 물건 등으로 사

람에게 위해를 가하거나 가하려 할 때 이를 예방 또는 방위하기 위하여 한 행위는 벌하지 아니한다.

② 제1항의 경우에 방위행위가 그 정도를 초과한 때에는 그 형을 감경한다.

③ 제2항의 경우에 그 행위가 야간 기타 불안스러운 상태하에서 공포·경악·흥분 또는 당황으로 인한 때에는 벌하지 아니한다.

제9조 (사법경찰관리의 직무유기)

① 사법경찰관리로서 이 법에 규정된 죄를 범한 자를 수사하지 아니하거나 범인을 알면서 이를 체포하지 아니하거나 수사상 정보를 루설하여 범인의 도주를 용이하게 한 자는 1년 이상의 유기징역에 처한다.

② 뇌물의 수수요구 또는 약속을 하고 제1항의 죄를 범한 자는 2년 이상의 유기징역에 처한다.

제10조 (사법경찰관리의 행정적 책임)

① 관할 지방검찰청검사장은 제2조 내지 제6조의 범죄가 발생하였음에도 불구하고 이를 그에게 보고하지 아니하거나 그 수사를 태만히 하거나 또는 수사능력부족 기타의 이유로써 사법경찰관리로서 부적당하다고 인정하는 자에 대하여는 그 임명권자에게 당해 사법경찰관리의 징계, 해임 또는 체임을 요구할 수 있다.

② 제1항의 요구가 있을 경우에는 임명권자는 2주일 이내에 당해 사법경찰관리에 대하여 행정처분을 한 후 이를 관할 지방검찰청검사장에게 통보하여야 한다.

○ 소년법

제4조 (보호의 대상과 송치 및 통고)

① 다음 각 호의 1에 해당하는 소년은 소년부의 보호사건으로 심리한다.
  1. 죄를 범한 소년
  2. 형벌법령에 저촉되는 행위를 한 12세 이상 14세 미만의 소년

3. 다음에 해당하는 사유가 있고 그의 성격 또는 환경에 비추어 장래 형벌법령에 저촉되는 행위를 할 우려가 있는 12세 이상의 소년
    가. 보호자의 정당한 감독에 복종하지 않는 성벽이 있는 것
    나. 정당한 이유 없이 가정에서 이탈하는 것
    다. 범죄성이 있는 자 또는 불도덕한 자와 교제하거나 자기 또는 타인의 덕성을 해롭게 하는 성벽이 있는 것

② 제1항 제2호 및 제3호에 해당하는 소년이 있을 때에는 경찰서장은 직접 관할소년부에 송치하여야 한다.

③ 제1항 각 호의 1에 해당하는 소년을 발견한 보호자 또는 학교와 사회복리시설의 장은 이를 관할소년부에 통고할 수 있다.

제3절 보호처분

제32조 (보호처분의 결정)

① 소년부판사는 심리의 결과 보호처분의 필요가 있다고 인정한 때에는 결정으로써 다음 각 호의 1에 해당하는 처분을 하여야 한다.
    1. 보호자 또는 보호자를 대신하여 소년을 보호할 수 있는 자에게 감호를 위탁하는 것
    2. 보호관찰관의 단기보호관찰을 받게 하는 것
    3. 보호관찰관의 보호관찰을 받게 하는 것
    4. 아동복지법상의 아동복지시설 기타 소년보호시설에 감호를 위탁하는 것
    5. 병원, 요양소에 위탁하는 것
    6. 단기로 소년원에 송치하는 것
    7. 소년원에 송치하는 것

② 제1항제1호 처분과 제2호 및 제3호의 처분은 병합할 수 있다.

③ 제1항제2호 또는 제3호의 처분 시 16세 이상의 소년에 대하여는 사회봉사명령 또는 수강명령을 동시에 명할 수 있다.

④ 제1항 각 호의 1에 해당하는 처분을 한 때에는 소년부는 소년의 인도와 동시에 소년의 교정에 필요한 참고자료를 수탁자 또는 처분을 집행하는 자에게 송부하여야 한다.

⑤ 소년의 보호처분은 그 소년의 장래의 신상에 어떠한 영향도 미치지 아니한다.

제33조 (보호처분의 기간)

① 제32조제1항제1호, 제4호, 제5호의 위탁의 기간은 6월로 하되, 소년부판사는 결정으로써 6월의 범위 안에서 1차에 한하여 그 기간을 연장할 수 있다. 다만, 소년부판사는 필요한 경우 언제든지 결정으로써 그 위탁을 종료시킬 수 있다.

② 제32조제1항제2호의 단기보호관찰의 기간은 6월로 한다.

③ 제32조제1항제3호의 보호관찰의 기간은 2년으로 한다. 다만, 소년부판사는 보호관찰관의 신청에 따라 결정으로써 1년의 범위 안에서 1차에 한하여 그 기간을 연장할 수 있다.

④ 제32조제3항의 사회봉사명령 또는 수강명령은 동조 제1항제2호의 단기보호관찰의 경우에는 50시간을, 동조 제1항제3호의 보호관찰의 경우에는 200시간을 각각 초과할 수 없으며, 보호관찰관이 그 명령을 집행함에는 본인의 정상적인 생활을 방해하지 아니하도록 하여야 한다. 다만, 단기보호관찰 또는 보호관찰이 종료되거나 가해제되었을 경우에는 이를 집행하지 아니한다.

⑤ 제32조제1항제6호의 규정에 의하여 단기로 소년원에 송치된 소년의 수용기간은 6월을 초과하지 못한다.

○ 민 법

제750조 (불법행위의 내용) 고의 또는 과실로 인한 위법행위로 타인에게 손해를 가한 자는 그 손해를 배상할 책임이 있다.

제751조 (재산 이외의 손해의 배상)

① 타인의 신체, 자유 또는 명예를 해하거나 기타 정신상 고통을 가한 자는 재산 이외의 손해에 대하여도 배상할 책임이 있다.

② 법원은 전항의 손해배상을 정기금채무로 지급할 것을 명할 수 있고 그 이행을 확보하기 위하여 상당한 담보의 제공을 명할 수 있다.

제753조 (미성년자의 책임능력) 미성년자가 타인에게 손해를 가한 경우에 그 행위의 책임을 변식할 지능이 없는 때에는 배상의 책임이 없다.

제755조 (책임무능력자의 감독자의 책임)

① 전2조의 규정에 의하여 무능력자에게 책임 없는 경우에는 이를 감독할 법정의무 있는 자가 그 무능력자의 제삼자에게 가한 손해를 배상할 책임이 있다. 그러나 감독의무를 해태하지 아니한 때에는 그러하지 아니하다.

② 감독의무자에 가름하여 무능력자를 감독하는 자도 전항의 책임이 있다.

제764조 (명예훼손의 경우의 특칙) 타인의 명예를 훼손한 자에 대하여는 법원은 피해자의 청구에 의하여 손해배상에 가름하거나 손해배상과 함께 명예회복에 적당한 처분을 명할 수 있다.

· 저자 ·

김왕식   · 약 력 ·

    연세대학교 정치학 석사
    university of missouri-columbia Ph. D
    이화여자대학교 사범대학 교수

곽한영   · 약 력 ·

    서울대학교 교육학 박사(법교육 전공)
    이화여자대학교 교육대학원 겸임교수
    현재 한국법교육센터 본부장

연구원 – 강요한(옥정초등학교 교사)   김다현(한국법교육센터 연구원)
        김자영(한국법교육센터 연구원)   조진우(한국법교육센터 연구원)

학교폭력과 법

· 초판 인쇄   2007년 10월 20일
· 초판 발행   2007년 10월 20일

· 지 은 이   김왕식, 곽한영
· 펴 낸 이   채종준
· 펴 낸 곳   한국학술정보㈜
        경기도 파주시 교하읍 문발리 526-2
        파주출판문화정보산업단지
        전화 031) 908-3181(대표) · 팩스 031) 908-3189
        홈페이지 http://www.kstudy.com
        e-mail(출판사업팀사업부) publish@kstudy.com
· 등   록   제일산-115호(2000. 6. 19)
· 가   격   28,000원

ISBN   978-89-534-7699-8 93360 (Paper Book)
        978-89-534-7700-1 98360 (e-Book)